"中国现当代名家散文典藏"编辑委员会

主　任：阎晶明
副主任：丁　帆
委　员（以姓氏笔画为序）：
　　　　止　庵　孔令燕　何　平　何向阳
　　　　李红强　张　莉　周立民　施战军
　　　　贺绍俊　臧永清

中国现当代
名家散文
典藏

秦牧散文

人民文学出版社

图书在版编目（CIP）数据

秦牧散文/秦牧著. —北京：人民文学出版社，2022
（中国现当代名家散文典藏）
ISBN 978-7-02-016741-8

Ⅰ.①秦… Ⅱ.①秦… Ⅲ.①散文集—中国—当代 Ⅳ.①I267

中国版本图书馆 CIP 数据核字（2022）第 044199 号

责任编辑　徐广琴
装帧设计　陶　雷
责任印制　宋佳月

出版发行　人民文学出版社
社　　址　北京市朝内大街 166 号
邮政编码　100705

印　　刷　河北环京美印刷有限公司
经　　销　全国新华书店等

字　　数　222 千字
开　　本　880 毫米×1230 毫米　1/32
印　　张　10.375　插页 4
印　　数　1—3000
版　　次　1998 年 12 月北京第 1 版
印　　次　2022 年 5 月第 1 次印刷

书　　号　978-7-02-016741-8
定　　价　39.00 元

如有印装质量问题,请与本社图书销售中心调换。电话：010-65233595

作者像

1978年3月,在北京参加全国科学大会(前排右起依次为秦牧、徐迟、陈景润、黄宗英)

1980年11月与夫人吴紫风在香港大学留影

在书房读报

出版缘起

中国现代文学开启自一百多年前的一场文学革命。从此,与社会现实密切相关,普通大众可以接受、可以欣赏、可以从中得到思想启蒙和艺术享受的新文学,就如雨后春笋般生长,涌现出一篇又一篇、一部又一部影响当时、传之久远的经典作品。自"五四"新文学以来的中国现当代文学发展进程中,散文无疑是耀人眼目的明星。

散文既能直抒胸臆,又能描摹万物,因此被视为自由多样的文体;散文语言贴近日常,最易触动人们的情感,可以直接地陶冶人们的心灵。这也是经典散文被誉为美文、拥有广泛读者、历经岁月更迭仍让人捧读的原因。百余年来的中国现当代散文创作云蒸霞蔚,已莽莽如浩瀚的文学森林,人们若贸然闯入这片森林之中,时有乱花迷眼、茫然难辨之困扰。为了让广大喜爱散文的读者能够更迅捷地读到中国现当代散文的经典性作品,我们精心编选了这套"中国现当代名家散文典藏"丛书。本丛书编选过程中,我们邀请了文学界的专家学者组成编委会,在认真商讨的基础上,汇集、编选了20世纪以来中国现当代散文史上的名家、名作。目的就是方便广大读者感受散文经典的艺术魅力,有利于集中欣赏、比较阅读、收藏,以及进行相关研究。

在研究、讨论过程中,编委会形成了经典性的编选宗旨。卷帙浩繁的现当代散文作品中，以经典作家、经典作品的筛选为编选原则，是为读者提供阅读便利的需要，也是为百余年散文创作所做的某种回顾和总结。我们深知，任何一部文学经典都并非一蹴而就，也非任由某个权威命名而成，文学经典是经过时间的淘洗，经受了社会和读者等各个方面的考验，自然形成的。这个淘洗和考验的过程就是一部文学作品被经典化的过程。经典，是经典化过程的结晶。中国现代文学是中国当代文学的前身，当代文学是活在我们身边的文学，这是一件非常有趣的事，因为这样一来，我们也许就能亲眼看到一部文学作品是如何诞生的，又是如何引起社会的热议、得到不断深入阐释的，我们对一部当代散文的喜爱，往往也是在这一过程中不断地得以强化。经典便是在这样不断被阅读、被热议、被阐释的过程中得到人们的广泛肯定从而成为大家公认的经典。当我们要编选一套现当代散文经典的丛书时，就应该考虑到当代文学的这一特点，要意识到当代文学的经典并不是凝固不变的，它仍处在不断丰富和不断成熟的经典化过程之中。这就确定了我们的基本编辑思路，即我们自觉地将"中国现当代名家散文典藏"的编选和出版，视为参与到现当代散文的经典化过程的一次积极行动。经典化，为我们的编选打通了一条通往经典性的最佳通道。我们从经典化的角度来审视现当代散文，就要更强调发展和辩证的眼光，更需要发现和辨析那些正在茁壮生长中的新现象和新作品；这也提醒我们，在经典标准的确认上不能墨守成规。我们既要关注作为文学史的经典，同时又要更看重历经岁月变幻始终在广大读者中拥有良好口碑的作品。我们认为，读者是经典化过程中不可忽视的参与者，因此也希望这次"中国现当代名家散文典藏"的编选和出版，能够为广大读者参与到现当代散文经典化进程中来提供一次良好的机会。

经典化的编选思路,自然决定了这套丛书有另一特征:开放性。中国现当代文学作为活在我们身边的文学,这就意味着它是一种具有旺盛生命力的,仍在茁壮生长的文学。回望过去的一百余年,现当代散文已经产生了不少的经典性作品;凝视当下的现实,仍有许多正行走在经典化道路上的优秀作品;放眼未来,我们相信,将会有更多的经典脱颖而出。我们这套散文典藏丛书不光要"回望",而且还要有"凝视"和"放眼",也就是说,我们不光要推出已有定论的经典性作品,而且还要把那些正行走在经典化道路上的,以及刚刚萌芽即将脱颖而出的优秀作品也纳入丛书的视野,因此我们必须采取开放性的编选方针。我们不是一次性地编选数十本书就宣布大功告成了,我们还要在此基础上继续延伸下去,把在经典化进程中逐渐成熟了的作家和作品吸纳进来,作为系列丛书、长期工作、"长河"计划而接连不断地出版下去。

本丛书编辑过程中,坚持优中选优原则,同时也充分尊重作家意愿和相关版权要求。在编辑"中国现当代名家散文典藏"过程中,由于版权限制等因素,使得一些名家名作还没有如期纳入丛书当中,我们也将努力创造条件,争取将更多的优秀散文佳作奉献给读者,以呈现中国现当代散文创作的整体成就和总体风貌。

感谢广大作家的支持,感谢广大读者的厚爱。

人民文学出版社
"中国现当代名家散文典藏"编辑委员会

目 录

- *1* 导读
- *1* 人格的力量
- *4* 英雄交响曲
- *7* 在遥远的海岸上
- *11* 土地
- *18* 社稷坛抒情
- *25* 花城
- *31* 花街十里一城春
- *38* 长街灯语
- *45* 榕树的美髯
- *50* 面包和盐
- *53* 菱角的喜剧
- *56* 花蜜和蜂刺
- *60* 森林水滴
- *64* 潮汐和船
- *71* 秋林红果

76	奇迹泉
82	古战场春晓
87	海滩拾贝
92	沙面晨眺
100	江上灯语
110	长城远眺
113	雄奇瑰丽的中国山水
119	天坛幻想录
124	五洲激荡虎门风
129	南国鸟节
133	茂陵石雕的奇迹
138	华族与龙
143	欧洲的风雪和阴霾
148	哈瓦那华侨纪功碑
153	新加坡戏剧性的一天
163	烛光摇曳的船舱
167	在澳门喷水池旁
173	访蒙古古都遗迹
184	脊梁颂
188	哲人的爱
191	梦里依稀慈母泪
198	青史留芳究是谁

202	无名氏登山英雄
206	低徊寻思话老年
211	豁达
215	哀"八旗子弟"
223	蒙地卡罗一老妇
226	缺陷者的鲜花
229	鬣狗的风格
233	给一个喜欢骑马的女孩
241	鲜花百态和艺术风格
244	杜甫爬树和鲁迅驰马
248	哲人·小孩
252	画蛋·练功
255	潇洒自然之美
261	妙语如珠
267	独创一格
270	私刑·人市·血的赏玩
277	野兽
282	叭儿狗与仙人球
285	伯乐与马
290	壁画

导　读

　　香港西环高街，扑面的海风仍略带着湿咸的味道。1919年，秦牧出生在这里的一个小康家庭。父亲叫林运三，初时是乡间的一个裁缝，后来积了一笔钱当旅费到南洋谋生，还做过一间米行的经理。在他较走运的时候，除了家乡的妻子，又娶了两个妾侍，这就是秦牧的生母吴琼英和三母余瑞瑜。她们都出身于贫困之家，小时都当过婢女。秦牧七岁时，生母就去世了，三母专程到海外尽心尽力照顾家庭和七个孩子，这种忘我牺牲的精神深深感动着他。很多年后秦牧写文章纪念的母亲，就是这位三母。由于生母和三母的身世贫寒，秦牧对穷人特别有同情心，从不责骂用人和保姆，尊重普通的人，真诚相待，最憎恶的是"恃势凌人"。这样的家庭背景，一方面自小培养了秦牧的平等、民主的观念和人道主义的思想，而另一方面又成为秦牧与澄海樟林祖家的联系纽带。几十年如一日，定期给三母寄上生活费，送上节日的祝福。晚年的秦牧说："总之，我不是在温室里成长的人物。这样的生活，加上优秀书籍的指引，使我从青少年时代起，就有一种向往真理，向往正义，向往公正之心，追求民族翻身，追求社会解放，总想为人民的幸福出一点力。我就从这一点点儿觉悟开始，一步步走过自己的道路。"

三岁的秦牧随父母从香港迁居新加坡，在那里足足住了十年，到十三岁才回国。因此，新加坡可以说是秦牧的第二故乡，在那里的经历也影响了他一辈子。他从小喜欢动物，常常和朋友结伴到博物馆参观猩猩、虎豹、巨鳄的标本，英武的驯兽师也成为他崇拜的人物，他的志愿就是长大后成为一个驯兽师。热带果园的景象也深深地吸引了他，他曾经到父辈经营的果园度假。奇形怪状而美味无比的"热带果王"榴梿，"果后"山竹子，都给他留下深刻难忘的印象。他在作品中常常喜欢谈论各种动植物，平时也喜欢生物学，这和幼年时代的经历有十分密切的关系。上世纪五十年代，秦牧为中华书局主编过供海外华侨阅读的《中华通俗文库》。种种有趣的知识话题，或许使秦牧成为取材最多的当代作家之一。

1931年日寇挑起九一八事变，秦牧与学校的老师和同学一起，臂缠"毋忘国耻""收复失地"的白字黑纱，抗议日寇侵略，并把节省下来的零用钱捐献给东北义勇军。秦牧在《回国》中回忆道："海面上，火船、汽艇、舢板、浮筒在晃动着，海鸥也在这中间飞来掠去。有一些当地的潜水手，坐在一只只舢板上，向轮船上的人要钱，每当人们掉一个小银角子下海时，他们就纵身跳进海里，把银角子从海里捞回来，满身湿漉漉地爬回舢板，高举着银角子给投钱的人看。一些投钱博取娱乐的欧洲旅客就在船上哈哈大笑。"

这些永世难忘的脑海印记，成为秦牧创作人生的思想起点。

十卷本的《秦牧全集》，让读者同秦牧一起进入这种感情微醺的境界："中国有一千三百万华侨散布在世界各地，这一千三百万人和国内人民的思想感情的脉搏是一同跳动着的。在这方面，我常常想起无数动人的事件，使自己像喝过醇酒似的进入一种感情微醺的境界。"

这种感情微醺的境界，可以说是秦牧作品的重要旋律，或成为珠江文派的一大特色。一个有趣的现象是，秦牧的力作大都与海洋、与侨工相联系，开创深蓝文化的先河，活现了"一带一路"先驱们的身影。

1951年，报上刊载了三个在十九世纪被贩运到美国夏威夷港外高威岛做"蔗奴"的华工乘"威尔逊总统"号轮船回国的消息，画家司徒乔给三位老华工画了速写。秦牧说："那一段新闻记载，那三个老华工干瘪的画容，老是萦绕在我的心头，他使我童年时代的许多印象复活起来……在我面前的这一堆华侨移民，美国向外侵略，东方奴隶买卖的史料，引起我以那几个老华工的故事做骨干，写一本小说的强烈冲动。"1955年，秦牧完成了他的中篇小说《黄金海岸》。

1962年，秦牧出访古巴三个星期，他到唐人街的许多会馆流连，并用广东台山方言向唐人街的华人作了演讲。最终完成长篇小说《愤怒的海》，写出了劳工出国谋生的悲惨经历。

在文艺随笔《艺海拾贝》中，秦牧追求自由创作的空间，寻求更多有趣味的文艺理论，寻求文艺理论的具象化。"我好像来到艺术的大海边缘拣拾贝壳的弄潮儿似的,在茫茫的海滩上俯身拾起一枚枚小小的贝壳。"

再看看漂洋过海的船吧。"海洋,多么的无边无际,辽阔深邃!这是世界上一切生命的发源地。……本来是全无生命的船,人们却往往把它当做有生命的东西来看待。几十年前,那些趁着季候风紧傍着海岸航线行驶,到南洋去的广东的红头船,每一艘的船头,都画上两颗圆瞪着的眼睛。这使人看来,仿佛就像是浮在海面上的大鱼一样。"(《潮汐和船》)红头船是作者的一个创作情结。

在几篇著名抒情散文中,秦牧放声赞美土地。请看:

"在一九六一年春天降临之前,我来到广州北郊的三元里高地上盘桓。看着莽莽苍苍、一片锦绣、'河水萦带,河山纠纷'的大地,不禁激起了凭吊怀古的豪情。……一百多年过去了,然而那面光辉的战旗和一些古老的武器被一代代保存下来,令人荡气回肠的战斗故事被一代代亲口传授下来,英雄民族的感情何等深厚!"(《古战场春晓》)

"南海有一座著名的西樵山,入山的道旁就长满了许多老榕。……老榕树真好像我们所敬仰的一些长者似的,叫人想起他们由于勤奋吸收,和群众、和大地关系这么密切,因此,他们得以'永葆其美妙之青春'。像榕树的根扎得那么深,伸得那么远似的,他们的信仰

那么坚定,因此,万劫不摧,永远那么豪迈安详地屹立着。"(《榕树的美髯》)

"当你坐在飞机上,看着我们无边无际的像覆盖上一张绿色地毯的大地的时候;当你坐在汽车上,倚着车窗看万里平畴的时候;或者,在农村里,看到一个老农捧起一把泥土,仔细端详,想鉴定它究竟适宜于种植什么谷物和蔬菜的时候;或者,当你自己随着大伙在田里插秧,黑油油的泥土吱吱地冒出脚缝的时候,不知道你曾否为土地涌现过许许多多的遐想?想起它的过去,它的未来,想起世世代代的劳动人民为要成为土地的主人,怎样斗争和流血,想起在绵长的历史中,我们每一块土地上面曾经出现过的人物和事迹,他们的苦难、愤恨、希望、期待的心情?"(《土地》)

"北京有座美丽的中山公园,公园里有个用五色土砌成的社稷坛。……穿过古柏参天,处处都是花圃的园林,来到这个社稷坛前,突然有一种寥廓空旷的感觉。在庄严的宫殿建筑之前,有这么一个四方的土坛,屹立在地面,它东面是青土,南面是红土,西面是白土,北面是黑土,中间嵌着一大块圆形的黄土,这图案使人沉思,使人怀古。"(《社稷坛抒情》)

以上这些经典,多次入选海内外大、中、小学的中文教材,不断启迪后人。秦牧作品的研究者中,还不乏外国学者,如法国的女历史学家苏尔梦、新加坡的孙爱玲、韩国汉阳大学的车镇宪等。

乡愁如烟,萦绕在秦牧的文学世界中。

曾　晔
2017 年 4 月 28 日

人格的力量

不知年轻的朋友们有没有这样的经验，我可是有的。某些你所景仰的人，一朝你有机会和他接触，亲聆謦欬，以至短期共处的话，其中，有些人使你感到更亲切，更可敬了。但是，另有一些人，却是"可远观不可近睹"，他们可能也有学问，也有功绩，但是你一接触，却感到远不是你原来想象的那么一个样儿，你的尊敬景仰之情立刻降低了，甚至顿然消失了。

前一种人，大抵是表里如一，平等待人，处处为人民、为集体、为他人着想，谦逊坦诚正直敢言的；后一种人，则大抵是讲的是一套，做的又是一套，飞扬跋扈，顾盼自豪，处处突出一个"我"字，贪婪自私，视他人、视集体如无物。你别以为后一种人就一定没有学问，就一定没有成绩，不，很不一定。但是他们个人主义突出，处处以一个"我"字为核心，因此就会有一连串的很不好的表现了。

当我午夜梦回，或者黄昏漫步的时候，有时也会怀念逝去的大人物、长者和友人，能够叩开我的记忆的心扉的，总是那些谦逊诚恳，利他利群的人，而不是那种孜孜为己，飞扬跋扈的人。虽然后一种人中，有的也曾经跻居高位，炙手可热，曾经发迹，曾经显赫，每次不意想起他们的时候，自己的"记忆之门"的内部就仿佛会伸出一只理性的手，把"来客"推了出去，"闭门不纳"。为什么会有这样一种心理活动呢？（这是任何权势都无法干预的一种心理活动）我常常暗自思忖，结论是：只有那些情操高尚的人，才能够真正赢得我们由衷的热爱和尊敬。这种占据人们心灵的力量，我想也可以称之为"人格的力量"。

这些具有人格力量的人，在消极道德方面，他们不会损人利己，假公济私；而在积极道德方面，他们能发扬献身精神，造福人民。真正的革命家是这样的人，但不只是革命家而已，医生、科学家、教师、学者和普通劳动人民中都有这样的人。相反的，有一些招牌很漂亮，头衔很尊严，以至很有权势的人，实际上却离这样的境界十分遥远。有些"一声震得人间响，回头看时已化灰"的爆竹式的人物，不过是历史舞台上的匆匆过客。

一个人的人格力量如何，归根到底在于他和旁人、和集体的关系到底如何。

我们读伟大人物的传记，受到感动，为之激励，就在于他们的利他主义和献身精神使我们深深崇敬。有一些人，你并不能把他们归入革命家一类，但是他们同样有这种精神，像巴斯德、居里夫人、爱因斯坦等科学家就是这样。具有人格力量的人，也不一定是什么名人。有些很平常的人，平时辛勤朴素，临终时却把全部财产献给社会福利事业，甚至连遗体也叮嘱留作医学研究之用。有些乡村教师，数年如一日背着身患残疾的学童渡河上学。有些妇女，在报纸上看到某个战士英勇作战致残的消息后，挺身应征做他的妻子，甘愿照料他的一生。农村有些个体户，富裕之后，自愿把孤苦老人接到家里，悉心照顾。这些事情，都令人感到人格力量的伟大。

马克思说："如果人只是为了自己而劳动，他或许能成为有名的学者、绝顶聪明的人、出色的诗人，但他绝不可能成为真正的完人和伟人。"彭德怀说："一个人如果只想到自己，那是最可耻的，一个人如果只为自己活着,那就不如死掉。"也许有人认为这些话说得很重吧!但是一切受过极端个人主义者损害的人,都会感到这些言语具有入木三分的力量。也许有人以为这些话都是"共产党宣言"吧!其实,从古到今,表达了类似意思的历史人物的话不知道有多少。明末顾炎武讲的"国家兴亡,匹夫有责",清末秋瑾讲的"芸芸众生,谁不爱生?爱生之极,进而爱群",科学家爱因斯坦讲的"一个人对于社会的价值首先取决于他的感情、思想和行动对增进人类利益有多大的作用"。如果我们的社会有越来越多的人具有这种人格和襟怀,我们大家就会生活得更加幸福,社会也将进步得更快。

自然,对这类格言极端反感,发出冷笑的人也是有的。如果你去向毫不悔改的贪官、流氓、无赖、骗子手宣传这些,那就不过像在石头上种花一样徒劳了。

我见到许多青年人都很爱美,花了许多钱做衣服、烫头发、整容。爱美是人类的天性,这自然是无可非议的。但是,"鸟美在羽毛,人美在心灵"。如果一个人仪表堂堂,衣服艳丽,而内心却卑污龌龊,贪婪无度,一点儿高尚的情操也没有,缺少正直、诚实、高尚的人格,外表美又算个什么?

"对增进人类利益有多大的作用",始终是衡量一个人的价值的重要标志。具有人格力量的人是真正的强者,这样的人经得住时间的冲洗,他们的美是永不退色的。当我看到青年那么爱美的时候,我就禁不住想把心头的这一番话告诉他们了。

1985年3月于广州

英雄交响曲

一片丹心万里家，
熊熊生命吐光华。
怒冲壕垒披肝胆，
笑抚弦笙话稻麻。
喋血歌喉声裂石，
搴旗老手袖惊鸦。
唐诗绝句忽萦梦：
"霜叶红于二月花"！

"最坚强的人"四川革命残废军人演出队来到广州，并且在昨晚开始演出了。读了材料，看了演出，受到很大的震撼和鼓舞。成群严重残废的革命残废军人，经过勤学苦练，竟能作这样精彩的表演。他们是整队的保尔与吴运铎，高举着革命乐观主义的火把，在中国到处行进，现在来到我们面前了。

像一位壮士刘渝生同志所吟咏的："我们有坚强的意志，我们有颗永不残废的心，没有眼睛照样读书看报，没有双手一样写字弹琴，两脚瘫痪能用双手劳动，没有双脚也能疾走飞奔。困难只能在软弱者面前存在，挡不住久经锻炼的士兵！"读着这样的诗句，令人想起了当年志愿军战士的豪语："决心磨烂石头，困难见我发愁，意志比铁还硬，信心比天还高。"革命残废军人演出队正是继承和发扬了这光辉的传统的。这些分别为人民为革命献出了眼睛、脚、手的英雄们，当他们在台上引吭高歌的时候，当他们挥舞着那空洞洞的袖筒的时候，那声音，那形象，就很足以使敌人颤栗，使我们自己人热血沸腾。他们演出的意义已经远远超越过演出节目本身千倍万倍了。

　　从这些残而不废的亲人们身上，我们想起了当年朝鲜板门店上的一幕。当美帝国主义被迫把一车车的伤病的志愿军战士运到板门店交回我方的时候，当时的情景是多么震动了全世界、给我们留下何等愤怒沉痛的印象呵！多少受折磨的被囚战士，有的眼睛被挖去了，用手抚摸着久别的同志；有的用一只脚站立起来，举起拳头在敌人面前摇晃怒呼；有的把美帝集中营发给的衣服撕烂了丢在地下；有的展开了珍藏在身畔已久的红旗豪笑高歌……这些事情使我们当日读报的时候像给火烧到一样。如今来到我们面前的最坚强的人，里面就有被敌人挖去了眼睛，但由于党的挽救，又终于获得一只微明的眼珠的；就有和敌人猛烈搏斗之后受伤截去双肢的。在他们身上留下的伤残的标记，永远在控诉着资本主义制度的罪恶和帝国主义者的暴虐，他们的出现，也将到处更加激发起人们咬紧牙关克服一切困难建设社会主义的热情。我们在见到党和人民的这些忠实儿女的时候，在看到他们的歌舞时，眼睛也会润湿，但我们流的是感动的泪水而不是悲哀的泪水，英雄们发出的笑声和高举着的火把，正是要把革命乐观主义和大无畏的精神，像最珍贵的礼物似的，送给全国的同志的。中外历史上，尽有不少身体残废了，却英勇奋斗着的人物。我不禁想起了刺目成瞽，击筑除暴的高渐离；想起身受宫刑，坚忍著书的司马迁；想起了欧洲那用眼睛换来了智慧，盲目之后穷困潦倒绝不屈服的拉马克和密尔顿……读这些历史的时候，那些事迹也曾使我们绕室低徊，激动的不得了。但那些历史事迹，唤起我们的是一种悲凉的情绪，最多也只是一种悲壮的情绪。至于革命残废军人演出队的来临呢，他们正像我们读《钢铁是怎样炼成的》、《真正的人》时所感受的一样，只有雄壮，没有悲哀。有一种人的生命像是铀块似的，只要它存在着，不论怎样碎裂了，仍然日夜吐着光辉。这就是像这群最坚强的人一类的人物。他们拖着断臂，支着拐杖，几乎走遍全国，要把他们钢铁般的信念告诉人们。贝多芬创作过一部《英雄交响曲》，这群最坚强的人不待使用音符，不待登台，不已创作了比贝多芬的乐章更雄壮的《英雄交响曲》了么！让我们敞开心灵，倾听你们的声音，学习你们，感谢你们，祝福你们！

1959 年

在遥远的海岸上

中国有一千三百万华侨散布在世界各地,这一千三百万人和国内人民的思想感情的脉搏是一同跳动着的。在这方面,我常常想起无数动人的事件,使自己像喝过醇酒似的进入一种感情微醺的境界。虽然我离开海外回到国内来已经很久很久了。

波兰古典作家显克微支有一个短篇小说叫做《灯塔看守人》。里面讲的是十九世纪流浪异国的一个波兰老人的故事。这老人因为反抗压迫,在国外流浪了大半生,到他衰朽的暮年,异常困倦地渴望获得一个安定的位置度过他的余生。在意外的机会中他找到了一个看守灯塔的职业。这工作是异常寂寞孤独的,整天和潮汐海鸥为伍,在偏僻的岩礁上,连人影也不见一个。唯一的工作就是每天按时燃着灯火,使来往的船只不致失事。这工作很轻便,但绝对不容许误事。只要有一次的错失,他就得失掉位置,重新去作无所归依的流浪者了。老人是很喜欢这工作的,他按时点燃灯塔,从不误事。但有一次他收到了一个邮包,有人寄给他一本波兰诗人的诗集。他翻读着书籍,和祖国的千丝万缕的感情使他沉浸于一种如醉如痴的境界,他回忆、沉思、激动、神往,像喝醉了酒似的一连躺了好几个钟头,终于忘记燃点灯火。于是,他被撤职了。

许许多多华侨眷念祖国的故事,那情景,是和这个小说中的波兰老人有很多相似之处的。

宋庆龄先生访问印度尼西亚,回来叙述过她在峇厘岛上见到的一桩事情道:"我们国内已不易看到的铜钱,在峇厘岛上家家都能找到,这种铜钱被停止流通还是不久的事情。现在人们把铜钱结成一串一串的吊起来,当做宗教仪式上不可缺少的神器。在一家银器店里我们发现一串串的铜钱中有开元年号的,有万历年号的,也有清朝各种年号的……"这种表面上看起来很细小的事象,里面蕴藏着的人们眷念祖国的感情却是多么的强烈啊。

和这种事象相仿佛,我记起了华侨许多保持祖国古老的风俗习惯的事情。这种情形意味的绝不是普通意义的"保守"。他们正是以这来寄托他们永不忘本的家国之思的。正像波兰的作曲家肖邦,到西欧去流浪时,永远带着一撮祖国的泥土那样,具有深远的寓意。

《红楼梦》第七十二回,从王熙凤向贾琏发脾气的谈话中讲到一个词儿:"衔口垫背"。那是一种古老的迷信的风俗,在死人嘴里放一颗珍珠或一些米叫做"衔口";入殓时在装殓的褥下放一些钱叫做"垫背"。这风俗在国内,即使在解放前也已经不容易见到了。但在南洋华侨当中还相当地流传着,我的母亲入殓时就采用了这种仪式。在福建,清初时候,许多反清复明的志士和他们所影响的人们,入殓时习惯在脸部盖上一块白布。那意义是:"反清复明事业未成,羞见先人于地下"。这习俗,也同样随着一部分福建侨民带到海外去。

对古代祖国英雄豪杰的怀念,是无数华侨共有的感情。在热带的雨夜,家人父子围在一起谈郭子仪、薛仁贵、岳飞……是许多华侨家庭常有的事。在南洋一带,人们又十分推崇曾经踏上那边土地的三保太监郑和。亲戚朋友们在灯下聚谈的时候,话题常常很自然地拉到这个太监身上去。这位在五百多年前曾经出使七次,航程十六万海里的三保太监,在许多华侨口中仿佛变成了一个无所不能的异人。南洋有些成人遇到困难，有时还会喃喃祈祷道："三宝公保佑，三宝公保佑！"南洋侨胞对郑和的尊崇，是渲染上许多神话色彩的，他们所以这样做，严肃追究起来，实际上藏着一些颇为辛酸的理由。从前，当华侨没有一个强盛的祖国，还处在"海外孤儿"的境地的时候，他们不得不怀念和神化当年扬眉吐气的先人，不得不通过"三保太监"来寄托他们备受损害的民族自尊心。

对于光荣先人的追念，对于风俗习惯的保持，在这些现象里面，闪耀着强烈的爱国主义感情。从美洲到欧洲，从非洲到南洋，众多的华侨坚持着吃中国饭，穿土布衣服，着广东木屐，吃从遥远的家乡运来，或者自制的腐乳、咸鱼、霉菜、凉茶；继续过我们的清明、端午、中秋、冬至，祖孙累代数百年如一日地坚持着。为什么有些风俗在国内已经逐渐改变或者丧失了，在海外却那么牢固地保存着，从这里是可以找到很好的答案的。

这些年来，海外华侨每当遇到放映国产电影或者祖国的各种代表团抵达的时候，他们有人会跋涉一百几十里路来看一场电影或者来会一会亲人。有的人回到国门，踏上祖国泥土时就纵情高歌，有一个华侨甚至特地缝了一件缀满了五角星的衣服，在抵达边境时披到身上。有一些累世居留海外的华侨土生，因为当地华侨人数稀少，说中国话的机会不多，因而操中国语言已经不很灵便，然而这些年来他们也纷纷回来了。他们一家家已经离开祖国一两百年，他们已经不大会讲祖国语言，然而祖国有一种巨大的吸力把他们从海外吸引回来。一个历史文化悠久的国家，在她的子子孙孙的身上留下了多么深远的影响！祖国的强大，使她的海外儿女的强烈感情得到了一个很自然的喷火口了。那类使人感动的事象的出现绝不是偶然的事。上面说过：这些事件，真使人像喝过醇酒似的进入一种感情微醺的境界。

在世界各个遥远的海岸上,有多少万颗心像向日葵似的向着祖国!

从海外远道归来的人们,如果看到已经翻身的祖国有些事情还不如理想的时候,想一想她是我们共同的经历过千万劫难的母亲,现在还不过是她的青春刚刚复活的顷刻,在她身上还存在许多旧时代的烙印。这样一想,就会更加奋发地和国内的人们一起来建设祖国了。同样地,当国内的人们觉得海外归来的侨胞和自己的生活习惯有些地方不大相同时,想一想这是祖国大家庭中曾经辗转飘泊,在人生道途上备尝风浪的亲人;这样一想,生活的感情就会像水乳那样地交融起来了。

地球上的海里有无数的海底电线把世界各个大洲联系起来。除了千万物质的电线之外,还有无数感情的电线遍布在各个海洋,把各大洲的人们联系起来。中国有为数很多的侨民居留海外,在世界上一切遥远的角落,千千万万感情的电线跨越重洋,纷纷延伸到中国的海岸。让我们永远怀念着海外的亲人,并用加倍努力的建设,使这一千多万远适海外、翘首故国的人们有一个日益强盛的祖国吧!波兰小说中那个灯塔看守人的故事是感人的。我们深深地和那个老人的感情共鸣。但却希望和他那样的命运,不再支配着今天我们海外的亲人。当祖国日益强盛时,那时候,她就可以向世界上一切海洋发出电波,用她的慈爱庄严的声音呼唤道:"儿女们,你们随时回到我的怀抱吧!"

1956 年

土　地

我们生活在一个开辟人类新历史的光辉时代。在这样的时代，人们对许许多多的自然景物也都产生了新的联想、新的感情。不是有好些人在讴歌那光芒四射的朝阳、四季常青的松柏、庄严屹立的山峰、澎湃翻腾的海洋吗？不是有好些人在赞美挺拔的白杨、明亮的灯火、奔驰的列车、崭新的日历吗？睹物思人，这些东西引起人们多少丰富和充满感情的想象！

这里我想来谈谈大地，谈谈泥土。

当你坐在飞机上，看着我们无边无际的像覆盖上一张绿色地毯的大地的时候；当你坐在汽车上，倚着车窗看万里平畴的时候；或者，在农村里，看到一个老农捧起一把泥土，仔细端详，想鉴定它究竟适宜于种植什么谷物和蔬菜的时候；或者，当你自己随着大伙在田里插秧，黑油油的泥土吱吱地冒出脚缝的时候，不知道你曾否为土地涌现过许许多多的遐想？想起它的过去，它的未来，想起世世代代的劳动人民为要成为土地的主人，怎样斗争和流血，想起在绵长的历史中，我们每一块土地上面曾经出现过的人物和事迹，他们的苦难、愤恨、希望、期待的心情？

有时，望着莽莽苍苍的大地，我骑着思想的野马奔驰到很远很远的地方，然后，才又收住缰绳，缓步回到眼前灿烂的现实中来。

我想起了二千六百多年前北方平原上的一幕情景。

一队亡命贵族，在黄土平原上仆仆奔驰。他们虽然仗剑驾车，然而看得出来，他们疲倦极了，饥饿极了。他们用搜索的眼光望着田野，然而骄阳在上，田垄间麦苗稀疏，哪里有什么可吃的东西！一个农民正在田里除草。那流亡队伍中一个王子模样的人物，走下车子来，尽量客气地向农民请求着："求你给我们弄点吃的东西吧！你总得要帮忙才好，我们已经好几天没有吃的了。"衣不蔽体、家里正在愁吃愁穿的农民望了这群不知稼穑艰难的人们一眼，一句话也没说，从田地里捧起一大块泥土，送到王子模样的人物面前，压抑着悲愤说："这个给你吧！"王子模样的人显然被激怒了，他转身到车上取下马鞭，怒气冲冲地想逞一下威风，鞭打那个胆敢冒犯他的尊严的农民。但是一个上了年纪的、大臣模样的人物上前去劝阻住了："这是土地，上天赐给我们的，可不正是我们的好征兆么！"于是，一幕怪剧出现了，那王子模样的人突然跪下地来，叩头谢着上苍，然后郑重地捧起土块，放到车上，一行人又策马前进了。辘辘大车过处卷起了漫天尘土……

这是《左传》记载下来的，春秋时代晋国公子重耳在亡命途中发生的故事。

为什么会发生这样奇怪的事情？除了因为这群贵族是在亡命途中，不得不压抑着威风外，还有一个原因是：在他们心目中，土地代表着上天不可思议的赏赐，代表了财富和权力！他们知道，只要掌握了土地的所有权，就可以永无休止地榨取农民的血汗。

古代中国皇帝把疆土封赠给公侯时，就有这么一个仪式：皇帝站在地坛上，取过一块泥土来，用茅草包了，递给被封的人。这就是所谓"蒩茅"。上一个世纪，当殖民主义强盗还处在壮年时期，他们大肆杀戮太平洋各个岛屿上的土人，强迫他们投降，有一种被规定的投降仪式，就是要土人们跪在地上，用砂土撒到头顶。许许多多地方的部落，为了不愿跪着把神圣的泥土捧上天灵盖，就成批成批地被杀戮了。

呵！这宝贵的土地！不事稼穑的剥削阶级只知道想方设法地掠夺它，把它作为榨取财富的工具，而亲自在上面播种五谷的劳动者才真正对它具有强烈的感情，把它当做命根子，把它比喻成哺育自己的母亲。谈到这里，我想起了好些令人掀动感情波澜的事情。几个世纪以来，那些当年被迫得走投无路的破产的中国农民，飘流到海外去谋生的当儿，身上就常常怀着一撮家乡的泥土。那时，闽粤沿海港口上，一艘艘用白粉糅腹，用朱砂油头，头部两旁画上两个鱼眼睛似的小圈的红头船，乘着信风，把一批批失掉了土地的农民送到海外各地。当时离乡别井的人们，都习惯在远行之前，从井里取出一撮泥土，珍重地包藏在身边。他们把这撮泥土叫做"乡井土"。直到现在，海外华侨的枕头箱里，还有人藏着这样的乡井土！试想想，在一撮撮看似平凡的泥土里，寄托了人们多少丰富深厚的情感！

过去，多少劳动者为了土地而进行了连绵不断的悲壮斗争！当外国侵略者犯境的时候，又有多少英雄义士为保卫它而英勇地献出了生命！在我国福建沿海地方，历史上就流传着许多可歌可泣的保卫土地的抗敌爱国故事。在明末御倭和抗清的浪潮中，那里曾经进行过保卫每一寸土地的激烈斗争。有的地方，妇女的发髻上流行着插上三支短剑似的装饰品，那是明代妇女准备星夜和突然来袭的倭寇搏斗的装束的遗迹。有的地方，从前曾经流行过成人死后入殓时在面部盖上白布的风俗，那是明朝遗民羞见先人于地下、一种激励后代的葬仪。这些风俗，多么沉痛，多么壮烈！在我国的湛江地方，有一座桥梁被命名为"寸金桥"，就寓有"一寸土地一寸金"的意思，这是用来纪念当年抵抗帝国主义侵略的民族英雄们的。土地的长度和面积计算单位可以用丈、用公里、用亩、用公顷，然而在含有国土的意义的时候，它的计算单位应该用一寸、一撮来衡量。因为它代表一个国家的主权，一寸土都绝不容侵犯，一撮土都是珍宝。这里，我想到了我们中国的整个版图，在我们这一代人的手里，一定要使它真真正正地完整无缺。台、澎等地还被一小撮反动派所盘踞和被帝国主义侵占着，我们必须把它解放。从福建前线，我们听到了多少动人的故事呵！不仅我们英勇而强大的海军和空军，给予美蒋反动派以沉重的打击，就是民兵队伍，也巧妙地打击了敌人。就是好些少年儿童，在大炮轰击中也自动奔跑接驳电线，传信送物。他们体现了全体中国人民保卫每一寸国土的坚强意志。

今天，在世界范围内，许许多多被殖民者奴役着的地方，也正在进行着驱逐侵略者、保卫国土的斗争。在英雄的古巴，戴着宽边草帽的蔗农们不是正高举着"土地就是我们的生命"的标语牌在示威吗？哈瓦那的商店用纸包了一撮撮的泥土，随着货物一同递给古巴的顾客，纸包上面语重心长、激励人心地写着："这是古巴的土地，大家来保卫它！"呵！一寸土，一撮土，在这种场合意义是多么神圣！

提到了一寸土这几个字，我又禁不住想到一些岛屿上的人民战士。登上那些岛屿，你会更深地认识到"一寸土"的严肃意义。我到过一个小岛，那岛屿很小。然而，岛上的生活却是多么沸腾呵！这里的海滩、天空、海面，绝不容许任何侵略者窥探和侵入一步，人民的子弟兵日夜守着大炮阵地，从望远镜里、从炮镜里观测着海洋上的任何动静。这些岛屿像是大陆的眼睛，这些战士又像是岛屿的眼睛。不论是在月白风清还是九级风浪的夜里，他们都全神贯注地盯着辽阔的海域。不仅这样,他们还把小岛建成花园一样美丽。本来是蛇虫蜿蜒、野生植物遍地都是的荒凉小岛,经过他们付出艰苦劳动,在上面建起了坚固的营房,辟出了林荫大道,又从祖国各地要来了花种,广植着笑脸迎人的各种花卉和鲜美的蔬菜;还建起畜牧栏,竖起鸽棚;又从海里摸出了石花,堆成小岛的美术图案。看到这些,令人不禁想到,我们所有的土地,一个个的岛屿,一寸寸的土壤,都在英雄们的守卫和汗水灌溉之下,迅速地在改变面貌了。

在我们看来很平凡的一块块的田野,实际上都有过极不平凡的经历。在几十万年之间,人类在这上面追逐着野兽,放牧着牛羊,捡拾着野果,播种着五谷,那时候人们匍匐在大自然的威力之下,风雨雷霆,电光野火,都曾经使他们畏惧颤栗。几十万年过去了,人类进入了阶级社会,一片片的土地像被戴上了镣铐似的,多少世代的农民,在大地上流尽了血汗,却挣不上温饱,有多少人在这一片片土地上面仰天叹息,椎心痛恨!又有多少人揭竿起义,画着眉毛,扎着头巾参加战斗,把压迫他们的贵族豪强杀死在这些土地上面。到了近代,又有多少人民的军队为了从封建地主阶级手里,把土地夺回来,和帝国主义的军队、剥削者的军队在这上面鏖战过。二十年代以来,中国共产党领导全国人民进行了革命斗争,打垮了反动统治者,推翻了剥削制度,进行了土地改革,土地的镣铐才被彻底打碎,劳动人民才真正成了土地的主人。我们热爱土地,我们正在豪迈地改造着土地,使它变成一片锦绣。当你这么思索的时候,大地上的红土黑土、黄土白土,仿佛都变成感情丰富的东西了,它们仿佛就像古代神话中的"息壤"似的,正在不断变化,不断成长,就像是具有生命一样。

几千年来披枷戴锁的土地，一旦回到人民手里，变化是多么神速呵！你拭展开一幅地图，思索一下各地的变化，该有多么惊人。沙漠开始出现了绿洲，不毛之地长出了庄稼，濯濯童山披上了锦裳，水库和运河像闪亮的镜子和一条条衣带一样缀满山谷和原野。有一次我从凌空直上的飞机的舷窗里俯瞰珠江三角洲，当时苍穹明净，我望了下去，真禁不住喝彩，珠江三角洲壮观秀丽得几乎难以形容。水网和湖泊熠熠发光，大地竟像是一幅碧绿的天鹅绒，公路好似刀切一样的笔直，一丘丘的田野又赛似棋盘般整齐。嘿！千百年前的人们，以为天上有什么神仙奇迹，其实真正的奇迹却在今天的大地上。劳动者的力量把大地改变得多美！一个巧手姑娘所绣的只是一小幅花巾，广大劳动者却以大地为巾，把本来丑陋难看的地面变得像苏绣广绣般美丽了。

你也许在"和平号"列车的瞭望车上看过迅速掠过的美丽的大地；也许参加过几万人挑灯修筑水电站大坝的工程，在那种场合，千千万万人仿佛变成了一个挥动着巨臂的巨人，正在做着开天辟地的工作。在华南，有些隔离大陆的岛屿给筑起了一条堤坝，和大陆连起来了；有些小山被搬掉填到海里，大海涌出陆地来了；干旱的雷州半岛被开出了一条比苏彝士运河还要长的运河；潮汕平原上的土地被整理成棋格一样齐整。我们时代的人既以一寸寸的土地为单位在精细工作着，又以一千里，一万里，更确切地说，又以全部已解放的九百余万平方公里土地作为一个整体来规划和工作着。这十几年来，同是千万年世代相传的大地上，长出了多少崭新的植物品种呵！每逢看到了欣欣向荣的庄稼，看到刚犁好的涌着泥浪的肥沃的土地，我的心头就涌起像《红旗歌谣》中的民歌所描写的——"沙果笑得红了脸，西瓜笑得如蜜甜，花儿笑得分了瓣，豌豆笑得鼓鼓圆"这一类带着泥土、露水、草叶、鲜花香味的情景。让我们对土地激发起更强烈的感情吧!因为大地母亲的镣铐解除了,现在就看我们怎样为哺育我们的大地母亲好好工作了。

事实上,无数的人也正在一天天地发展着这样的感情。你可以从细小或者巨大的场面中觉察到这一切。你看过公社的大队长率领着一群老农在巡田的情景吗?他们拿着一根软尺,到处量着,计算着一块块土地的水稻穗数;不管是不是自己管理的,看到任何一丘田里面的一根稗草都要涉水下去把它拔掉。你看到农村中的青年技术员在改变土壤的场面吗?有时他们把几千年未曾见过天日的沃土底下的砾土都翻动了,或者深夜焚起篝火烧土,要使一处处的土地都变得膏腴起来。

几万人围在一片土地上修筑堤坝,几千人举着红旗浩浩荡荡上山的情景尤其动人心魄。那呐喊,那笑声,尤其是那一对对灼热的眼睛!虽然在紧张的劳动中大家都少说话了,但是那眼光仿佛在诉说着一切:"干呵干呵,向土地夺宝,把我们所有的土地都利用起来。一定要用我们这一代人的双手,搬掉落后和穷困这两座最后的大山!"有时这些声音寄托于劳动吃喝,寄托于车队奔驰之中,仿佛令人感到战鼓和进军号的撼人的气魄……

让我们捧起一把泥土来仔细端详吧!这是我们的土地呵!怎样保卫每一寸的土地呢?怎样使每一寸土地都发挥它的巨大的潜力,一天天更加美好起来呢?党正在领导和率领着我们前进。青春的大地也好像发出巨大的声音,要求每一个中国子民都作出回答。

1960 年

社稷坛抒情

北京有座美丽的中山公园,公园里有个用五色土砌成的社稷坛。

社稷坛是北京九坛之一,它和坐落在南城的天坛遥遥相对。古代的帝王们,在天坛祭天,在社稷坛祭地。祭天为了要求风调雨顺,祭地为了要求土地肥沃,祭天祭地的终极目的只有一个:就是五谷丰登,可以"聚敛贡城阙"。五谷是从地里长出来的,因此,人们臆想的稷神(五谷)就和社神(土地)同在一个坛里受膜拜了。

穿过古柏参天,处处都是花圃的园林,来到这个社稷坛前,突然有一种寥廓空旷的感觉。在庄严的宫殿建筑之前,有这么一个四方的土坛,屹立在地面,它东面是青土,南面是红土,西面是白土,北面是黑土,中间嵌着一大块圆形的黄土。这图案使人沉思,使人怀古。遥想当年帝王们穿着衮服,戴着冕旒,在礼乐声中祭地的情景,你仿佛看到他们在庄严中流露出来的对于"天命"畏惧的眼色,你仿佛看到许多人慑服在大自然脚下的神情。

这社稷坛现在已经没有一点儿神秘庄严的色彩了,它只是一个奇特的历史遗迹。节日里,欢乐的人群在上面舞狮,少年们在上面嬉戏追逐。平时则有三三两两的游人在那里低徊。对,这真是一个引发人们思古幽情的好所在!作为一个中国人,可以让这种使人微醉的感情发酵的去处可真多呢!你可以到泰山去观日出,在八达岭长城顶看日落。可以在西湖荡画舫,到南京鸡鸣寺听钟声。可以在华北平原跑马,在戈壁滩上骑骆驼。可以访寻古代宫殿遗迹听一听燕子的呢喃，或者到南方的海神庙旁看浪涛拍岸……这些节目你随便可以举出一百几十种来，但在这里面千万不能遗漏掉这个社稷坛！这坛后的宫殿是华丽的，飞檐、斗拱、琉璃瓦、白石阶……真是金碧辉煌！而坛呢，却很荒凉，就只有五色的泥土。然而这种对照却也使人想起：没有这泥土所代表的大地，没有在大地上胼手胝足的劳动者，根本就不会有这宫殿，不会有一切人类的文明。你在这个土坛上走着走着，仿佛走进古代去，走到一望无际的原野上，在那里，莽莽苍苍，风声如吼。一个戴着高冠，穿着芒鞋的古代诗人正在用他的悲悯深沉的眼睛眺望大地，吟咏着这样的诗句：

> 朝东西眺望没有边际，
> 朝南北眺望没有头绪，
> 朝上下眺望没有依归，
> 我的驱驰不知何所底止！
> …………

> 九州究竟安放在什么上面？
> 河床何以洼陷？
> 地面，从东至西究竟多少宽，从南至北多少长？
> 南北要比东西短些，短的程度究竟是怎样？
>
> （屈原：《悲回风》和《天问》，引自郭沫若译诗。）

这不仅仅是屈原的声音，也是许许多多古代诗人瞭望原野时曾经涌起的感情。这种"大地茫茫"的心境，是和对于自然之谜的探索和对于人间疾苦的愤慨联结在一起的。

想一想这些肥沃土地的来历,你不由得涌起一种遥接万代的感情。我们居住的这个星球在最古老时代原是一个寂寞的大石球,上面没有一株草,一只虫,也没有一层土壤。经过了多少亿万年,太阳风雨的力量,原始生物的尸骸,才给地球造成了一层层的土壤,每经历千年万年,土壤才增加薄薄的一层。想一想我们那土壤厚达五十公尺的华北黄土高原吧!那该是大自然在多长的时间里的杰作!但这还不算,劳动者开辟这些土地,是和大自然进行过多么剧烈的斗争呀!这种斗争一代接连一代继续着,我们仿佛又会见了古代的唱着《诗经》里怨愤之歌的农民,像敦煌壁画上面描绘的辛勤劳苦的农民,驾着那种和古墓里挖掘出来的陶制高轮牛车相似的车子,奔驰在原野上,辛苦开辟着田地。然而他们一代代穿着破絮似的衣服,吃着极端粗劣的食物。你仿佛看到他们在田野里仰天叹息,他们一家老小围着幽幽的灯光在饮泣。看到他们画红了眉毛,或者在头上包一块黄布揭竿起义,看到他们大批地陈尸在那吸尽了他们的汗水然后又吸尽了他们鲜血的土地。想一想在原始社会中他们怎样匍匐在鬼神脚下,在阶级社会中他们又怎样挣扎在重重枷锁之中。啊,这些给荒凉的大地铺上了锦绣花巾的人们,这些从狗尾草、蟋蟀草中给我们选出了稻麦来的人们,我们该多么感念他们!想象的羽翼可以把我们带到古代去,在一家家的门口清清楚楚看到他们在劳动,在饮食,在希望,在叹息,可惜隔着一道历史的门限,我们却不能和他们作半句的交谈!但怀古思今,想起了我们这个时代的农民是几千年历史中第一次真正挣脱了枷锁,逐渐离开了鬼神天命的羁绊的农民,我们又仿佛走出了黑暗的历史的隧洞,突然见到耀眼的阳光了。

你在这个五色土坛上面走着走着,仿佛又回到公元前几千年去，会见了古代的思想家。他们白发苍苍，正对着天上的星辰，海里的潮汐，陶窑的火光，大地的泥土沉思。那时的思想家没有什么书籍可以阅读参考，日月经天，江河行地，四时代谢，万物死生的现象，都使他们抱头苦思，他们还远不能给世界的现象写出一个较完整的答案。但是他们终究也看出一点道理来了，世间的万物万事，有因有果，有主有从，它们互相错综地关联着……正是由于古代有这样的思想家在这样地思想过，才给后来的历史创造了这样一座五色的土坛。

"五行"的观念和我们这个民族一样地古老，东、南、西、北是人们很早就知道的，人们总以为自己所处是大地的中间，于是在四方之外又加上了一个"中心"，东、南、西、北、中凑成了五方五土的观念，直到今天我们还看到好些人家的屋角有"五方五土龙神"的牌位。烧陶方法和冶铜技术发明了，人们在熊熊火光旁边，看到火把泥土变成了陶器，把矿石烧成溶液，木头燃烧发出了火光，水又能够把火熄灭。这种现象使古代的思想家想到木、火、金、水、土（依照《左传》的排列次序）是万物的本源。于是木、火、金、水、土把五行的观念充实起来了。

烧制陶器这件事使人类向文明跨前一大步，在埃及，在希腊，都由此产生了神祇用泥土造人的神话。在中国，却大大地发扬了"五行"的观念。根据木、火、金、水、土五种东西彼此的作用，又产生了五行相克相生的理论。根据这几种东西的颜色：树木是苍翠的，火光是红艳艳的，金属是亮晶晶的，深深的水潭是黝黑的，中原的泥土是黄色的。于是青、赤、白、黑、黄五种颜色就被拿来配木、火、金、水、土，成为颜色上的五行了。

这个四方、五行的观念被古代思想家用来分析许许多多的事物,音乐上的宫、商、角、徵、羽五个音阶,天上二十八宿的分隶青雀、黄龙、白虎、玄武(乌龟)四方,都是和这种观念紧密地联结起来的。

把世界万物的本源看做是木、火、金、水、土五种元素相互作用产生出来的,这和古代印度哲学家把万物说成是由地、火、水、风所构成,古代希腊哲学家说万物的本源是水或者火……那思想的脉络是多么的近似啊。

尽管这种说法在几千年后的今天看来是奇特甚至好笑的,然而那里面不也包含着光辉的真理吗:万物的本源都是物质,物质彼此起着错综的作用……哦!我们遇见的对着泥土沉思的思想家,他们正是古代的略具雏形的唯物主义者!

没有这些古代思想家,我们就不会有这个五色的土坛。审视这五种颜色吧,端详这个根据"天圆地方"的古代观念筑起来的四方坛吧!它和我们民族的古代文化发生多么密切的关系啊!

我们汉民族的摇篮在黄河的中上游,那里绵亘的是一望无际的黄土高原。因此,黄色被用来配"土",用来配"中心",成为我们民族传统中高贵的颜色。中心是不同于四方的,能够生长五谷的土地是不同于其他东西的,黄色是不同于其他颜色的。在这个土坛的中心,黄土被特别砌成了一个圆形,审视这个黄色的圆圈吧!它使我们想起奔腾澎湃的黄河,想起在地层下不断被发掘出来的古代村落,也想起那古木参天的黄帝的陵墓。

我多么想去抱一抱那些古代的思想家,没有他们的艰苦探索,就没有今天人类的智慧。正像没有勇敢走下树来的猿人,就不会有人类一样。多少万年的劳动经验和生活智慧积累起来,才有了今天的人类文明。每一个人在人类智慧的长河旁边,都不过像一只饮河的鼹鼠。在知识的大森林里面，都不过像一只栖于一枝的鹪鹩。这河是多少亿万滴水汇成的啊，这森林是多少亿万株草木构成的啊！

瞧着这个社稷坛，你会想起了中国的泥土，那黄河流域的黄土，四川盆地的红壤，肥沃的黑土，洁白的白垩土……你会想起文学里许许多多关于泥土的故事：有人包起一包祖国的泥土藏在身旁到国外去；有人临死遗嘱必须用祖国的泥土撒到自己胸上；有人远适异国归来俯身去吻一吻自己国门的土地。这些动人的关于泥土的故事，使人对五色土发生了奇异的感情，仿佛它们是童话里的角色，每一粒土壤都可以叙述一段奇特的故事或者唱一首美好的诗歌一样。

瞧着这个紧紧拼合起来的五色土坛，一个人也会想起了国土的统一，在我们的土地上为了统一而发生的战争该有多少万次呀，然而严格说来，历史上的中国从来没有高度统一过。四分五裂，豪强纷纷划地称王的时代不去说它了，可怜的共主像傀儡似的住在京都，整天送猪肉、龟肉慰问跋扈的诸侯的时代不去说它了，就是号称强盛统一的时代，还不是有许多拥兵的藩镇，许多专权的贵戚，许多地方的豪霸，在他们的领地里当着小皇帝，使中央号令不行，使国中还有许许多多的小国。中国历史上没有一个时期像今天这样高度统一过，等我们解放了台湾和一些沿海岛屿以后，这种统一的规模就更加空前了。古代思想家的预言："不嗜杀人者能一之"。由于不剥削人的劳动阶级登上了历史舞台，竟使这一句话在两千多年后空前地应验了。

我在这个土坛上低徊漫步，想起了许许多多的事情。我们未必"前不见古人，后不见来者"，凭着思想和感情的羽翼，我们尽可去会一会古人，见一见来者。我仿佛曾经上溯历史的河流，看见了古代的诗人、农民、思想家、志士，看他们的举动，听他们的声音，然后又穿过历史的隧洞，回到阳光灿烂的现实。啊，做一个历史悠久的民族的子孙是多么值得自豪的一回事！做今天的一个中国的人民是多么值得快慰的一回事！回溯过去，瞻望未来，你会觉得激动，很想深深呼吸一口新鲜的空气，想好好地学习和劳动，好好地安排在无穷的时间中一个人仅有一次，而我们又恰恰生逢其时的宝贵的生命。

我真爱北京这座发人深思的社稷坛！

1956 年

花　城

　　一年一度的广州年宵花市，素来脍炙人口。这些年常常有人从北方不远千里而来，瞧一瞧南国花市的盛况。还常常可以见到好些国际友人，也陶醉在这东方的节日情调中，和中国朋友一起选购着鲜花。往年的花市已经够盛大了，今年这个花海又涌起了一个新的高潮。因为农村人民公社化以后，花木的生产增加了，今年春节又是城市人民公社化之后的第一个春节，广州去年有累万的家庭妇女和街坊居民投入了生产和其他的劳动队伍。加上今年党和政府进一步安排群众的节日生活，花木供应空前多了，买花的人也空前多了，除原来的几个年宵花市之外，又开辟了新的花市。如果把几个花市的长度累加起来，"十里花街"，恐怕是名不虚传了。在花市开始以前，站在珠江岸上眺望那条浩浩荡荡、作为全省三十六条内河航道枢纽的珠江，但见在各式各样的楼船汽轮当中，还划行着一艘艘载满鲜花盆栽的木船，它们来自顺德、高要、清远、四会等县，载来了南国初春的气息和农民群众的心意。"多好多美的花！""今年花的品种可多啦！"江岸上的人们不禁啧啧称赏。广州有个文化公园，园里今年也布置了一个大规模的"迎春会"，花匠们用鲜艳的盆花堆砌出"江山如此多娇"的大花字，除了各种色彩缤纷的名花瓜果外，还陈列着一株花朵灼灼、树冠直径达一丈许的大桃树。这一切，都显示出今年广州的花市是不平常的。

　　人们常常有这么一种体验：碰到热闹和奇特的场面，心里面就像被一根鹅羽撩拨着似的，有一种痒痒麻麻的感觉。总想把自己所看到和感受的一切形容出来。对于广州的年宵花市，我就常常有这样的冲动。虽然过去我已经描述过它们了，但是今年，徜徉在这个特别巨大的花海中，我又涌起了这样的欲望了。

  农历过年的各种风习，是我们民族在几千年的历史中形成的。我们现在有些过年风俗，一直可以追溯到一两千年前的史迹中去。这一切，是和许多的历史故事、民间传说、巧匠绝技和群众的美学观念密切联系起来的。在中国的年节中，有的是要踏青的，有的是要划船的，有的是要赶会的……这和外国的什么点灯节、泼水节一样，都各各有它们的生活意义和诗情画意。过年的时候，我们各地的花样一向都很多：贴春联、挂年画、耍狮子、玩龙灯、跑旱船、放花炮……人人穿上整洁衣服，头面一新，男人都理了发，妇女都修整了辫髻，大姑娘还扎上了花饰。那"糖瓜祭灶，新年来到，姑娘要花，小子要炮，老头儿要一顶新毡帽"的北方俗谚，多少描述了这种气氛。这难道只是欢乐欢乐，玩儿玩儿而已么？难道我们从这隆重的节日情调中不还可以领略到我们民族文化的源远流长，和千百年来人们热烈向往美好未来的心境么！在旧时代苦难的日子里，自然劳动人民不是都能欢乐地过年，但是贫苦的农户，也要设法购张年画，贴对门联；年轻的闺女也总是要在辫梢扎朵绒花，在窗棂上贴张大红剪纸，这就更足以想见无论在怎样困苦中，人们对于幸福生活的强烈的憧憬。在新的时代，农历过年中那种深刻体现旧社会烙印的习俗被革除了，赌博、酗酒，向舞龙灯的人投掷燃烧的爆竹，千奇百怪的禁忌，这一类的事情没有了，那些耍猴子的凤阳人、跑江湖扎纸花的天门人，那些摇着串上铜钱的冬青树枝的乞丐，以及号称从五台山峨眉山下来化缘的行脚僧人不见了。而一些美好的习俗被发扬光大起来，一些古老的风习被赋予了崭新

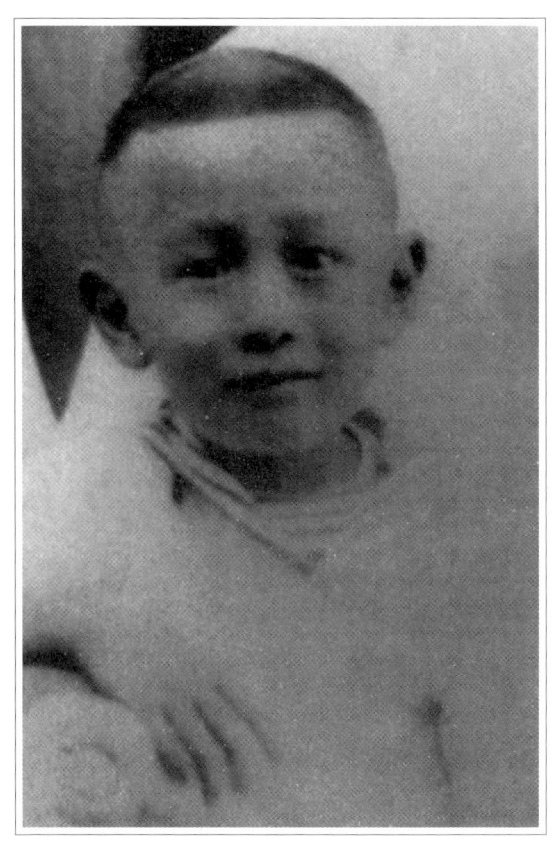

1924年五岁时摄于新加坡

1942年摄于柳州

的内容。现在我们也燃放爆竹，但是谁想到那和"驱傩"之类的迷信有什么牵连呢！现在我们也贴春联，但是有谁想到"岁月逢春花遍地；人民有党劲冲天"、"跃马横刀，万众一心驱穷白；飞花点翠，六亿双手绣山河"之类的春联，和古代的用桃木符辟邪有什么可以相提并论之处呢！古老的节日在新时代里是充满青春的光辉了。

　　这正是我们热爱那些古老而又新鲜的年节风习的原因。"风生白下千林暗，雾塞苍天百卉殚"的日子过去了，大地的花卉越种越美，人们怎能不热爱这个风光旖旎的南国花市，怎能不从这个盛大的花市享受着生活的温馨呢！

　　而南方的人们也真会安排，他们选择年宵逛花市这个节目作为过年生活里的一个高潮。太阳的热力是厉害的，在南方最热的海南岛上，有一些像菠萝蜜之类的果树，根部也可以伸出地面结出果子来；有一些树木，锯断了用来做木桩，插在地里却又能长出嫩芽。在这样的地带，就正像昔人咏月季花的诗所说的："花落花开无日了，春来春去不相关。"早在春节到来之前一个月，你在郊外已经可以到处见到树上挂着一串串鲜艳的花朵了。而在年宵花市中，经过花农和园艺师们的努力，更是人工夺了天工，四时的花卉，除了夏天的荷花石榴等不能见到外，其他各种各样的花几乎都出现了。牡丹、吊钟、水仙、大丽、梅花、菊花、山茶、墨兰……春秋冬三季的鲜花都挤在一起！

　　广州今年最大的花市设在太平路，就是历史上著名的"十三行"一带，花棚有点像马戏的看棚，一层一层衔接而上。那里各个公社、园艺场、植物园的旗帜飘扬，卖花的汉子们笑着高声报价。灯色花光，一片锦绣。我约略计算了一下花的种类，今年总在一百种上下。望着那一片花海，端详着散发着香气、轻轻颤动和舒展着叶芽和花瓣的植物中的珍品，你会禁不住赞叹，人们选择和布置这么一个场面来作为迎春的高潮，真是匠心独运！那千千万万朵笑脸迎人的鲜花，仿佛正在用清脆细碎的声音在浅笑低语："春来了！春来了！"买了花的人把花树举在头上，把盆花托在肩上，那人流仿佛又变成了一道奇特的花流。南国的人们也真懂得欣赏这些春天的使者。大伙不但欣赏花朵，还欣赏绿叶和鲜果。那像繁星似的金橘、四季橘、吉庆果之类的盆果，更是人们所欢迎的。但在这个特殊的、春节黎明即散的市集中，又仿佛一切事物都和花发生了联系。鱼摊上的金鱼，使人想起了水中的鲜花；海产摊上的贝壳和珊瑚，使人想起了海中的鲜花；至于古玩架上那些宝蓝均红、天青粉彩之类的瓷器和历代书画，又使人想起古代人们的巧手塑造出来的另一种永不凋谢的花朵了。

广州的花市上，吊钟、桃花、牡丹、水仙等是特别吸引人的花卉。尤其是这南方特有的吊钟，我觉得应该着重地提它一笔。这是一种先开花后发叶的多年生灌木。花蕾未开时被鳞状的厚壳包裹着，开花时鳞苞里就吊下了一个个粉红色的小钟状的花朵。通常一个鳞苞里有七八朵，也有个别多到十二朵的。听朝鲜的贵宾说，这种花在朝鲜也被认为珍品。牡丹被人誉为花王，但南国花市上的牡丹大抵光秃秃不见叶子，真是"卧丛无力含醉妆"。唯独这吊钟显示着异常旺盛的生命力，插在花瓶里不仅能够开花，还能够发叶。这些小钟儿状的花朵，一簇簇迎风摇曳，使人就像听到了大地回春的铃铃铃的钟声似的。

花市盘桓，令人撩起一种对自己民族生活的深厚情感。我们和这一切古老而又青春的东西异常水乳交融。就正像北京人逛厂甸、上海人逛城隍庙、苏州人逛玄妙观所获得的那种特别亲切的感受一样。看着繁花锦绣，赏着姹紫嫣红，想起这种一日之间广州忽然变成了一座"花城"，几乎全城的人们都出来深夜赏花的情景，真是感到美妙。

在旧时代绵长的历史中，能够买花的只是少数的人，现在一个纺织女工从花市举一株桃花回家，一个钢铁工人买一盆金橘托在肩上，已经是很平常的事情了。听着卖花和买花的劳动者互相探询春讯，笑语声喧，令人深深体味到，亿万人的欢乐才是大地上真正的欢乐。

在这个花市里，也使人想到人类改造自然威力的巨大，牡丹本来是太行山的一种荒山小树，水仙本来是我国东南沼泽地带的一种野生植物，经过许多代人们的加工培养，竟使得它们变成了"国色天香"和"凌波仙子"！在野生状态时，菊花只能开着铜钱似的小花，鸡冠花更像是狗尾草似的，但是经过花农的悉心培养，人工的世代选择，它们竟变成这样丰腴艳丽了。"天工人可代，人工天不如。"生活的真理不正是这样么！

在这个花市里，你也不禁会想到各地的劳动人民共同创造历史文明的丰功伟绩。这里有来自福建的水仙，来自山东的牡丹，来自全国各省各地的名花异卉，还有本源出自印度的大丽，出自法国的猩红玫瑰，出自马来亚的含笑，出自撒哈拉沙漠地区的许多仙人掌科植物。各方的溪涧汇成了河流，各地劳动人民的创造汇成了灿烂的文明，在这个熙熙攘攘的市集中不也让人充分感受到这一点么！

你在这里也不能不惊叹群众审美的眼力。人们爱单托的水仙胜过双托的水仙，爱复瓣的桃花又胜过单瓣的桃花。为什么？因为单托水仙才显得更加清雅，复瓣红桃才显得更加艳丽。人们爱这种和谐的美！一盆花果，群众也大抵能够一致指出它们的优点和缺点。在这种品评中，你不也可以领略到好些美学的道理么！

总之，徜徉在这个花海中，常常使你思索起来，感受到许多寻常的道理中新鲜的涵义。十一年来我养成了一个癖好，年年都要到花市去挤一挤，这正是其中的一个理由了。

我们赞美英勇的斗争和艰苦的劳动，也赞美由此而获得的幸福生活。因此，花市归来，像喝酒微醉似的，我拉拉扯扯写下这么一些话。让远地的人们也来分享我们的欢乐。

1961年2月于广州

花街十里一城春

银夜花街十里长,
满城男女鬓衣香。
人潮灯下浑如醉,
争看春秾初上妆!

上面这首小诗,描绘的是广州春节前夜花市的热闹景象。它是我二十年前写的。那时候自己正当盛年,逛花市时有一种"青春作赋"的感情,仿佛心灵被一根羽毛撩拨着,十分舒畅;又好像喝了一杯香甜的醇酒,感到微醺,因而也就断续写了几篇关于广州花市的抒情小品。但是,从那以后,我已经有十多二十年不写这样的文章了。粉碎"四人帮"后,已有百多年历史的广州迎春花市,又从零落销歇中复苏过来,而且像海水有小潮、大潮似的,在迎接建国三十周年的今年,它涌起了特大高潮,市里各区都设立了中心花市,许许多多公园也都设立了迎春花会。如果把这些香气缭绕的花街联接起来,"十里花街",真是如实的写照。数日之间,不但吸引了广州的百万居民,还引来了国内许多远道的旅人和香港的三十万游客。几家电影制片厂的摄影师们也纷纷争着到处拍摄镜头。看着这番景象,我不禁又想执笔再描写一下广州所特有的这番情景了。

广州,地处承受"阳光之吻"的亚热带,北回归线就在它城北不远的地方穿过。太阳的直射线,一年四季,不断在南回归线和北回归线之间移动。立春的时候，阳光从南回归线北移，广州很快就感受到春天的热力了。可以说，童话中所描绘的，穿着银光闪闪的锦裳，振动着金色的翅膀，一路撒着花瓣而来的春姑娘，踏着南海波涛，登上了中国大陆的名城广州。从南到北，一直走到北方的黑龙江，差不多用了五个月时间。春姑娘走路的速度不能算很快，大概每天约莫走七十里。然而在她轻盈步履走过，袍袖拂到，目光注及的地方，冬眠的动物睁开眼睛了，叶芽舒展了，花蕾结了起来和慢慢绽开了。实际上，春姑娘在春节之前就已经踏上南国的土地，农历十二月间，你在广州到处都可以看到她的踪迹。广州一些街道两旁开蝶形花的紫荆树，早在迎春花市举行之前，就已经缀着累千累万蝴蝶般的鲜花，很使人想起云南省的"蝶泉"。还有一种叫做"爆竹花"的藤蔓植物，种于地面，攀缘上升到屋顶或者花棚之上，然后又从上面悬挂而下，它那一串串密集的黄花苞，开的热烈极了，像一串串正在燃烧的爆竹。南国的人们每逢看到市内和郊区紫荆树、爆竹花开花，正像听到春天的使者奔跑报讯一样，知道春天来了，花市快要举行了。今年，紫荆树和爆竹花，都开得多么灿烂呵！

在广州经常可以见到热带、亚热带的植物，它们表现了异常顽强的生命力。榕树的气根伸到泥土里，就可以长成新的树干，以至于一株榕树可以辗转繁衍，形成一个小小的树林。栀子树的树头，把它掘了回来，养在清水盆里，就可以长出片片绿叶，这就是鲁迅也称道过的盆栽"水横枝"。种类繁多、五光十色，有"沙漠美人"之称的肉质植物，在广州可以长得十分之好，能够开出各种奇形怪状的瑰丽鲜花，甚至在冬天也没有例外。还有许多国外的嘉树名花不断被引种进来，品种相当纷繁。有一种香馥得令人陶醉的花,名字叫做"含笑",是从新加坡引种进来的。另有一种娇妍艳丽超过了它的花,样子很像马蹄莲,叫做"唇苞花",是从斯里兰卡引进来的。还有的人家,客厅里放着一碗清水,里面放着一小段枯木似的东西,它居然能够抽芽发叶,原来那叫"巴西铁树",是从美洲引进来的。这种树,把它像手臂似的树干,锯成几寸一段,样子就像段段枯木一般,只要有适当的气温,一浸到清水里它就抽芽发叶了,一栽到泥土里它又变成一株新的树木了。由于这座花城具有这样的气候条件,交通便利,归侨众多,既可以从国内各地,又可以从世界各地引进许多名花异卉,它出现了一批批花农花匠、园艺巧手,盆栽名家,花卉画师,就是自然不过的事情了。在具有这一切条件的广州,形成了春节前夜几乎倾城的人都到花市去看花买花的诗情画意的风俗,既是一种顺理成章的事态,也是一种群众愿望的升华和结晶。国内外有各种各样的节日,有些节日,是纪念国家的独立、民族的翻身,纪念抗暴,缅怀先烈的。国内有些节日,是要赏月、划船、登山、看灯的,国外有些节日,是要泼水笑闹、围观美人、骑马比赛、化装作乐的,五花八门,形形色色,拨开宗教迷信和民族传说的薄雾轻纱,它们都多少寓有好整以暇、舒展筋骨的意味。节日也是各式各样生活情趣的喷发口。面对这林林总总的节日,南国花城里的人们很早就说:"不够!应该还有这么一个节日:设法使各种鲜花集中开放,列置长街,大家都来赏花买花,热闹一场!"迎春花市,就体现了这种心理而逐渐形成。这不仅在中国,就是在世界上,也是别开生面,堪称放一异彩的了。

  花市,今年照例设立在一条条大街上,这些地方临时搭起了花架,那模样儿很有点像马戏的看台,一级一级,置满了盆栽和花束。更有一些摊档,是专门贩卖桃花、梅花、吊钟的,看那些摊位，又像是一个小小的树林。今年花街的花果树木特别多，因为市郊的花农加意栽培，花果都比去年增产啦。广州近郊有一个鹤洞公社，是著名的"花乡"，全公社种花两千多亩，种柑橘二十多万盆，还养出金鱼、热带鱼一百多万尾，这都比十年动荡前大大增加了。其他好些兼种花卉、景况有所发展的公社，也大抵如此。这样，今年鲜花盆果的供应量，就远远超过去年，形成花市新的宏观了。虽说解放后的花市已经打破了旧俗，不再是"一日之市"，而是改成设立几天，但是人潮汹涌仍然是在农历除夕的深夜。这时分，银灯高照，人流滚滚，夹着笑语喧声，涌入花市彩门。这个夜里，平素害怕拥挤的人也不怕拥挤了，往常夜间足不出户的人也来逛花市了。百数十万人，像赶集似的，熙熙攘攘，摩肩接踵，争着赏花买花，也可以说是情趣盎然了。花架之上，神态凛冽的菊花，端庄雅洁的山茶花，艳丽的牡丹，娇俏的石竹，挺拔的剑兰，潇洒的仙客来，"卧丛无力含醉妆"的大丽，"水上轻盈步微月"的水仙，"独先天下之春"的梅花，笑脸迎人般的绯桃，点点繁星般的海棠，色调缤纷的"彩雀"，还有鸡冠、玫瑰、含笑、兰花之类，交相辉映。南方特有的吊钟花，每一个鳞状花苞里能够伸出五六朵以至十几朵铃铛状的花儿，更像是在摇动着它们的小铃铛，喧嚷着"春来啦，春来啦！"人们就在这花街中间赏花买花。买到了的，就把一束束鲜花，一盆盆柑橘举在头上行走，这时候，奔腾不已的人流又逐渐变成一条"鲜花之流"了。

花市徜徉，人们实际上欣赏的不只是花，还有鲜果，这就是金橘、四季橘、朱砂橘、西柠檬、佛手之类，这一类果子是可以吃的；还有不能吃却大可观赏的鲜果，例如像一颗颗大红珠的"吉庆果"和像煞一只只小鹿头部的"乳茄"之类。人们不仅看花看果,也还专门欣赏各种植物的绿叶和树干,这就是兰草、肉质植物和九里香、山茶之类的盆栽。花市,还包含着更广义的"花",金鱼是"水中之花",古董是"古代艺术之花",画师、书法家们即席挥毫的作品是新的艺术之花。有了这种多样性,花市的春意就更加热闹了。

花市徜徉,使人不能不惊叹花农、花匠们的巧手绝技,真是"天工人可代,人工天不如"。他们能够把许许多多种属于各个季节的花果,运用控制日照、水分、肥料等等办法,使它们同在一个时间里开花和结果。还能够"缩龙成寸",在一盆之地,显示出一株株老树的苍劲雄姿。今年的花市上,有一株盆栽的果树,枝头挂着柑、橙、橘、金橘、玳玳果"等几种水果,命名为"团结果",这是花木公司的工人特意为今年花市培育出来,意味深长的礼物。和花市互相辉映的,还有许多公园所举办的迎春花会,今年花会的花式品种,也攀登上一个新的高峰。中央公园里的盆栽、越秀公园的花馆和烈士陵园的花廊,都使我想起了苏州的园林。广东人一向把花匠幽默地尊称为"花王",至今还是沿用着这样的称号。这些"花王"之中,不乏和中国神话传说中的"青帝"可以媲美的人物。他们真正能够击鼓催花,命令大量的鲜花同时绽开。像上面提到的那盆"团结果",以及前些时菊花展览中出现的,一株开花两三千朵的大立菊,就是他们许多杰作中的一些代表。这些总是蹲在园圃甲侍弄花木,衣服上常常沾着泥巴的人物,当你在公园里和他们擦身而过,或者在饭馆里和他们偶然共桌,看到他们从裤袋里掏出一个扁樽来畅饮其二两白酒,悠然自得的时候,有谁能够知道他们身怀这种巧夺天工的绝技呢!他们种菊时为了使菊花繁生,第一年不让它开花,第二年苦心经营之后,才催它着花上千的办法,堪称"厚积薄发"。这种"厚积薄发",以及刻意剪裁,讲究和谐,打破常规,竞新斗巧那一套,不是也很值得艺术领域的其他人们师法吗!他们当然也是艺术家,不过他们的艺术创造,并非体现于文字、画幅、舞姿、歌喉,而是体现于树木之中罢了。逛逛花市,也是常常可以向双手沾满泥巴的"花王"殿下们,学习到一些美学的。

爱花,体现了人们美好的生活愿望和高尚的审美情趣。特别是劳动人民的爱花赏花,更是无懈可击。劳动人民翻身做主之后,年中有些时候看看花,买买花,是何等健康的风习!但是偏有"独具贼眼"(绝不是"独具慧眼")的"四人帮"之辈,说买花赏花是"小资情调",逛花市是"四旧",种一株花就是"一条修根",在他们横行之际,影响所及,花市曾经被完全禁绝,停办了好些年头。花乡鹤洞公社的花木,曾经被命令纷纷掘掉,种在河涌边的一万株桃花,更是全部砍光。陵园里竟然种上一畦畦番薯,淋上粪水,弄得臭气熏天。右得骨头发黑的人物搞些"左"得离奇古怪的花样,借以装腔作势,掩人耳目,其中因果法则,历历可辨。但是,教训毕竟太惨痛了。在此辈历史小丑随风而逝的时候,花市复苏了,而且更以特大的规模涌现了。今年的广州迎春花市,可以说也负担了政治上报春的使命,宣告人民生活的逐步改善、社会主义经济建设高潮的来临,也透露出艺术上百花齐放的讯息。

在花市里挤呀,挤呀,望着花棚上笑靥迎人的繁花,望着高擎花束行进的喧闹的人流,另一首小诗又冉冉地在我的心头形成了:

香街十里一城春,

笑语喧声入彩门。
疑是层峦采蜜使,
幻成百万看花人!

>1982 年

长街灯语

北京的灯海，很美！

夜间，不论是乘坐飞机，还是火车、汽车，临近北京的时候，就可以从高空，或者从陆上看到远方有一团光雾，越来越近，隐约出现了一个朦朦胧胧的光海。飞机下降的时候，首先映入眼帘的，是长长的跑道两旁紫蓝色的灯光。驱车进城，各种色彩的灯光就陆续出现了。如果是乘坐火车呢，进入那个光海的边缘以后，一颗颗明亮的灯，就迅速地掠过车窗，起初还是每隔一段遥远的距离才有一颗，渐渐地越来越密，进入那个光海的内圈以后，就逐渐使人目不暇给了。

在北京住过的朋友，常常谈论北京之大。它的那个气派，使人想起中国是世界上人口最多的国家。而这个首都，又是在坦坦荡荡的千里平川华北大平原上建立起来，还可以日涨夜大，不断扩展的。天安门广场，可以说是北京之大的一个象征。这样的广场，在世界上，如果不说是绝无仅有，也应该说是极其罕见的了。偌大一个北京，入夜时分，需要多少千万盏灯，才能够把它照亮！北京的街灯，在花式品种上，是相当多姿多彩的。经过许多研究照明工艺的科学家、技术工人们的努力，这些年，灯光不断出现了崭新的花样，除了一般的白炽灯、光管之外，还有什么"高压水银荧光灯"，什么"长弧氙灯"，什么"碘钨灯"，什么"低压钠蒸汽灯"，……它们有的发着极强的白色光，被称为"小太阳"，有的发着柔和的橙色光，浓雾也遮它不住。这些灯的照明效果比老式的，在世界上出现至今已有一百年历史的白炽灯都要高许许多多倍。在大街上，看两行璀璨的华灯直伸远处，常常使人产生一种有趣的错觉，仿佛有一只巨大无比的蝴蝶从天外飞来，停在地球的某一端，把它的两条闪光的触角伸进北京的大街似的。对！长街灯串，遥望起来，就像是昆虫的两条触角！

北京的街灯，有的是圆球状的，像是一颗颗珍珠放大了几万倍；它们集结在一起的时候，又很像一串葡萄。有的是玉兰花蕊状的，这些花蕊，又有的像含苞待放，有的则已微微绽开；北京饭店那头，灯光又很像一朵朵梅花了。车过天安门广场或者北海公园的时候，我常常被这种灯景迷住，从心里赞叹道："真美！"黄昏散步的时候，我又常常爱到天安门前，金水河畔的石栏杆上坐坐，守候万灯齐亮时刻的来临。在暮色苍茫中，望着迅速流动的车辆的洪流，望着辽阔的广场周围庄严的建筑，追溯这个广场在中国现代史上曾经出现过的许多次群众的怒吼，常常感想如潮。时间一到，远远近近的灯顷刻间一齐亮了。仿佛华灯也在递着眼色，诉说往事，或者鼓掌呐喊，喝退了黑暗一样。觉得看这种千万灯盏，倏忽间一齐亮了起来的情景，真像看杰出的艺术品似的，是一种十分迷人的美的享受。

盛大的节日之夜，像海水满潮似的，这座灯光之海也涌起高潮了。平时的高脚杆街灯，十几盏一簇，只亮了一部分的，这时全都亮了。许多巨大建筑，用灯串或者霓虹灯管构成的线条映亮了整座房屋。这时，一个童话般的境界就涌现啦。天安门的双层大屋顶镶上金边了，城楼上八盏大红宫灯都亮了。远远近近，新华门、电报大楼、人民大会堂、革命历史博物馆、北京饭店、中国银行总管理处……这些地方都是特别漂亮的。在夜空里，它们仿佛都用金珠银珠镶了起来，现出了庄严雄伟的轮廓，有的像是宫殿，有的像是皇冠，有的像是闪光的崖壁。我们孩提时代听过的童话所描绘的景物，这时突然实实在在出现于地面之上。节日之夜，用灯串装饰起来，镀金镶银，溢彩流光的大建筑，北京是有不少的，但是它们特别密集在东西长安大街上。在西方，有人描绘壮丽的教堂大建筑，曾经用上"石头的交响乐"这样一句奇特的形容词语。北京的节日之夜，我很想改动这样的譬喻，形容它是"灯光的交响乐"。不止是街灯、大房屋都在闪闪放光，人民大会堂和革命历史博物馆周围的那些松柏树丛中，也给装上许多彩色小灯泡，它们也都一齐亮了起来，璀璀璨璨，闪闪烁烁。远远近近，形成了一座座灯光的喷泉，一条条灯光的河流，汇合起来，又构成一个灯光的海。这一团团光雾，把湛蓝色的天空，也渲染成紫蓝了。这种壮丽的图景，我觉得一般的绘画，油画也好，水彩也好，都很难描绘，铅笔和水墨就更不待说了，唯独有一种珠绣，用各种闪光小珠串起来织成的画幅，擅长于表现节日焰火景象的，还可以大体表现这种瑰奇情调。节日之夜，我看到杂在观赏人群之中的，还有好些已经瘫痪多年，坐在轮椅里让家人推着出来的老人，他们有些是一年难得出来几次的，良辰美景，也驱使他们纷纷出来赏玩了。就赛似古代的元宵灯节，吸引了禁闭在深闺的妇女一样。

　　北京的灯光之美，不仅体现于大街灯串，同时，也还体现于许多巨大建筑内部的灯饰。如果不是讲灯光的强度和光源的样式，而是指各种灯盏的形状，那么，大建筑内部，灯的型式，更够得上说是"百花齐放"了。在雄伟华丽的人民大会堂里，会场顶上，那些葵花灯，红星灯，"满天星"灯，眼形灯，样子都是很别致的。宴会厅里，天花板上，各种各样的灯，更是构成了一个整体的图案，大图案中又包括许多局部的图案，真是金碧辉煌，光华四射，我怎么数也数不清它究竟共有多少盏。设计这个数千灯盏构成的图案，本身就是一项了不起的艺术。政协大厦，电报大楼，友谊宾馆，北京饭店等许许多多地方，内部的灯饰也都争丽斗妍，各擅胜场。有的是像焰火一样，喷涌而出。有的好像许多花瓣，构成了一朵大花。有的由许多四方形的灯罩构成，汇成一面闪光的巨壁。有的是飘着流苏的八角宫灯，洋溢着东方的情调。夜间进入这些大建筑内部，各种灯饰常常久久地吸引了我的目光，它们把使用价值和艺术美感巧妙地结合起来了。这些灯光也从另一个角度告诉我们：艺术，在表现方式上，多么排斥划一平庸，多么要求丰富多彩！

我在这里描绘北京的灯光之美，可能有些人是不以为然的，特别是某些到过国外的人们。外国自然有好些大都市，灯光的强度超过我们，灯型的花样也多过我们。先进的科学技术我们都得不断学习，北京的灯光灯饰也还需要不断改进，这是不在话下的。但是，我们不能够因为这样，就对于国内达到先进水平的东西不加赞美。再说，有些资本主义国家的大城市，灯光强得刺眼，霓虹灯颜色不断变换，几乎像是一阕疯狂的爵士音乐的那种夜景，我个人可并不怎样欣赏。那种夜景，是适宜于纵欲败度的人刺激感官、寻欢作乐的，可未必和劳动者工作之余理应享受到的闲适和安宁相适应。再说，北京灯光之美，是我们许多技术工人和科学家心血和汗水的结晶，这一点就很值得我们珍惜。有一个从吹玻璃工人成长为造灯科学家的人就发明了许多新型的灯，装在北京的大街上。听说一些到中国旅游的外国人曾经向这位工人科学家说："你发明这么好的灯，如果在我们国家，你是可以发财成为富翁的了。"这个工人科学家回答得很有趣，他说："但是，如果在你们那里，我也可能什么都发明不出来,或者,已经死掉了。"

在古老的时代,迷信的人们曾经以为天上的某一颗星,就是地上的某一个人生命的象征,这个人一死,那颗星也就陨落了。这种想法自然荒唐愚昧得可以。后来,又有人觉得以星星象征人的生命,未免太迷离惝恍,虚无缥缈了,就转而想到以地面上的灯光来象征人的生命。那时,有些人家生了个男婴,就到祠堂去挂上一盏灯,表示一个生命降临到地面上来了;封建社会歧视妇女,女婴可没有这个权利。不少妇女从小到大,对此愤愤不平,在她们扬眉吐气的时候,也就总是要把自己譬喻为能够发出光芒的一盏灯。义和团运动中,天津的许多妇女战士,就各个按其身份,以"灯"来作为自己一群的绰号,这也就是"红灯照""黄灯照""蓝灯照"这些名称的由来了。

走在北京的长街上,看看那一簇簇、一盏盏的明灯,想着历史,思索中国的今日和未来,不知道为什么,我竟联想到这些灯,多么像是某些人的心灵和眼睛呵!他们渴望自己的生命,像一盏灯似的,熊熊吐出光华。他们用灼热的眼光,注视着历史的长河,关注着行进的人流。每年,从全国各地,都有许许多多为人民事业鞠躬尽瘁,做出了贡献的人物,一飞机一飞机,一列车一列车地,被送到北京来,参加各式各样全国性的大会。这里不提欺世盗名,弄虚作假的人,他们实际上并无半点光辉。这里提的是许多脚踏实地,真正做出贡献的人物,他们各个像一盏灯似的,向地面投上一束光辉,在力所能及的范围内,起着驱除黑暗的作用。这么一想,我就觉得远远近近的灯,都像在呢呢喃喃,絮絮叨叨地讲着各种各样的语言了。世间,正像有"旗语""手语"一样,还有"灯语",江河上的航标灯,就是能够发出语言的灯,它们各个以其颜色和闪光,讲着这样的话:"靠这边行驶吧,这里安全。""这一段水浅,到对岸去吧!""这儿有危险,注意!""这里有个航标站,有什么事情来报告和询问吗?"等等。长街华灯,表面上看,是没有这么丰富的语言的,但你一想到历史上那些自号"红灯照""黄灯照""蓝灯照"的妇女,一想到旧时代到祠堂挂灯报告婴孩诞生的习俗,一想起那许许多多劳动模范,包括那位造灯的工人科学家一类的人物,有时就会把长街的华灯,高屋顶上的红灯,绿树丛中的小彩灯,各个胡同里的普通白炽灯人格化了,它们不也各个像某些人一样,能够发出各种言语吗?那长街的灯芯在说:"单独我一枚,是不能照亮你们走路的,但是我们集结起来,我们就有力量了。一簇一簇,一杆一杆的灯,就可以照着你一直向大街走去了。"高屋顶上的红灯在说:"飞机注意吧,你们既然号称飞机,就得飞高一些,别把人民辛苦造成的建筑物碰坏,并把自己也碰得粉身碎骨了。"那些绿树丛中的小彩灯在说:"我们虽然没有太多的光辉,但我们有一分热,发一分光,但愿也能给你们一点欢乐!"胡同里孤零零的小白炽灯在说:"虽然我的力量不大,我的工作也是寂寞的。但是要是没有我们,大街上光辉灿烂又怎么样?小弄堂里还不是一片黑暗!尽管有人沐浴在我们的光辉中却无视我们的存在,我们可是知道自己的价值的!"至于那些发着强光的"高压水银荧光灯"和"碘钨灯"之类,我想它们大概应该响着这样的声音吧:"是人民耗尽了心血才把我们培育出来的,也让我们以特大的光辉报答人民吧!如果我发着强光却忘记人民倾注了特大的心血和汗水,我就连一枚小小的灯泡的价值也不如了。"

璀璀璨璨,闪闪烁烁,"琉璃玉匣吐莲花,错缕金环映日月。"北京灯海，真是多姿多彩，斗巧竞妍。在长街上漫步，观赏它们，真是一种艺术享受。有时，像进入童话世界似的，也就不禁把一盏盏灯人格化，而且想入非非，要倾听它们究竟在诉说些什么了。

1979 年 1 月

榕树的美髯

如果你要我投票选举几种南方树木的代表,第一票,我将投给榕树。

木棉、石栗、椰树、棕榈、凤凰树、木麻黄……这些树木,自然都洋溢着亚热带的情调,并且各各具有独特的风格。但是在和南方居民生活关系密切这一点来说,谁也比不上榕树。一株株古老的、盘根错节、桠杈上垂着一簇簇老人胡须似的"气根"的榕树,遍布在一座座村落周围,它们和那水波潋滟的池塘,闪闪发光的晒谷场,精巧雅致的豆棚瓜架,长着两个大角的笨拙的黑水牛,一同构成了南方典型的农村风光。无论你到广东的任何地方去,你都到处可以看到榕树,在广州,中央公园里面,旧书店密集的文德路两旁,市郊三元里的大庙门口,或者什么名山的山道,都随处有它们的踪迹。在巨大的榕树的树荫下开大会、听报告、学文化、乘凉、抽烟、喝茶、聊天、午睡、下棋,几乎是任何南方人生活中必曾有过的一课了。

有一些树木,由于具有独特的状貌和性质,我们很容易产生联想,把它们人格化。松树使人想起志士,芭蕉使人想起美人,修竹使人想起隐者,槐树之类的大树使人想起将军。而这些老榕树呢,它们使人想起智慧、慈祥、稳重而又饱历沧桑的老人。它们那一把把在和风中安详地飘拂的气根,很使人想起小说里"美髯公"之类的人物诨号。别小看这种树的"胡子",它使榕树成为地球上"树木家族"中的巨无霸。动物中的大块头,是象和鲸;植物中的大块头又是谁呢？是槐树、桉树、栗树、红松之类么？对！这些都是植物界中的长人或者胖子。但是如果各各以一株树的母本连同它的一切附属物的重量来计算，世界上没有任何一种树能够压倒这种古怪的常绿乔木。榕树那一把一把的气根，一接触到地面就又会变成一株株的树干，母树连同子树，蔓衍不休，独木可以成林。人们传说一棵榕树可以有十亩宽广的树荫。这个估计，其实还可能是比较保守的。我看到一个材料，据说在孟加拉有一个著名的榕树独木林。它生有八百根垂下的钻入泥土的树根，每一根都发展成为树干，它的阴影面积竟超过了一公顷（十五亩）。广东的新会县有一个著名的"鸟的天堂"，江中洲渚上的林子里住满鹭鸶和鹳，晨昏时形成了百鸟绕林的美景。那一个江心洲渚中的小树林，也是由一株榕树繁衍而成的。在那里，已经分不出哪一株树是原来的母本了。

　　古代南方有"榕不过吉"（赣南的吉安）的俗谚，这种长江流域的人们难得一见的树木，在南方却随处都有它们的踪迹。榕树的树子(和无花果一样，其实是它的发育了的囊状的花托)很小，只有一粒黄豆大小，淡红带紫。我们坐在榕树底下乘凉，有时不知不觉，可以被撒个满身。把玩着那些柔嫩的榕子，真禁不住赞美造物的神奇。谁想得到，这么小一粒榕子，培育成长起来，竟可以成为参天大树，甚至形成一片小树林呢！自然，榕树最奇特的毕竟是它的根，气根落地又成树干，这就使得古老的榕树形成了一个个的穹窿门，可以让儿童穿来穿去地捉迷藏。它的地下的根也气势雄伟，往往在树干的底座形成了一团盘根错节的突起物，假如是城市街道旁的榕树，那拱起的树根甚至能使水泥地面都为之迸裂。南方有些乡村，在榕树的基座灌上一层一两尺厚的水泥，造成一个和树身紧连在一起的平滑的圆台，这就使得"榕树下"更加成为一个纳凉消夏的好去处了。榕树躯干雄伟，绿叶参天，没有强劲深远的根是难以支撑树身的。因此，它的地下根又很能够"纵深发展"，向四面八方蔓延，一直爬到极深和极远的地方。根深叶茂，这使得一株大榕树的树荫，多么像一个露天的礼堂呀，怪不得几百年前，就有人称誉它们做"榕厦"了。

有些植物，羞涩地把它们的茎也生到地下去。但是，榕树不仅让它的根深入地下，也让它们突现在地面；不仅突现在地面，还让它的根悬挂在空中；甚至盘缠贴附在树身上，使这些错综纠缠和变化万千的树根形成了老榕的古怪的衣裳。再没有一种植物，把"根"的作用显示于人类之前，像榕树这样的大胆和爽快的了。

在名山胜地的悬崖峭壁上，我甚至看过一些榕树，不需要多少泥土，也能够成长。一粒榕树种子落在峭壁上，依靠石头隙里一点点儿的泥土，好家伙！它成长起来了。它的根不能钻进坚硬的石头，就攀附在石壁上成长，在这种场合，这些根简直像一条条钢筋似的，它们发挥了奇特的作用，把石壁上的一点一滴的营养，都兼收并蓄，输送到树身去了。因此，你在石壁上看到有一株扭曲了的榕树在泰然地成长，一点也用不着惊奇。这样重视它的根的树木，在适宜的气候之中，还有什么地方不能生长的呢！

我从来没有看过一株榕树是自然枯死的。如果不是由于雷殛，不是由于斩伐，它似乎可以千年百代地活下去。正因为榕树具有这样神奇的生命力，在旧时代，一株老榕身上常常被人贴满了祈福禳祸的红纸，甚至在树根处给人插上了香烛，有好些迷信的老妇还在向它们焚香膜拜。今天自然已经很少这一类事情了，但是，榕树和人们生活的关系，却一点也不减于往昔。看到成群的农民在榕树下休息谈笑，或者看到榕树身上被挂着一块黑板，人们正在那里唱歌、上课，你会感到：这真是动人的图景！

　　一个人有时感触于某种景象，常常会涌起一种童稚似的感情。我们念过童话、神话、民间传说，那里面，老树不是像人一样，会说话的么？有时在榕树下乘凉，我就不禁想象：榕树真像那种智慧、慈祥、稳重而又饱历沧桑的老人！他是"智者不惑，仁者不忧，勇者不惧"那一流的人物，仿佛他什么时候都在掀髯微笑，像一个旷达的长者那样告诉在他身旁乘凉的小孩（反正我们和他比起来都成为小孩）："根是最重要的！你有了越多的根，你就可以吸收到越多的营养。你的根扎得越深，你和培育你的土地关系越密切，你就越有力量了。一株真正坚强屹立着的树是不怕烈日、风暴、旱患、水涝的。你瞧我，我抚育后代的成长，不怕他们掩盖了我，我具有这样的胸怀，任何从我的身体分出去而成长起来的小榕树，也都维护了我，壮大了我。"每一株长髯飘拂的老榕起码总有两三百岁的年龄吧，想起它们经历的沧桑，想起它们倔强的生命，想起它们亲历了中国百余年来波澜壮阔的巨变，真不禁使人对于榕树感到深深的敬爱。

　　南海有一座著名的西樵山，入山的道旁就长满了许多老榕。不用说，它们每一株都有一把把美丽的胡子。有一次夜里，我在山道漫步，披着一身月色，听着盈耳泉声，来到老榕树下，却禁不住错愕地止步了。看着那些老树的气根在和风中飘拂，月光使它们更加碧绿、柔和了。我禁不住呆呆站在那儿，像一个梦游病者似的一把一把去抚摸老榕树的美髯，但是又生怕把它们弄断。这时，老榕树真好像我们所敬仰的一些长者似的，叫人想起他们由于勤奋吸收，和群众、和大地关系这么密切，因此，他们得以"永葆其美妙之青春"。像榕树的根扎得那么深,伸得那么远似的,他们的信仰那么坚定,因此,万劫不摧,永远那么豪迈安详地屹立着。这时候,我不觉沾染上古代拜物教徒的情绪了,真禁不住想喊一声"榕树爷爷,胡子伯伯!"要是能够进入童话境域去,这些老榕树忽然开口了,和你攀谈了,谈起他对于树根的看法和生活的经历了,该多好哪!

1961 年

面包和盐

近年来,由于我国和各国人民关系一天天密切了,来往一天天频繁了,许多我们过去不知道的,外国人隆重接待宾客的礼节,渐渐为我们所熟知。在关于我国各方面的使者访问外国的通讯报告中,我注意到一件很有趣味的、耐人深思的事情。这就是:许许多多的国家,包括亚洲的、欧洲的、非洲的、美洲的……民间都有这样的习俗:最隆重的赠礼,并不是什么金银珠宝,而往往是一种最平凡的东西。欧洲好些地方按照古老的民间传统风俗,最尊贵的礼物就是面包和盐。这样一份礼物象征着主人最隆重的接待和最真挚的友谊。形容某人和某人友好,也常用"他们之间有面包和盐"这样的词语来表示。欧洲这样,其他各洲也有类似的情形。例如非洲好些地方,就是以玉米和盐来作为最高贵的礼物的。缅甸在泼水节时用水表示最美好的祝愿,性质上也有近似之处。其实不只外国这样,中国也有与此性质仿佛的风习。藏族的"献哈达",赠送一块普普通通的布帛被认为是最隆重的礼节。云南是以珍果丰饶闻名的,然而那里的彝族,作为隆重献赠客人礼物的果品,却不是什么蜜柑葡萄,菠萝梨子,而是两枚野生的寻寻常常的"仙人果"(一种仙人掌结的果实)。平凡的东西,在这些场合却体现着最崇高的价值了。

如果我们细想一想,各国这一类古老的民间习俗的形成,绝不是偶然的事。它们在性质上如此近似,更是饶有深意。最普通的食物用品,实际上是生活上最基本最重要的东西。当需要以一样礼物来表示崇高意义的时候,就不能不借重它们了。试想如果在这种场合,尊贵的赠礼采用金银珠宝,岂不太像豪富之间的礼仪,反而显得大煞风景么!而且金银珠宝之类的东西,价值是可以比较的,二斤要比一斤重,十颗要比五颗多,很容易在互相比较中显示出情意的轻重来。唯独这些面包、盐、布帛、野果以至于清水,在这种场合,当它们体现的是一种崇高的意义而完全摆脱商品价格的支配的时候,它们已经变成了一种无价的宝物。人们不可能再从多少比较出它们内涵的高低来,它们在意义上、价值上都已经达到顶峰了。

平凡的东西,常常就是最崇高最宝贵的东西,这一类国际人民间的礼节,也给予我们许多有益的启示。

水、阳光、空气可以说是最平凡的东西了,然而它又是我们自然生活环境中最宝贵的东西。

碳、氮、氧、氢……这些元素,可以说是最普通的元素了,然而它们又是构成一切活跃灵动的生命的最基本的元素。

日常劳动,这是最平凡的事情了,然而一切伟大的事业,都得通过它来体现。

群众,这是最寻常的人了,然而只有群众,才是历史真正的创造者。

伟大就寓于平凡之中,正像种子就藏在果实之中一样。沙粒构成了山,水滴汇成了海,平凡孕育了伟大。

这一切的事情启示我们:我们在创造上,不应该安于平凡;而在"普通一兵"、"普通劳动者"这一类的生活风格上,不但要安于平凡,而且要热爱平凡,以平凡自豪。

能够热爱这样的平凡的人,才是真正具有一颗伟大的心,一颗摆脱了剥削阶级的不断向上爬的思想影响的心。

现在常常听到有人劝告人们走上普通的劳动岗位(譬如说到农业战线上去，到服务行业中去)的时候，总爱这么说："平凡的岗位也可以创造出惊天动地的事业。"是的，自然可以。但并不是人人都能够惊天动地，都一定非惊天动地不可。平凡地勤勤恳恳地对集体的事业有所贡献，岂不就是很伟大了么！一个有觉悟的共产主义的劳动者，无论他在怎样平凡的岗位上，怎样不为人所知，他比一个帝国主义国家的总统，比一个封建帝王，比一个吃剥削阶级唾余、被剥削阶级牵着鼻子走的西方的所谓"大艺术家"，从共产主义的道德眼光看来，不知道要崇高多少倍，比那些栖栖遑遑，天天计较名誉地位，而从不真正用劳动和人民事业联系起来的人，也不知道要崇高多少倍了。

从国际礼节中的面包和盐，使我想起我们每个人生命中的面包和盐。是的，这些东西才是最基本、最崇高和最宝贵的！

1961 年

菱角的喜剧

自己从做小娃娃的时候起,就唱过"菱角儿,两头尖"那样的童谣。玩过用菱角的壳做成的玩具。也到菱角塘去捞过菱角,把那三角形的菱叶拖起来,摘着下面缀生着的一只只翘着钩儿的菱角,真是怪有趣的事情。从小到大,我吃菱角不知道吃了几百次,小的时候,常把熟菱角放在袋子里随街吃,弄得两只手都变成紫色。长大以后,这样的有趣吃法享受得少些了,但仍然经常吃到汤水菱角。"菱角是有两个角的",这概念就在自己的脑子里坚固地形成起来。

在广西的时候,我第一次看到三个角的菱角,初见的时候,不禁小小吃了一惊。把一枚长着三个钩儿的菱角放在掌心里把玩了半天。心想:"吃了半辈子菱角,现在才知道有些地方的菱角原来长的是三个角。多特别哦!"

在重庆的时候,有一天走过市场,看到有一篓菱角竟都是四个角的。当时禁不住大大吃了一惊。买了一大包菱角回来,一边吃,一边欣赏。两个角、三个角、四个角的菱角味道原都一样,只是它们的模样儿不同罢了。菱肉相似,这是它们的"同"。菱角的钩儿数目不同,这是它们的"异"。"同中有异",这道理在小小的"菱角家族"中也表现了出来。

在吃到四个角的菱角那一天,我随手翻了一本辞书,看一看关于菱角那一条的注释。原来,菱角有两个角、三个角、四个角的,书上早已经说得清清楚楚,不知道是当年上植物课时漫不经心还是忘记了，我深以自己为什么对于吃了几十年的菱角竟一点常识也没有为憾。后来，才知道浙江嘉兴还有一种圆角菱是没有角的。

菱角有无角、两个角、三个角、四个角的，如果加上个别变异者，说不定偶然还有几个一个角和五个角的。但即使如此，"菱角家族"还应该算是最简单不过的。生物学书籍告诉我们，像蝗虫、蝴蝶……这一类昆虫，都各各有两千种左右。区别于其他的生物，它们有许多的"同"，因此它们构成一个家族，然而在"同"中它们又有许多的"异"。在不知道底细的人看来，它们都"差不多"，但是在专门研究它们的人的眼睛下，它们却原来有这么多的不同。复杂性、多样性，原是贯串于一切事物的。

是不是只有生物界有这种情形呢？不！一切事物都有复杂性、多样性。搞化学的人告诉我们，碳水化合物有几千种。搞物理的人告诉我们，同一种元素在各种各样的条件下有千奇百怪的形态。医生会告诉我们，人的体质有各种各样的不同，有些患"过敏症"的人喝一杯咖啡就要死要活，有些人装一肚子咖啡却仍旧可以酣然大睡。有些人牙齿不够一般人的二十八枚，个别的人却可以长出三十六枚……我的天，复杂性、多样性的事物原是这样无所不在的。

面对世界万事万物的这种复杂性、多样性，站在正确立场上的聪明人并不会茫然失措。因为它们既然有一般性，那就有规律可寻。掌握了一般性之后，再努力去掌握具体事物的特殊性，这就可以使认识达到比较精确的地步了。

自己因为一向看到的菱角都是两个角的，就以为天下的菱角都是两个角的，对人们早已调查出来的菱角的各种状态都不知道。或者，在书本上看到对蝴蝶、蝗虫的一般性的描绘，就以为蝴蝶、蝗虫的道理"止于此矣"，不再去注意它们的进一步的分别，在它们"家族"

内的千百种的不同。这样的认识方法,怎能谈得上精确呢!

我们寻常所说的"认识事物深刻",事实上就是认识事物的规律之后再高度掌握它的复杂性之谓。有一次我在田里跟一群农民一起劳动,突然天上乌云密布,狂风大作,大多数的农民都说一定要下大雨了,但有一个农民笑嘻嘻说绝对没有雨。过不了一会,果然又是丽日当空,一点雨意也没有了。大家问那农民这是什么道理。他说那个时候吹那种风就不会有雨,而且昆虫的活动他看来也没有异样。其他的农民只掌握一个"黑云"的条件,这农民却掌握了"黑云、风势、昆虫动态"等等条件,他除一般性之外更掌握了特殊性、复杂性,因此他胜利了。

只知道一般道理,不掌握事物的复杂性、多样性,常常是我们做事摔筋斗的原因。有些好种子,对甲地是良种,但是在乙地的土壤、风力等等条件下,却变成劣种。有些地方山洞可以养猪,但另一些地方山洞养猪却总是失败,原因是泥质、湿度等等不同的缘故。不掌握具体条件,就一定要倒霉。这真是灵验极了的事情。

广泛地吸取古今中外人们艰苦积累起来的丰富知识(学理论、学文化),深入实践、多方听取意见,肯定自己有所不知,随时随处努力求知,不止掌握事物的一般性,还掌握它的特殊性……这一切是多么重要呵!这种认识事物的方法真像是讲究"君臣佐使"的中药方似的,抽出一味就不成其为好药了。

事物是复杂多样的,我们得和绝对化简单化的认识方法打仗。这"劳什子"——简单化绝对化的思想方法,常常把人害得好苦呵!

1959 年

花蜜和蜂刺

　　蜜蜂，这美妙神奇的小昆虫给人赞美得够多了。

　　当我们看到繁花似锦的时候，会想到它。尝到黄澄澄、香喷喷的蜜糖的时候，会想到它。有时，就是看到出色的劳动者博采众人之长，进行卓越的创造的时候，也禁不住想到它。

　　为了采一公斤的蜜，蜜蜂在一百万朵的鲜花上面，辛勤地飞行、酿造。而酿成的高度浓缩的蜜糖呢，不论荞麦蜜、椴花蜜、槐花蜜、橙花蜜、枣花蜜、荔枝蜜、龙眼蜜以至其他什么的，又都是颜色那么鲜艳，甜味那么浓烈，可以保存得那么长久，这样的事情实在是很美妙的。世界上如果没有蜜蜂，地球也将为之减色。这小小的采蜜使者，它的活动方式使人想到劳动创造，也想到艺术和哲理。

　　可是，人们赞美蜜蜂，总是着眼于它所酿造的蜜糖，而很少去赞美它的刺。实际上，如果蜜蜂光会酿蜜而不具备战斗本领的话，蜜蜂的命运恐怕就相当糟糕了。我看过一个童话剧，表现的是黑熊在森林里偷蜜，被蜜蜂螫得狼狈奔逃的故事。在森林里，会偷蜜的动物自然不只黑熊一种。但黑熊偷蜜是很著名的，好些伐木工人都讲过这样的故事。如果蜜蜂失去了它的刺，那它在被人类收进蜂房养殖以前，遭遇大概就相当不幸，也不可能像现在这样大量地繁殖了。

　　蜂刺和蜂蜜，实际上都同样值得赞美。

　　一根蜂刺，究竟有多大的威力呢？

如果单独地看，它最多只能使人的皮肤肿起一个小小的疙瘩，但是累百累千的蜂，集体的针刺，威力可就相当惊人了。凡给蜂螫过的人都知道，蜂在攻击动物时，那种英勇搏斗、视死如归的精神，着实令人赞叹。我有一次给几只蜂螫过，虽然感到奇痛，但看到失去蜂刺以后，坠地挣扎死亡的伤蜂死蜂，心里却莫名其妙地涌起一种钦佩的感情。

这些年来，中国的养蜂事业很发达，常见到一些外省的人，带着一车一车的蜂箱，像草原牧民"逐水草而居"那样，"逐花蜜而居"。特别是浙江省的养蜂人，"追蜜"的足迹几乎遍及南北各省。在火车站里，或者在什么正当原野繁花盛开的农村，我有时和这些养蜂人聊天，他们告诉我的事情常常使我非常惊异。有一个浙江养蜂人说，他曾经亲眼看过：当一匹马碰倒一个蜂箱的时候，整群蜂的威力，竟然把那匹马活活螫死。

能够螫死一匹马的蜂群，也能够把一个人螫死，那是用不着多说的。在国外和国内，都发生过这种事情。

大凡，一个人如果有什么奇特的经历，就总想把它告诉人们。我接到的读者来信中，有一些就是陈述他们的奇特经历的。江西有一个采药人写过一封信给我，说在江西的山区丘陵地带，有一种土蜂，把巢穴筑在地下。飞行时发出强烈的嗡嗡声，像轰炸机似的。有一次他和同伴上山采药，一路挖着"黄精"。秋末冬初，正是挖黄精的好时节，他们越挖越多。不料一不小心，竟碰到了土蜂的巢穴。土蜂轰的一声飞了起来，他的同伴才被螫了一下，立刻仆倒在地，他自己也给螫了一下，立刻感到眼睛发黑，嘴巴发麻。这个采药人素来知道这种土蜂的厉害，当地的山民传说，被它围攻的人伤重的可以致死。他立刻抛弃药篮，拔足狂奔。但走了一段路，又觉得那满满一篮黄精,舍弃未免可惜,就折了一条树枝,当做武器护卫着自己,再走回蜂穴附近,想取回药篮。谁知穴口两只守卫蜂,立刻向他袭来,他的大腿和下颌,又都给螫了一下,嘴巴马上歪了,只好又跑步折回。抵家之后,脸部、手部、腿部,都肿得吓人,用草药医疗后,好几天才逐渐消肿。五天之后,这个采药人和他被救起的同伴为了报复,又约了好几个人,穿上雨衣胶鞋,带了松脂、汽油、手电筒、袋子、锄头等等东西,到达蜂穴附近的时候,看到那篮药材仍然好好地摆在地上。他们采集树枝,趁天黑把它堆放在蜂穴口,然后洒上汽油焚烧。在烟熏火焚之下,蜂群终于丧失了战斗力。他们开始挖那个洞,洞口只有十公分左右,但是里面的宽度和深度居然都约莫有一米。土蜂的巢像宝塔似的一层叠着一层。累百上千的土蜂,经过烟熏,失去了飞翔的能力,但仍然发出嗡嗡的声音,密密麻麻地在巢上乱跑。这个采药人的信中说,这时他心中竟忘却了对它们的痛恨,不由得赞美起它们巢穴的精美和筑巢的本领来了。

这种土蜂,广东也有,山区的人们把它叫做"地雷蜂",山民们提起它,也是谈虎色变的。

野蜂的威力比起人类饲养的蜂来,是要大得多了。试想,普通的蜜蜂,集体的力量尚且可以把一匹马螫死,更何况大群野蜂呢!有一次,我在海南岛吊萝山的原始林区里访问,突然听到一阵闷雷般的声音,忙问旁人:"这是什么?"当地的人们指着天空道:"你看,一群野蜂正在搬家。"我抬头一看,果然看到一阵云雾似的东西从天空掠过,威武的野蜂,成群飞行时的气概,也给人留下了很深的印象。

千百代的人们,对蜜蜂的赞美常常集中在它能酿造蜜糖这件事上面；我想，这是不大公允的。我们赞美它的蜜，也得赞美它的刺。试想，没有刺的蜜蜂，它们的命运将会变成怎么一个样子！

刺和蜜这两样东西都有，蜜蜂才成其为蜜蜂！

蜜蜂，使我想起既能辛勤劳动，必要时又能挺身战斗的人，这样的人既善良，又英勇。他们不是喝血者，不是寄生虫，不是强盗，也不是懦夫；他们是真正的人，大写的人。

在蜜蜂的集体的宫殿之前，我要追随在千百代的人们之后，再给它们献上这么一篇颂词，一顶桂冠。

森林水滴

我很喜欢在森林中漫步。

近十年来,我到过好些地方的森林。小兴安岭、庐山、武夷山、三清山,以及广东封开、龙门等处的森林,我在这儿并不想写游记,无意一一描绘它们的细部景色。我想说的,是在那一片深绿,或者墨绿、碧绿、苹果绿、嫩绿赫然构成层次的山野,你要是登上森林瞭望哨,在山风呼啸中,看群树摆动,仿佛海洋在翻腾一样;那壮观的景色使人顿然忘却世俗的许多纷扰琐碎的事情。古人类是从森林走出来的。也许我们看到了森林,唤醒了一种原始的、粗犷的感情也说不定。

在森林里的浓荫下行走,呼吸着比蜜水还甜的新鲜空气,端详着一株株绿树的英姿,令人不禁想起了国外一位学人讲的这样意思的话:"诗是我辈俗人的作品,大自然的杰作是树,一株树要比一首诗美丽得多!"你看,它们有的是疏朗的,有的是繁密的,有的亭亭如盖,有的屈曲多姿,各式各样的树显示了各式各样的美。有的树主干上光光洁洁,有的树主干上起了瘿结,附着了攀缘植物和悬挂植物,它们一路开着花,居然直达树梢。在林荫下漫步,有时森林水滴滴了下来,也许是沿着你的面颊流淌,也许是从背脊直下,沁入心脾,每当此际,我总是一点也不忙着把它拭去,而是任由它悄然坠下,享受着一种生活于大自然中难得的情趣。

森林是宁静的,但也是喧闹的。你如果在里面仔细观察,就会随处发现动物,有时一只啄木鸟在头顶上"笃笃笃"地啄着树干,有时一只金花鼠惊鸿一瞥地跳跃而过，有时成群长尾山雀在空旷处振翅飞翔，它都使人感到生机盎然。你如果在林里审视着树干和树叶，就会发现，森林里几乎到处都有小生物，它们都在忙忙碌碌经营着生活，花式品种纷繁到难以胜计。表面上看，好似一片宁静的山林，有这么丰富的内容，真叫人捉摸不透。它不是一览无余，而是内涵深厚。它像一部你永远也读不完的大书，这也是一个令人喜爱的原因。

　　正像海滨渔夫中有许多奇才异能的人一样，森林里也经常活动着许多奇才异能的人。他们能够辨别各种树的特性，什么树能够长什么菌，什么树的液汁可以解渴，什么树的果实可以充饥，他们全都知道。东北的老猎人敢于带着极其简单的工具就进入深林，既不愁挨饿也不怕碰到猛兽。大森林就像一座他们可以随时探手取物的仓库似的。有人告诉我，在张家界林区，当一行旅游者因食物供应不上而挨饿的时候，他们碰上一个森林老人。老人问明原委，叮嘱大伙不必忧心，他马上可以协助解决。他返身走进林里，才一会儿工夫，就捧着一竹篮花花绿绿的鸟蛋出来了。当旅游者面有难色，表示不惯吃生鸟蛋的时候，老人嘻嘻地笑着，连声说"有办法！有办法！"再度走入森林里，不一会儿，就捧着煮熟的热腾腾的鸟蛋出来了。原来那森林里什么地方有鸟蛋，什么地方有一眼滚烫的温泉，他全知道。在福建武夷山区，我碰到一位老猎人，旧时代他为了躲避抓丁，曾经单独背着一杆枪隐居山林多年。猎得野兽的时候，就在深夜偷偷下山，把兽皮之类的东西悄悄交给家里的老人，再取走弹药、盐巴之类的用品。他谈起山鸡、猴子、黑熊、虎豹的习性，熟极如流，比任何动物教科书讲到的都精彩。他告诉我，有一段时间他只猎取到猴子，结果一连几天，食物就只有一味：猴子肉！像这一类故事，我们在其他地方是没有办法听到的。森林之所以吸引人，也在于这本自然的大书，它的人和物，都太丰富多彩了。

因此，每次到森林里去，我都感到很大的快乐和满足。如果说，走进城市的公园里，尽管那里自有繁花锦绣，但它所激起的欢悦只不过像是一阵轻微的涟漪，至于森林，令人从心底掀起的，却是滚滚滔滔的波涛了。

我曾经这样反躬自问，为什么到森林去，能引起这种深沉的喜悦？一种复杂感情的涌现，有时不是几句话能够解释得了的。它空气清新，使人脱离尘嚣，它既有一种莽莽苍苍的粗犷之美，在它的细部方面，又有一种纤纤细细的灵巧之美。它像一部博大精深的巨书似的，展现在人眼前，使我们一时完全忘却了琐碎扰人的烦忧，事情大概就是这样的吧。

但是细细一想，情形既是如此，又不完全是如此。我们到森林去，所以引起一种缱绻低回的感情，又是因为在理性上，我们知道森林和人类生活存在密切关系，如果没有森林，没有树木，这世界将变得多么的寂寞和悲哀！由于森林遭受严重砍伐，引起的水土流失，破坏了人们的正常生活的事情，在国内许多地方是屡见不鲜的。一看到童山濯濯的景象，你就会知道那里的村落沉浸在不幸之中了。这且不去说它，就是大片大片，一望无际的大森林，不论从世界范围来说，还是从中国范围来说，它们的总面积都存在不断缩减的趋势。世界上发达国家的森林资源虽然在上升，但是发展中国家却是在迅速减少之中的。两相抵除，仍然是一个下降的趋势，这不能不说是世界的一个隐忧。就是只以中国来说，中国森林面积在国土中的比例低于世界平均比例。就是在这种情形下，它也还在逐

1950 年摄

摄于广东西江轮船上(左一为秦牧)

渐减少之中。我到有"中国林都"之称的伊春去，到森林覆盖面积雄踞中国前列的福建去，当年都听到人们谈论造林速度比不上砍伐速度，森林面积在缩小中的话题。虽然也有造林比较迅速的省区，但是两相抵除之后，全国仍然是一个降低的趋势，这不能不说是中国的一个隐忧。伐木"叮叮"的声音，并非是全可赞美的。那里面也有破坏安宁生活的刀斧之声呢！

这样一想，我终于比较能够分析走进大森林时所以感到喜悦的缘由。原来，除了欣赏宁静，赞美雄浑，领略深厚之外，也还有一种庆幸的心情："这里还有这么大一片森林！""没有看到受破坏的景象，真让人高兴！"

这样一想，又觉得在快乐中是夹杂着一点忧伤了。就正像在观赏红叶时候那样。

但愿在不太久的将来，能够看到中国的森林的总面积逐渐上升的喜讯，这在中国是可以称为"特大喜讯"的。那时，我们到森林去徜徉，就会只有欢乐，而不夹杂点忧伤了。就像一片健康的绿叶，只有翡翠的颜色，而没有病斑一样。

人们！但愿对树木，对森林，也都有一份理性的爱，而不是一味只知道胡乱砍伐吧！有没有这点爱，可能也是一个文明人和一个愚昧自私者的分野。

1989 年 3 月于北京

潮汐和船

海洋，多么的无边无际，辽阔深邃！这是世界上一切生命的发源地。这是地球上最巨型的动物的藏身之所。陆地上最高的山峰，最深的海洋完全可以把它淹没。地球上有四分之三的区域都是海洋。你凝视着海洋，有时真和望着星空一样，会涌起一种思索时间和空间的微妙、深远的感情。

当我们半裸着身体，在银白色的海滩上嬉戏，悠闲地拣拾着那些钟螺、蜘蛛螺、扇贝、冬菇贝的残骸；或者，掘开白色的沙蟹的洞穴，和那些被渔人形容为"沙马"的疾爬如飞的竖着眼睛的小家伙赛跑；或者，静静地躺下来，听着惊涛拍岸的那种雷吼般的声音，看着蓝天上朵朵轻轻飘浮的绢花似的白云，可以说都是很有情趣的事。但是，超越于这一切的，却是在血红的太阳刚刚冒出海面的时候，看渔船扬帆出海。或者，夕阳快要西坠的时候，渔船回来了。吹天狗螺的声音低沉地播送着，彪形大汉们挑着一箩箩的渔获物，吆喝着涉水登岸来了。这一类场景都使人感到一种生气勃勃的、奋斗和劳动的欢乐。

船是平常不过的东西，然而也可以说是十分奇妙的东西。一个海滩，只要有船，就不会令人感到寂寞了。好些海滩，原本是异常荒凉的。我到过一些孤悬海上的小岛，那岩岸的景象，甚至可以说有些骇人：长满了牡蛎和藤壶的巨礁，像太古时代的怪兽一样，蹲伏着、匍匐着。礁石上面，好似披着深褐色的毛毯一般，长满了各种绿绒状的、菌蕈状的海藻。海螺背着坚硬的壳，在石头上蠕动，或者,就像一枚枚螺丝钉揳死在木头里一样,牢固地贴紧着岩礁。海上呢,五颜六色的水母盲目地漂浮着,仿佛是全无生命的东西一样。远处的浪潮镶着银白色的花边,不断地向海岸冲击而来,越近岸边,气势越猛,终于撞击在岩石上,激起了飞溅的水柱和浪花,发出天崩地裂、鼓震雷鸣一样的巨响。这种偏僻小岛的岩岸,和那些辽阔的、游泳者云集的细沙海滩的景象完全不可同日而语。它寂寞、荒凉、原始、粗犷。在这种地方,人有时会忘我地发生这样的遐想:说不定在哪块岩石后面,会突然出现一个拿着粗石器、前额倾斜、口吻突出、目光迷惘、说话咿咿呀呀的原始人来。因为今天我们在这些最偏僻的角落里看到的景象,和几万年前、几十万年前我们的远祖所看到的并没有很大的差异。但是,无论怎样荒凉的海滩,只要有一条船出现了,情形就突然改观,这海滩再也不是那么寂寞了。通过这一条船,它可以和其他陆地、和整个世界联系起来。有时,乘着轮船渡过重洋,到了海水蓝得像墨,海豚像顽皮的小孩一样毫不客气地逐着轮船嬉戏的大洋中间,这时候,天苍苍,海茫茫,波涛汹涌,水天相接,偌大的轮船,竟像一件儿童玩具般在一大锅沸水里面簸荡。四围看不到一点陆地的暗影,也看不到一只飞鸟。突然,远远的水平线上一艘轮船驶来了,起初只是一颗黑点,越来越近,船的轮廓分明了,如果那不是一艘被怀着恶意者所操纵的船的话,两只轮船就会互相拉响汽笛致意了。这时,你也会像在荒凉的海滩上看到船一样,感到热闹,感到新鲜,感到亲切的友谊。在一刹那间,对于人类文明的这种产物——船,突然涌起异常强烈的感情了。

　　船,像一把小小的钥匙却能够打开大锁似的,它打开了海洋的门户。

船,像闪电划破了黑夜的长空一样,它划破了海洋的胸膛。

船记录了人类的勇敢、智慧、毅力和许许多多艰苦的斗争。

因此,本来是全无生命的船,人们却往往把它当做有生命的东西来看待。几十年前,那些趁着季候风紧傍着海岸航线行驶,到南洋去的广东的红头船,每一艘的船头,都画上两颗圆瞪着的眼睛。这使人看来,仿佛就像是浮在海面的大鱼一样。在新加坡的通海的河汊里,我曾经看过密密麻麻地麇集着这种瞪着眼睛的中国船,组成了奇异的图案。好像每一艘船都和安徒生童话中的人鱼一般,会讲出一段英勇瑰奇的故事。自然,现在的船是再也不髹漆这样的眼睛了。然而当你看到一艘新船沿着滑板下水时,人们欢欣鼓舞点着爆竹,在船头贴上红纸、扎着彩带的情景;当你想到当轮船在航程中为死人举行海葬仪式,围着沉尸之处绕三个圈子的时候;当你想到在战斗和捕鱼的时候,船队可以配合得像一个人一样,这时刻对于船,我们可能仍会像古代的人们一样,觉得它"活起来"了。船仿佛成为世间的一种动物新种,而以操纵者作为它的脑子和心脏了。

凝视着船队扬帆出海,不断变幻着颜色的海水无可奈何地让路的情景,我有时会想起古代的航海家。不仅是郑和、地亚士、哥伦布、麦哲伦……这一类的航海家,还有那些更古老的没有名字的水手们。从世上第一条独木舟到原子破冰船,这条道路该有多远呢?我想它恐怕要超过几万年的吧。第一个从树上下来生活的猿人,第一个用火烤东西吃的原始人,第一个抓野马来骑的猎人,第一个从草里找出五谷来播种的农人,第一个挖独木舟的渔人,都应该在人类历史博物馆里各各立个铜像才好。想想现代的航海有时仍要遇到种种的困难,古代驾着独木舟在傍着海岸航行,或者在珊瑚礁间穿梭来往的原始的水手们，他们该要冒多大的风险呵！那时鲨鱼在他们的船旁，随时伸出个背鳍来；旗鱼用尖嘴插进他们的船板；或者，顽皮的海豚掀翻他们的独木舟，一定是寻常的事。然而，太古时代的人们没有畏惧，一代代坚持下来，终于独木舟进步了，年积代累，一直发展到有了原子破冰船。这种船的钢壳撞碎几尺厚的坚冰迅速前进就像灵巧的姑娘们剪布一样的爽利。然而，即使人类已经进步到这样吧，凝视着海洋，仍然使人纪念着地球上的第一艘独木舟。

就是不去思索太古老的事情吧，想想比较近的，人类用钢铁造船，在船上安置蒸汽机，都只有一百多年的历史罢了，航海用罗盘指示方向，也只有千多年的历史罢了。在这之前，或者更古老的时代，连铁钉也没有，而独木舟又已经发展起来，那该怎么办呢！据说古代的北欧人，驾着原始的船舶航行的时候，就常常随身带着几只鸟，当船航入大洋，四望茫茫，就放出了鸟。如果鸟向后飞回去，就说明前路尚遥；如果鸟飞回船上，就说明前后离陆地都十分远；如果鸟飞向前去，就说明陆地近了。据说七八世纪的时候，波斯船和阿拉伯船，也还没有铁钉，只用椰子树皮制成的绳索来缝船板，再用脂膏和黏土涂塞缝隙；一遇到大风暴，整条船就散裂了。想一想古代的人们驾驶这一类木船是个什么味道吧！更何况那个时代，在桅杆上挂着髑髅标志的海盗船又纵横海上，更何况那个时代，人们关于海洋流传着许多惊心动魄的恐怖的传说！一直到哥伦布的时代，画家们所画的海洋还是像希腊神话似的，充满了许多的海怪。那个时代，水手们把船向茫茫的大洋驶去的时候需要多么大的勇气！他们在漆黑如墨的夜里，在甲板翘首辨认北极星，或者在白昼，当黑云垂下了尾巴预示风暴即将降临的时候，那种紧张的心情我们今天还依稀可以想见。怪不得古代留下来的洞穴壁画中，驾船和攻战、狩猎一样，是最吃香的题材了。中国的古墓有许许多多船舶的模型，古埃及和腓尼基的洞穴壁画中许许多多都是航海图，这表示了古代人们对于航海者多么深情的赞美！多么由衷的倾心！

地球上，海洋把一块块陆地分裂开来。然而船，看起来十分平常的船，在海洋上穿梭来往，构成了一条条无形的虚线，仿佛又把大陆、岛屿都缝合起来了。早在铁甲船、钢壳船出现以前，单单靠着木船，这个地球上陆地的联系缝合工作就已经基本告成，这真是伟大的壮举！就正因为这样本来没有一株棉花的欧洲，出现了大片大片的棉田；本来没有一只绵羊的澳洲，出现了像云海一样的羊群；本来没有一株甘蔗的美洲，长满了如林的甘蔗；本来没有一株橡胶树的亚洲，出现了许多绿色的橡胶之岛……我知道你想说这种情况和罪恶的资本主义制度的发展史密切关联。是的，完全是这样。在那些年代，正不知道有多少奴隶在频繁的航海活动中精疲力竭伏尸在船桨上，正不知道有多少奴隶的尸体填了鱼腹。但是，尽管如此，血腥的历史仍然掩盖不了劳动者智慧和创造的光辉。如果说，在旧时代，在剥削制度的镣铐之下，运用比较笨拙的航海工具，人类尚且能够创造出如此光辉的业绩，在劳动人民翻了身之后，在不远的将来，整个资本主义制度在地球上埋葬以后，"四海一家"的景象该是何等可观哪。

每当我看到我们的船舶，迎着晨曦，趁着浪潮出海的时候，总是要涌起一种亲切向往的感情。登上人民的炮舰，抚摸着发亮的大炮；或者坐着鱼雷艇，像草原跑马一样，在海上疾驰，听任浪花迎面喷溅的那种豪迈、幸福的滋味，暂且不去说它了。单讲在渔港，遇上什么节日，譬如说端午节吧，装上收音机、推进器的渔船一艘艘回来了，顷刻间渔港里的船桅形成一个奇异的没有树叶的森林，一个个风杯在上面飘舞，每一艘渔船主桅上挂着的、渔民在上面观察鱼踪的绳椅也在迎风摆荡。每当看到那些船，就有一种像孩提时代过年一样的那种欢乐。它们带回来多少勇敢、智慧和毅力的故事呵！渔夫们，露出了古铜色的、肌腱饱满的胸膛，脸孔上刻下了由于烈日和海风的考验而产生的深深的额纹，他们讲述的许多海上的故事，大抵和《天方夜谭》、《聊斋志异》一样的神奇。他们，有的拿着个鱼炮坐只小艇就敢于去炸大鲸；有的曾经抱着一根桅杆在海上漂泊过几昼夜；有的善于坐在桅顶的绳椅里，一看海面冒起的泡沫，就能辨别那是鳁鱼还是鲣鱼；有的伏在舱板上听水声，就能确定下面有什么鱼阵正在游过；有的能够潜水两三分钟，在海底掀开沉重的巨石，眼明手快地把一个个急速爬走的鲍鱼抓住；有的又像猿猴一样的敏捷，攀着桅杆几下子就能够爬到顶端去；还有些船曾经用几门土炮轰击过海匪的火轮，有的渔人潜水时用一柄尖刀和鲨鱼搏斗过。他们都聚集到海港里来过节，互相倾诉着动人的经历。请想想那是多么热闹的事，节日过了，龙船赛过了，在一日之间，所有的船又都扬帆出海了，那个奇特的海上森林转瞬之间变成了花盆，每一艘张帆的船都像一朵刚刚开放的花。太阳在船帆镀上金光，海浪在船腹镶上一圈银饰，一艘艘渔船各各又拖着一个扇形的水纹出海去了。看着这幅景象，人有时会陷入忘情的境界，不知道自己在遐想什么，总觉得倾慕、激动、亲切和豪迈，这样的感情凝聚在一起，像急流通过一个狭窄的河床一样，激起了巨响，但却又令人捉摸不定，莫名所以。我有时定一定神，整理着思路，想起上面提到的那一切，终于渐渐发觉，看大船和潮水搏斗、徐徐出海时产生的奇特的感情，原来是许多因素汇合而成的。它们包含着：对于人类文明积累的赞美，对于沉痛的历史往事的凭吊，对于翻身屹立起来的人民劳动创造的讴歌，对于勇敢、智慧和毅力的倾慕……是的，正是这一切，形成了那么一种"欲辨已忘言"的微妙的思想情感。而且，一艘艘的船又是多么使人想起一个个的人呵！没有龙骨，船就拼不起来了；没有腰骨，人就站不起来了。出海久了的船要用火来燀，正像在生活中沾染污垢的人们必须好好洗涤一样。装备越好的船，就越经得起风浪，正像为先进思想所教养越深的人，也就越能够乘风破浪前进一般。一条不能下水航行的船，即使如何精美，是毫无价值的，一个始终不能劳动创造的人，也是一样。航海总有遇到风险的时候，说不定还有一些船要沉没，然而这绝不能吓倒海的儿女，即使在太古的独木舟时代，人们也没有被吓倒。船要是惧怕风浪，这奇妙的、能够划破大海胸膛的东西也就不再成其为船了。想着这么一些事情，那些漆着两颗大眼睛的、像一种新动物似的古老的红头船，突然又鲜明地飞到我的记忆中了。

我并不想在这儿告诉你某一次潮汐，某一个海港，某一艘船，某一个人的故事。我只想谈谈我看到船和潮水搏斗的时候，它们扬帆远征的时候，自己的微妙的感受。像一个无知的小孩试图去捉住蜻蜓来缚在线上一样，我试图把那种微妙的思想感情捕捉来贴在纸上。如果你在这儿看到有些话好像是一个醉汉的呓语，那是自然不过的事。

1961 年

秋林红果

　　秋天是十分可爱的。如果说春天是开花的季节，那么，秋天应该说是结果的季节了。在秋高气爽的日子里，白天经常晴空万里，入夜银河璀璨，原野上到处结满了果子。这种令人心旷神怡、理性清明的时节，着实叫人喜欢。几番秋风秋雨，一阵落叶纷飞算不了什么，田园上金色的稻浪在翻腾，向日葵结起了一个个的大果盘，菊花到处嫣然含笑，果林里柑橘、柚子、梨子、苹果都长得黄澄澄了，枣子、柿子、山楂都变成红彤彤了，这种景象令人感到果实大批成熟，人们耕耘有了收获的喜悦。

　　在各种各样秋天成熟的果子中，我特别想来谈一谈山楂，在大地献出的果子中，这山楂本来是貌不惊人的。论个子，它很小；论味道，它也不是属于香甜芬芳的那一类。但是它以甜中带酸的独特风味，博得了南北各地人们的普遍喜爱。可能北方偏僻地区的人们没有吃过南方的某些果子，南方偏僻地区的人们没有吃过北方的某些果子，但是这山楂，可几乎全国各地人们都能吃到。我在北京居住的时候，虽然看到色彩纷繁的水果摊上，山楂上市的时候不多（它们总是一摆出来就被人购个精光了），但是山楂的各种制品，在其他的商店里却是非常丰富的。山楂饼、山楂罐头、蜜饯山楂、山楂糕、山楂露，花样多得很。有一次临近春节的时候，在北京一个年宵食品市场上，我看到一大群人十分热烈地围着争购一种食物，我感到纳罕，心想："什么食物这样吸引人呢？"就挤上前去，看个究竟。原来，争购的食物竟是新鲜的山楂糕（北京也叫做丹皮）。这山楂制品吸引人的力量也可见其大了。还有远近驰名的北京的"冰糖葫芦"，入冬时节，当它上市的时候，我每每见到无分男女老幼，大家都喜欢买一串以至几串，一路走一路吃，衣服穿得十分整齐的人物也没有例外。仿佛边走边吃别的东西，是不大雅观的，而吃这冰糖葫芦，则是天公地道，大大方方的事。它已成为有数的、被社会习惯许可人们一路走一路吃的东西之一。而这冰糖葫芦，虽然也有用海棠、李子之类的小果做成的，但一般总是山楂居多。糖浆像一层透明的红色玻璃一样，把一串山楂罩住，红艳艳非常好看。北京一般是一角钱一串，真可以说是价廉物美，色、香、味俱臻上乘的大众食品了。

鲁迅在"拟古的新打油诗"《我的失恋》中，提到这大名鼎鼎的"冰糖葫芦"。

　　…………
　　爱人赠我双燕图，
　　回她什么：冰糖葫芦。
　　从此翻脸不理我，
　　不知何故兮使我胡涂。

这篇打油诗中提到的"爱人赠我百蝶巾，回她什么：猫头鹰。""爱人赠我金表索，回她什么：发汗药。""爱人赠我玫瑰花，回她什么：赤练蛇。"以及这个"爱人赠我双燕图，回她什么：冰糖葫芦。"都含有打破传统习惯，勇于自行其是的意味，但碰到的结果，却都是"爱人""从此翻脸不理我"，而最后诗的结语则是："不知何故兮，由她去罢！"虽说是打油诗，实际上是含有冲决网罗,我行我素,不计成败利钝的意味的。为什么各有一定用途的猫头鹰、发汗药、冰糖葫芦、赤练蛇,就必定不可作为馈赠的礼品呢?在这一系列比较特殊的东西之中,鲁迅特别提到了冰糖葫芦,可见他对北京这种大众食品是颇感兴趣的。

有一年秋天,我随一群朋友乘汽车经过河北的好几个县,去游览清廷帝后们葬身之地的东陵。一路上,看到很多市集,都在摆卖枣子和山楂。同行的人争买山楂的很多。而从农家住宅的庭园中,不但可以见到枣子树,有时也可以见到山楂树,那时节,都正结着红艳艳的果子,枣子是宝石红色,山楂是暗红色,但都十分好看。这类果子都很小,但是它们和人类生活关系的重大和密切,可真正是不可以貌相的。

山楂树野生的很多,我听一些常年生活在荒野老林的勘探队员说,野生的山楂结果很密,勘探队员有时也靠它充饥。好些果子,野生的常常十分酸涩,但野山楂的风味可仍然是酸甜适度的。

世间硕大的果子很多,像菠萝蜜,一个可以有几十斤。像柚子、椰子、蜜瓜、菠萝,个头也都不小。世间甜美芬芳的果子也很多,苹果、梨子、柑橘、荔枝、桃子、李子、芒果等等都是。而以那么小的个子,长相平常,初尝起来味道也谈不上甜美的山楂,却能够在水果王国中雄踞一席,博得那么多人的赞美,这是很不寻常的。它和葡萄、樱桃、枣子、橄榄等寥寥可数的几种具体而微的果实,使我想起了人类中短小精悍而潜力巨大的人物。

山楂在北方有一个非常美妙的别名,叫做"红果"。据我所知,被加上"红果"这个漂亮绰号的果子一共只有三种,这就是木瓜、杨桃和山楂。奇怪的是枣子和红柿反而没有这样的绰号。红果,这名字就像红宝石、红玛瑙似的,像一顶彩色冠冕般给戴到山楂这种小果子头上去了。

山楂，这么个子细小貌不惊人的果子，滋味初初品尝起来似乎也很平常，但它的酸甜适度，却大堪令人寻味，它终于博得广大群众的喜爱和赞赏了。如果说，从鲜花，从树木，往往使我们联想到各种人物的话，那么，从果子，有时又何尝不令我们触发这种联想呢！上面我说它像短小精悍而潜力巨大的人物；从另一个角度，我还要说，它又像外表平凡，实际却很卓越的人物。这样的人，往往不声不响，藏身在群众之中。他们既没有漂亮的头衔，也不炫耀什么平生事迹，平素，他们几乎是默默无闻的。但是他们的行为，你把它归纳起来，细细一想，却又不能不令人击节赞赏和十分倾倒了。

有些人，一二十年如一日，天天奉公上班，从不告假。有些人，在十年八年的工作中，兢兢业业，从来没有出过一桩差错。

有些人，在地里挖到了大量金银，大公无私地都把它献给国家。有些人，平时省吃俭用，临终时把一辈子的储蓄都献赠给社会的福利事业。

有些人，志愿和因革命事业受伤致残，甚至眼睛也已瞎了的人结婚，恩恩爱爱过一辈子。有些人，见到邻居有伶仃无告的不幸老人，挺身而出，自愿为他们效劳，下了一个决心之后，往往一干就是十年八年。

有些人，做了一辈子眼科大夫，临终时还立下遗嘱，死后要把眼珠捐献给眼科医院，让罹上严重眼患的人重睹光明。有些老人，临终时立下遗嘱，要把遗体捐献给医院，以发展医学科学。

…………

在报纸上，在我们周围，我们是常常可以听到这一类事情的。

如果这些人是社会上十分煊赫、久已为人注目的人物，那也罢了。不，他们往往是默默无闻，平素几乎不为人知的。你这样一推敲，就越发觉得这类人物的崇高伟大。他们比某一部分开口革命，闭口人民，欺世盗名，实际上只是孜孜为己，灵魂猥琐的人物（无论如何崇高的革命队伍中都难免混杂着这样的人），要伟大多少万倍。

一粒小小的山楂，比好些大而无当，虚有其表，淡而无味，甚至烂了心的大型果子，实际上要美好得多。

普普通通的山楂，博得了"红果"的美号，这真是意味深长的事。

这些小小的果子，随处生长，仿佛平平常常，然而却以它的实际价值，使人们交口赞誉。真美啊！红宝石，红玛瑙似的小红果！

奇 迹 泉

生活的长河中常常有这么一些事情,你见到一次,就一辈子记住它。仿佛是用金刚钻在石灰岩上划了一道深深的痕迹一样,那些独特的事件,在我们专司记忆的大脑皮层某个部分,也划上一道深深的痕迹。

一个人一生中自然要碰上许许多多这类的事。我这儿想来谈论其中的一件。

一九四九年,中华人民共和国开国前夕,我们一行人——粤赣湘边区纵队教导营的队伍,正在广东惠阳地区的大鹏半岛一带驻扎,准备在大军南下时跟随进入广州参加接管工作。那时,虽说国民党军队已经兵败如山倒,长江以南的广大地区已被我军解放,但是,由于国民党的伪总统府移设广州,在华南,它仍有相当兵力,因此,当解放大军未曾到达的时候,我们这支武装很少、依靠边纵部队保护的队伍,仍然得保持机密,经常移动。深夜通过敌人据点附近时,遥望着那鬼火也似的碉堡灯光,也还得十分肃静地疾趋而过,避免被他们发现,作无谓的牺牲。

那时节,南方天气燠热,每个人背上的东西,除了随身衣物书籍外,还有"米条"——就是粮袋子。而这个地区,村庄附近露天粪池很多,当地农民习惯在粪池上撒上一层石灰沤肥,深夜走路,如果不是格外留神,有时就会跌下去,弄得狼狈不堪,事实上就有人跌过。因为这样,夜行军之后,就常常感到十分疲累。

因此,每到一个新的宿营地,大家总是很关心有什么地方可以洗澡。如果有河流，那就很好；水井多的地方，也不错。吃过饭洗一个澡，聚集在大榕树下休息或者进行政治讨论，那种快感，真是不待多说的啦。

如果碰到水源较缺的地方，一切就要困难得多。要是在山村，就得跋涉到山涧里去取水。如果在平原井水稀少的地方，洗澡也是相当困难的，有些人就用田水，将将就就拭抹几下了事。

一次，我们在白天行军，登上一个高山。山上的村庄，直截了当，名字就叫做"高岭"。当我们踏着石磴，朝这个山村进发的时候，心想：等下子一定得从山的另一面走下深深的山涧，才能够找到水源。

谁知，队伍前头却传来这样的话："前进！这个村庄设有自来水龙头，等下子，大家可以痛痛快快洗个澡。"

"什么？有自来水？在这个偏僻的山村？"

乍一听，谁能够相信这是事实呢！

"真的，快上去看看！"

这条蜿蜒赛似长龙的人流终于登上了山顶，多么奇怪呵，这山村真的有自来水！我们看到在一个水龙头底下，用水泥铺成的圆形小坪上，有好几个客家妇女，正在那儿洗衣、淘米。她们看到我们的惊异神情，就嘻嘻地笑着和大家招呼，要我们去喝水，洗脸。

原来这里自来水龙头还不止一个，而是有好几个。等队伍解散休息的时候，大家都好奇地挤到水龙头旁边去了，有人咕噜咕噜地喝水，有人洗脸、洗头。入夜时分，大家更是痛痛快快围着水龙头，洗了一个好澡。

我们禁不住探询：为什么山村有这样的奇迹？这是怎么一码事？

父老们、婶姆们用客家方言给我们叙述了一个故事，我们才明白这奇迹产生的根由。

原来，这山村从前是十分缺水的。要挑水、洗衣，都得从村落的另一端走到深深的山涧去，跋涉许多山路。一盆水总是用了又用，最后才倾倒到梯田里去。山区野兽多，有人清晨下涧挑水时，还给野兽咬伤过。

因为这是一个穷苦的山村，在古老的年代，乡中就有人乘"红头船"（一种前侧漆着两颗鱼眼睛图样的大木船）漂洋过海到国外去谋生，一代接着一代，不断有人出洋。在我们到达那里之前数十年，有一天清晨，一个青年农民正捆挡好行装，准备到惠州转道香港出国谋生，突然，远处传来人们的惊喊，不久，就听到号哭声，原来，有一个妇女在天蒙蒙亮时到山涧里去挑水，给潜伏在丛莽里的老虎咬死了。乡亲们发现后把她抬回来，尸体已经给老虎咬啮得残缺不全。遇难者的家人正跟随在后号啕大哭，乡亲们也围着尸体，叹息坠泪。这不仅是一个妇女的不幸，也是整个缺水的山村贫苦人们苦难生活的反映。那个准备漂洋过海的青年见到这般情景，十分悲伤。他禁不住激昂而又沉痛地向乡亲们立下了誓言，如果他出洋后，能够积蓄一些钱回来，一定要在山村里搞一套自来水设备，免得大家再天天下山上山跋涉挑水……

二三十年过去了，当这个农村青年变成白发苍苍的老人，积攒了一笔钱回到山村的时候，他果然没有忘记他青年时代的誓言，他请人设计施工，在附近一个更高的山头上筑起蓄水池，然后又购来了抽水机和自来水管，终于使这个山村奇迹般地出现了自来水。

我不知道村民的这些叙述是否准确，也不知道在这一过程中那个许愿立誓的人历尽了多少挫折和劫难。但是那个建立在高山上的村庄有自来水设备,珍泉流注,珠玑飞溅,却是我们亲眼见到的。我记得,那个夜里,我们一群青年人(那时我们都风华正茂,一天随便可以走一百里),围坐在水龙头旁,月色如银,树影婆娑,大家畅谈着对这山村奇迹的感受。将近三十年过去了,那次谈话的具体内容我已经不能详忆,但大体的轮廓还是记住的,我们感慨在剥削阶级统治下人民的苦难,赞美那个许愿人的意志,也谈到志气的重要,新中国的未来。大家议论着人要是立定志愿,一步步向着目标移动,如果不遭遇意外的打击,那志愿又是有益于人民的话,能够创造多么惊人的奇迹呵!

那时还是开国前夕,今天回想起来,将近三十年的时间已经过去了——一九七九年我们就要迎接建国三十周年的盛典。当年我们走过的许多村庄的名字,我大半已经忘记了,但是"高岭"这个山村的名字,却像是用金刚钻在石灰岩上划下痕迹似的,它深深地镌刻在我的记忆之中,连同那个山村的景象,我所想象的那个漂洋过海的人物的风貌……

为什么有这么深刻的记忆呢?除了那个故事曾经激动过我之外,还因为,生活里面有一些事情,常常教人想起这个故事。

例如:就说当日围在山村水龙头旁边树荫下畅谈志愿和理想的青年伙伴们吧,二三十年间,变化是多么大呵!不少人,坚持崇高的为人民服务的共产主义志愿,不断学习,不断工作,不断进步,随着岁月的推移,他们越来越成熟了,终于在各个岗位上做出了成绩,受到人民的信任,没有愧对党的教育和飞逝的流光,也没有愧对自己头上的白发;也有一些人,在生活的历程上碰到一些困难和挫折,就消极了,疲塌了,渐渐地也就落在后头了。更有一些人,不能克服自己头脑里的资产阶级思想,渐渐地蜕变成资产阶级的俘房,贪污啦,腐化啦,上贼船啦,叛国啦,终至于走到一条绝路上去了。

这些事情,怎能不使人想起那个山村的故事呢?立志后终生不懈,一步步向着目标前进,说难并不难,旧时代一个山村的普通青年就办到了。但是说易也不易,有多少人,即使年轻时代曾经受过崇高思想熏陶的,后来却不能战胜自己头脑里的私念,也会在半途掉队落荒,甚至变成鬼一样的人了。

二三十年间,我看到周围不少的人,在革命目标的鼓舞下从外行变成内行,有的原本并不认识多少字的人成了革命学者,有的卖唱女郎成了艺术教授,有的普通农民成为出色的县委书记,有的炒菜师傅成为举重健将、体育教练……这些事情也常常使我想起那个山村故事。不断成长着的事物,力量是多么的惊人!一粒树籽发芽的力量足以把大石推翻,踏上地球之巅的健将好手,也是靠两条腿一步步挪动,登上那个光辉的峰顶的。

有时,我从那个故事还想得更远,人们在地球上活了一遭,三五十年、七八十年不等,广大的劳动者用他们辛勤的劳动,创造了物质财富,在这个基础上,一切文明进步,才有所附丽。另外有一些人,用他们毕生的劳动钻研,或者为群众建造了若干房屋,或者培育出植物的崭新品种,或者发现某颗新星,或者制成了某种妙药,或者创造了若干项运动纪录,或者解决了一项世界数学难题……总之,他们各各留下了为人民有所创造的痕迹。另外有一些人,含含糊糊、慵慵逸逸一辈子,什么事也很少干;还有一些人,则留下了残害人民,扰乱苍生,吃了人肉筵席的血腥记录,落得个"骨朽人间骂未销"的下场。在旧时代固然有这各式各样人物存在,在新社会里,难道就没有这各种人物了么?我每当对某些人物事件有所感触的时候,有时也会不禁重温起那个山村的故事来。

旧时代,不少人受到历史条件的限制,不可能有远大的目标。就以那个立志为乡亲修自来水站的人物来说吧,他的着眼点也不过是几户人家的事情罢了。共产主义者就不仅如此,我们的着眼点是无产阶级、是全国和全世界人民的解放。不管是在战场上冲锋陷阵也好,在工厂农村里辛勤劳动也好,在办公桌旁埋头案牍也好,在实验室里刻苦钻研也好……以至于站柜台、搞炊事、扫地、跑街都好,只要是怀着共产主义理想,在共产党的领导下,鞠躬尽瘁多年如一日做好本职工作的,实际意义都要比那个山村人物还要崇高。因为我们这些工作的结果,就不仅仅是体现于一两件实物上头,而是体现于整个社会主义制度的巩固和人民革命事业的进展上面。真正自觉地怀着这种精神辛勤工作的人,像水滴汇到海洋里似的,整个革命工作的成就都有它的汗水在那里闪光。在第二十九个国庆日即将到来,建国三十周年盛典明年就要来临的时候,想起无数为新中国的事业真正英勇斗争,辛勤努力的同志们,想起这些日子各条战线的一份份捷报,我也禁不住联想起那个创建山村自来水站奇迹,但却不知姓名的人物,想起他的高度,以及世上更加可观的高度来。

这也就是为什么我要在这时候,灯下寻思,执笔叙述这段古老的故事,并用《奇迹泉》作为本文题目的原因了。

崇高的心愿和坚强的意志,啊!它就是生命的奇迹的喷泉!

1978 年

古战场春晓

在一九六一年春天降临之前,我来到广州北郊的三元里高地上盘桓。看着莽莽苍苍、一片锦绣、"河水萦带,群山纠纷"的大地,不禁激起了凭吊怀古的豪情。

南国春早,真正的春天在崭新的日历刚刚掀开的时候,实际上已经来临了。这比冰天雪地的东北几乎要快上半年。这一带村落,现在都属于三元里人民公社,是出色的蔬菜产地,以水利工程和机耕驰名。在温煦的阳光之下,田野里东一片、西一片,都是菜园。芥蓝开满了白花,白菜簇生着黄花,椰菜在卷心,枸杞在摇曳,鹅黄嫩绿,蝶舞蜂喧,好一派艳阳天景色!那条从三元里村旁掠过的公路,繁荣热闹极了,小叶桉树夹道笔立,婆娑摆舞,远看像煞江南暮春的杨柳。一队队汽车奔驰过去了,一辆辆兽力车呀呀地拉过去了,还有络绎不绝的肩挑手提的行人,都各各在公路上卷起了尘土。好一番和平劳动、熙熙攘攘的景象!这一带田野是开阔的,南望越秀山上,庄严雄伟,曾经常常被用来作为广州风景标志的五层楼,正和这里小土阜上的三元里抗英斗争烈士纪念碑遥遥对峙。远处群山起伏,白云山、飞鹅岭像是绿色的围屏。大地到处给人一种壮阔开朗的印象。在历史名城的郊野,这样的河山气概,我们是常常可以领略到的。

被郁郁苍苍的扁柏、蒲葵、一品红、木麻黄环绕着的三元里抗英斗争烈士纪念碑,在晴空下,金色的字迹正闪闪发光。我登临这里已经好几遭了,但今年第一次来到,望着翡翠似的原野,俯瞰着名闻世界的这个叫做"三元里"的乡村,却激荡着不平常的感情。"指点江山,激扬文字"那样的名句飞到了我的心头。今年是一九六一年,今年五月底,是三元里等一百零三乡人民,在鸦片战争时代抗击英帝国主义侵略军大获胜利一百二十周年纪念日。"六十年一个甲子。"今年刚好是三元里人民抗英斗争的辛丑年之后的第二个"辛丑"。一百二十年过去了,中国已经完全变了样。然而正像一位苏联历史学者站在这座巍峨的纪念碑下说过的话一样:"这就是中国近代史的开端吧!"是的,这是中国近代史上气势磅礴的第一页。以三元里人民斗争为起点,如果以一个个的"年代"来划分,那么可以这样说:其后十年有太平天国的革命,将近后六十年有义和团的斗争,后七十年有辛亥革命,后八十年有中国共产党的成立,快接近一百一十年的时候新中国终于宣告诞生。中国是经历过一百多年的奋斗才从帝国主义制造的血泊中站起来的。望着这已经回春的天鹅绒似的土地,想起百多年来的往事,真按捺不住一种"折戟沉沙铁未销,自将磨洗认前朝"的心情。这条车水马龙的广州北郊大道,这个中国近代史上的反侵略圣地,这座人烟稠密的村庄,今年将有多少人要前来凭吊瞻仰!

这一片阳光灿烂、山川明丽的大地,原来是一百多年前的大战场!你在这里纵览低徊,会禁不住想起整个黑暗的十九世纪的事情。

十九世纪是资本主义的壮年期,这一个世纪里面,殖民主义者完全不披任何外衣,像野兽一样到处闯撞掠夺。正像他们用一个持刀海盗的画像作为香烟商标,用帆船作为许多商行标记一样,战船和枪炮就是他们的徽号。整个十九世纪,在亚洲、非洲、美洲、澳洲,都普遍发生帝国主义者血洗大地的惨剧。但是在另外一方面,各洲的人民，又几乎都不约而同地进行过猛烈的、可歌可泣的斗争。有些斗争，还是绵延一百几十年的。英国在几个世纪之间发展成为当年的头号侵略者。它用在国内圈地养羊的办法迫使大批农民流离失所；用"流荡罪"把破产农民投进监狱和驱进工厂；掠夺印度、非洲、澳洲等殖民地的原料来大办工业。用对"偷"一条围巾的劳动人民也处以死刑的严刑峻法来建立它的生产秩序；然后又挟着大宗鸦片和纺织品来撞毁我们这个东方古国的大门。当鸦片战争发生，林则徐被腐败的清廷革职谪戍，广州城里的总督、巡抚、将军、总兵都在侵略者面前变成了软壳蟹和叩头虫的时候，他们大举入侵了。他们勒索了"赎城费"，他们到处杀人、放火、奸淫、掳掠，甚至挖坟墓，射"活靶"，他们志得意满、骄横跋扈极了。然而侵略者没有想到，他们脚下竟有一座活火山。他们在三元里调戏妇女的事件终于点燃了这座火山。人民反侵略斗争的队伍，一两日间，由几千人发展到几万人。眼前这一片锦绣大地，就是当年杀声震天，使英国侵略者自承"恐怖到极点"的战场了。

凭吊着这个辽阔的古战场，使人想起了"升平社前擂大鼓，裂裳为旗竹为弩"、"三元里前声若雷，千众万众同时来"的诗句。我仿佛看到一百多年前战争的情景：那时，螺号呜呜，锣声当当，满山旗帜，遍地人潮，一支"黑底牙边白三连星"神旗迎风飘动，指挥着战阵。在"三元古庙"点了香烛，向这面旗宣誓过"旗进人进，旗退人退，打死无怨"的三元里的愤怒群众，以及邻近一百多乡的战友，抬着各式各样的原始武器：刀、矛、藤牌、三尖枪、长棍、抬枪、挠钩追歼着敌人；队伍中甚至还有儿童和妇女。这时天仿佛也愤怒了，狂风暴雨，闪电雷霆。狼狈的敌人从会战的地点——牛栏岗败退下来，结成方阵，颤栗逃命。在白茫茫一片的豪雨景色中,漫山遍野的中国人民举着武器追歼着他们,用挠钩把他们从队伍中拖出来劈死,或者用锄头把陷在泥淖里的敌兵锄死。眼前这一片土地上曾经布满"大英帝国"士兵的尸体,他们有些再也顾不得"尊严",跪在地上,举手求饶了……

怀着抚摸一砖一石的心情,我走进了三元里,来到里北的"三元古庙",这座创建于乾隆以前的道教神庙(道教以天、地与水为"三元"),是当年斗争的总指挥部,它近年已经被修葺一新并且变成纪念馆了。环庙四株老榕,苍劲魁梧;庙前一方平塘,涟漪潋滟。在这座庙里凝视那些历史文物,端详陈列在庙中的当年的武器和那面令人振奋的"黑底牙边白三连星旗"(复制品,原件存北京),抚诵着碑廊中百多年前的修庙碑记,令人禁不住涌起一种"继往开来"的翻身民族的自豪感。

一百二十年的时间久远么?是的,相当久远了。然而现在这里还活着受过当年挺身战斗的人民豪杰亲切教诲的人物呢。三元里首先奋拳痛击英国兵士的韦绍光,他的曾经亲聆乃祖謦欬的孙子韦文祖一直活到七十一岁,去年才逝世。三元里现在还有一位李姓的老人,祖父也参加过抗英的斗争,晚年时曾把许多战斗故事亲口告诉过他。他谈到当年群众公议"十六岁以上,六十岁以下男子一律上阵杀贼"的往事,还禁不住激动得目光灼灼呢。

一百多年过去了,然而那面光辉的战旗和一些古老武器被一代代保存下来,令人荡气回肠的战斗故事被一代代亲口传授下来,英雄民族的感情何等深厚!

在十九世纪的中叶,当中国上空乌云密布,三元里的斗争、太平天国的革命事迹传到欧洲的时候,马克思预言过:"将来中国的桌子也会跳舞";恩格斯预言过:"过了不久以后,我们就会看到世界上最古老的帝国(指中国)进行生死之际的斗争，同时我们也会看到亚洲新纪元的曙光。"现在，站在三元里的阳光之下，令人不禁回想和印证着这著名的历史科学预言。

中国人民以和十九世纪最强大的侵略者打了一场硬仗，并使他们的兵士跪地求饶揭开了自己的近代史。其后一百一十年，历经忧患屈辱，当新中国从血泊中站立起来的时候，又把扬言要打过鸭绿江来的当代最强大的帝国主义，击败于朝鲜战场上，重新出现了使他们的兵士跪地求饶的一幕。这里面包含了多少的历史规律和真理呵！

盘桓在这个古战场上，想着帝国主义已经日近黄昏了，眺望早降的绿野春光，随着庄稼的香气扑人而来的，是许多凝聚着古人感情的诗句："苟能制侵凌，岂在多杀伤。""岂伊地气暖，自有岁寒心。"呵，我们美丽的土地，英雄的人民！

1961 年

海滩拾贝

在艺术摄影中，常常看到这样的画面：无边无际的海滩上，一个人俯身在拾些什么；天上飘浮着云彩，远处激溅着一线浪花……这样的画面引人走进一个哲理和诗情水乳交融的境界。

这种情景是很引人入胜的。但是这样的画图，人却不难走到里面去。一个人只要到海滩去拾拾贝壳，就会很自然地变成那种图片里面的人物了。

许许多多的人都有爱贝壳的习性。有些人生活趣味本来很少，但一见到贝壳却会爱不释手，一跑到海滩去捡起贝壳来就往往兴奋得像个小孩。在这方面，似乎我们中有许多人还保持着我们远代的老祖先的审美观念，他们曾经震惊于贝壳的美丽，一致同意把贝壳采用做货币。也许由于爱贝壳的人的众多吧，广州文化公园的水产馆里陈列贝壳的那些玻璃柜旁总是挤满了观众。广州近年还有一间有趣的商店出现，它专门贩卖贝壳和珊瑚。香港也有这一类的商店。因为这样的缘故，现在开到南海群岛去的船只，就不止是运的海味、鸟粪，还有运贝壳和珊瑚的了。

但是从商店里买回来的贝壳，比较自己从海滩亲自捡回来的，风味毕竟不同。无论商店里的贝壳是怎样的五光十色，实际上比我们在海滩上所见到的，却总要贫乏得多。

凡是有海滩的地方，就有贝壳。但是有些著名的海滩，那种贝壳丰富的情形，却不是一般的小海滩可以比拟的。像海南岛三亚附近渔村一带的海滩，你走到上面去，可以发现每一步都有贝壳，而且构造千奇百怪，用句古话来形容，真可以说是"鬼斧神工"。据到过西沙群岛的人说，那边的情形就更可观了。要找到特别美丽、离奇的贝壳就得到特别荒僻的小岛去。贝壳究竟有多少种呢？这样的题目正像问天上的星，问地上的树，问草丛里的昆虫，问碳水化合物有多少种那样的不易回答。有一些专门收集贝壳的"贝壳迷"，他们像古币迷、邮票迷……收集古币、邮票那样地搜集着贝壳。据说，世界各个角落的贝壳是千差万别的。有一个贝壳迷花了近十年心血，搜集到几千种远东出产的贝壳，而这，在贝壳所有品种中所占的仍然是一个很小的百分比。

令人目迷五色的各种贝壳，有大得像一颗椰子、一顶帽子、一支喇叭的，它们的名字就叫做"椰子螺"、"唐冠贝"、"天狗螺"。也有一些小得像颗珍珠，可以让女孩子串起来做项链的。它们有形形色色的状貌，因此人们也就给起了一些五花八门的名字。像伞的叫做"伞贝"，像钟的叫做"钟螺"，像小扇的叫做"扇贝"，像蜘蛛的叫做"蜘蛛螺"，像髑髅的叫做"骨贝"，还有鹅掌贝、鸭脚贝、冬菇贝等等。有一些贝壳，只从它们的名字就可以想见其令人惊艳的容貌，像锦身贝、凤凰贝、花瓣贝、初雪贝等就是。还有一些贝壳，给人叫做"波斯贝"、"高丽贝"，使人想见古代各国船舶往来，外国商人拿出新奇的贝壳来，人们围观啧啧赞美的情景。种类无比丰富的贝壳，使人不禁想起了一切瓷器的精品。所有歌咏瓷器的诗句，美丽的贝壳都可以当之无愧。像什么"大邑烧瓷轻且坚，扣如哀玉锦城传"啦，什么"雨过天青云破处，这般颜色作将来"啦，许多贝壳的模样和颜色，完全足以传达那种神韵。你细细看海滩上的贝壳，它们有像白陶的，有像幼瓷的，有的像上了釉，有的颜色复杂，竟像是"窑变"的产品。历史学家们考据出来：地球上的各个区域，古代的人们日中为市的时代，一般都曾经采用贝壳做过流通手段，当铜和金还在地下酣睡的时候，这些海滩小动物建造的小房子就已经信用卓著地成为人们的良币了。在殷墟里面，和牛骨龟甲混在一起的，也还有贝币，说明三千五百年前这些奇妙的小东西已经普遍被人们用作交易的媒介了。直到今天，我们的文字里，许许多多和价值有关的字，像财、宝、买、卖、赏、赐、贵、贱等等，不写简笔字的时候，都还留有个"贝"字在里头。这情形，使我们想起了古代各洲的人们，在海滩上拾到美丽的贝壳的时候，那种欣赏赞叹的情景。在这方面，好像对自然景物的审美观念，千万代的人类之间，也还有一脉相通之处似的。自然，贝壳不容易损坏，不容易伪造，尤其是使它在人类货币史上占有光荣一席的主要原因。几千年前的贝币，我们今天在博物馆里看到的不是还很完好么？至于这么一种小玩意儿，似乎直到今天，聪明的人类也还未能制造出一枚赝品来。

爱贝壳的不仅是初到海滩的人们。渔民和在沿海区域的一切居民，实际上也都是爱贝壳的。从这一点看来，可以说爱美的心理原很普遍。初到海滩的人兴高采烈地捡着贝壳，渔民和他们的孩子们看你那一种发痴的模样儿，也许抿着嘴善意地嘲笑着。但其实他们何尝不捡贝壳呢？只是他们"曾经沧海难为水"，一般平凡的贝壳，他们不放在眼里罢了。许多渔民的家庭，其实都藏有几枚美丽的贝壳，当我有一次在海南岛三亚附近的海滩上拾贝壳时，一个渔家老妇笑嘻嘻而又慷慨地说："来，我送两个给你。"于是她返身登上高脚的渔家棚屋里，拿出一个"小海星"和两枚"星宝贝"来像给小孩似的给了我。也还有一些渔家小孩，看到客人们拾贝壳拾得入了迷，也从他的家里拿出几枚美丽的贝壳让你看看的。一比较,你就知道他们目力不凡,通常的那种粗陶器或者素色瓷器似的贝壳他们是看不上眼的。他们所捡的贝壳都是像髹了上等彩釉的珍品。例如那种"眼球贝",四围一圈宝蓝色或者墨绿色,中心雪白的地方有许多美丽的斑点。类似这样的东西,住在海边的人们才肯俯身去拾起来。

  海滩上的人们和城市里的贝壳商店,也有把贝壳制成各种用具的。有的人用贝壳做成饭瓢水勺,有的用贝壳做了台灯。还有的人用各种各样的贝壳堆成假石山,有一些贝壳适宜做塔,有些可以做桥,有的可以做垂钓渔翁的斗笠。海南的渔村里就常有这样一些"贝壳石山"出卖,正像农民中有许多工艺美术家一样,这是渔民工艺美术家们的杰作。贝壳的工艺美术,在中国原有很悠久的历史。像"嵌螺钿",那种用精磨过的贝壳,嵌在雕镂和髹漆过的器具上面的工艺美术,在中国已有千年左右的历史。当玻璃还没有大量制造和流行的时候,有一种半透明的叫做"窗贝"的贝壳,已经被人用来代替玻璃。人们用贝壳做各种器具的历史是很悠久的,而且一直盛行不衰,看来这类工艺美术将来还要大放光彩的。最近,粤东又有人用它来制造客厅里悬挂的屏条了,贝壳在这些屏条上给砌成了美丽的字画。

  我们在海滩的时候,就是不去思念贝壳在人类生活上的价值,也没有找到什么珍奇的品种,我觉得,单是在海滩俯身拾贝这回事,本身就使人踏入一种饶有意味的境界。试想想:海水受月亮的作用,每天涨潮二次,在高潮线和低潮线之间有这么一片海滩。这里熙熙攘攘地生长着各种小生物,不怕干燥的贝类一直爬到高潮线,害怕干燥的就盘桓在低潮线,这两线之间,生物的类别何止千种万种!潮水来了,石头上的牡蛎、藤壶,海滩里的蛤蜊,纷纷伸手忙碌地捕食着浮游生物，潮水退了，它们就各各忙着闭壳和躲藏。这看似平静的一片海滩，原来整天在演着生存的竞争。这看似单纯的一片海滩，内容竟是这样的丰富，单是贝类样式之多就令人眼花缭乱。这看似很少变化的一片海滩，其实岩石正在旅行，动物正在生死，正在进化退化。人对万事万物的矛盾、复杂、联系、变化的辩证规律认识不足时，常常招致许多的不幸。而一个人在海滩漫步，东捡一个花螺、西拾一块雪贝，却是很容易从中领会这种事物之间复杂、变化的道理的。因此，我说，一个人在海滩走着走着，多多地看和想，那情调很像走进一个哲理和诗情的境界。

当你拾着贝壳，在那辽阔的海滩上留下两行转眼消失的脚印时，我想每个肯多想一想的人都会感到个人的渺小，但看着那由亿万的沙砾积成的沙滩和亿万的水滴汇成的海洋，你又会感到渺小和伟大原又是极其辩证地统一着的。没有无数的渺小，就没有伟大。离开了集体，伟大又一化而为渺小。那个从落地的苹果悟出万有引力的牛顿是常到海滩去的，他在临终的床上说过这样的话："我不知道世人怎样看我，但我自己却以为我是在未知的真理的大海前面，在海滩上拾一些光滑的石块或者美丽的贝壳就引以为乐的小孩……"这一段话是很感人的。人到海滩去常常可以纯真地变成小孩，感悟骄傲的可笑和自卑的无聊，把这历史常常馈赠给我们每个人的讨厌的礼物，像抛掉一块破瓦片似的抛到海里去。

我抚弄着从海滩上拾回来的贝壳，常常想起的就是这么一些事物……

1959 年

沙面晨眺

每一个大城市总有一些树木格外葱茏、情调分外幽雅的地方的,广州的沙面就是这样一个所在。

沙面坐落在珠江河畔,一道人工挖成的环形河沟把它和整片陆地分离开来,使它形成了一个洲渚,或者也可以说是一个岛屿。在这块地面上,苍翠欲滴的树木:飘着长须的老榕,直立如笔的桄榔,散发着幽香的柠檬桉,簇生着巨大掌状叶子的蒲葵,一株株一丛丛地生长着。在绿荫之间,是许多欧洲式的建筑、球场、江滨大道和无数舒适的靠椅……在这美丽的地方,绝少汽车通行。偶尔有些自行车响着铃铛驰过,但是数量也不会多。除了公园,这自然是广州居民憩息的一个好去处了。不错,无论什么时候,这里总有一些远方游客、休假的劳动者、老人、少年儿童们在闲步,或者嬉戏。它经常让人体味到一种恬静闲适的乐趣……

这地方和公园不同的,是它在静中有动,它本身是幽雅的,但是它面临的,却是帆樯如织的喧闹的珠江。坐在这儿的靠椅里眺望珠江晨景,是一种很好的生活享受。随着太阳的上升,江水不断变幻着颜色:浅绿,深绿或者黄褐。它像一幅奇异的巨大的绸缎,闪耀着、流动着,紧紧围绕着这个古老而又青春焕发的英雄城市……

三十六条南方内河航道总汇的珠江是热烈的,喧闹的。这一条中国南方最著名的江流,在近代史上受尽了屈辱,但也流传着无数可歌可颂的英雄故事。如今,在太平岁月,它充满人民和平劳动的动人景象,江面上几乎时时刻刻都有船只通过,一艘华丽的载满旅客的"楼船"驶过去了,一艘拖着扇形波纹的电轮又响着铃铛紧接而来;一艘东江的货船划过去了,后面又出现了来自北江的木筏,各江的船只各有它们的风格,有的是宽腹的,有的是翘首的,老于此道的船家们可以为你一一数说每一艘货船的故乡和它们舱里所藏的宝贝。这许许多多来自远方的船只,加上纵横交织的舢板、小轮;许多捞蚬捕虾的蚬艇、"虾扒",构成了江面上一幅熙熙攘攘的画图。

通着强力电流的跨江电线高高地横过江面,在晨风中轻微颤动。跟着电线,极目遥望那时常像笼罩着一层烟霭的对岸,可以见到一处处的厂房,高耸的烟囱正吐着青烟。这大抵是近十年来的产物,它们的不断涌现标志着这个原来的消费城市正在迅速变成生产城市。这城市现在不是已经有了钢铁厂、船厂、拖拉机厂、重型机器厂、纸厂和好些"工业大道"了么!

坐在江滨林荫下舒适的靠椅里,眺望江景,你会不时地被一队队从你面前走过的幼儿园的孩子们所吸引,在沙面,这些孩子们好像特别的多,小女孩辫梢上扎着蝴蝶结,小男孩戴着海军帽子。他们胸前的罩衫上绣着小鹿小猫,发着银铃似的笑声,或者唱着"我是一个大苹果"之类的儿歌,在阿姨们率领下嘻嘻哈哈地走过去了。这景象,和那在草坪上打着太极拳,做着白鹤亮翅、金鸡独立之类姿势的老人们,正好相映成趣。听着远近楼房窗口里飘送出来的音乐,看着这一切情景,你怎会没有一种深刻的感受呢!

好一幅劳动人民之国的生活图景!

好一个幽雅闲适的地方!

好一片美丽整洁的江岸!

然而不知底细的人,有谁会想到在旧时代,这里原来却是一片血腥的土地，一个曾经激起亚洲风暴的低气压中心呢！

这里原来就是旧中国的"租界区"，像北京、天津、上海、青岛、汉口、九江等城市留下的一些"租界"陈迹一样，这就是当年到处飘扬着米字旗、星条旗、太阳旗、三色旗，到处布满了碉堡、机关枪眼的"租界"的遗迹了。

三十六年前，帝国主义在这里进行了一次对中国人民的大屠杀，激起了可以说是世界史上最长的一次罢工——"省港大罢工"。并因此掀起了整个亚洲的风暴。

至今，在沿着沙面河沟的东岸，一块"六二三"惨案的纪念碑屹立着，还年年接受着许多远方来客献上的悼念的花圈。

这块土地本来是和整片陆地联在一起的，它有一个古老的美丽的名字，叫做"拾翠洲"。

一八五九年，英法殖民军队用大炮对准清廷，强占了拾翠洲。在此前数年之间，广东人民的反帝斗争是轰轰烈烈的，三元里等一百零三乡的群众曾经以土炮土枪大败英军，当英国军队根据清廷官吏和他们签订的屈辱条约闹着要"入城"贸易和居住的时候，珠江两岸，曾经麇集过各地闻风而至的十余万示威群众，愤怒的喊声吓退过侵略者的炮舰。然而，由于政权掌握在反动派手里，革命群众不断给压制着，侵略者倒给揖迎进来了。

于是，帝国主义者挖了这么一条河沟，把"拾翠洲"和大陆割离开来，形成了一个血腥的小岛。他们构筑了两道桥梁保持和陆地的交通，东面的叫东桥，西面的叫西桥。桥上面设了铁门，规定洋人从大门出入，中国人倒得从小门出入。桥头上设立了碉堡，机关枪口就对准着土地原来的主人。

那一幢幢西欧式的、中欧式的房子给营造起来了。一块块镌着

1979年摄于东北

1980年摄于桂林阳朔的木船上(左一为秦牧)

各国文字的铜牌给钉了上去。这些围墙森严、木料厚重、巨大而又阴沉的房子里面,不知道进行过多少血腥的活动。中国的卖国贼、盗魁、私枭、奸商,当年就成为这些房子常川来往的"客人";军火和毒品从这些房子里给分发到中国各地去;而珠江三角洲的蚕丝和金银又给搜刮到这些房子里面来,从沙面的码头直接装卸到外国的军舰上。那时候,离沙面不远的深水江面——白鹅潭上面,密密麻麻都是帝国主义的军舰,连土地面积不够中国百分之一的葡萄牙的军舰也经常在这里碇泊了。

那时候,醉醺醺的帝国主义士兵经常在这里追逐着中国妇女,外国资本家在这里挥舞手杖,殴击中国苦力。江岸林荫大道上的靠椅不让中国人憩息,中国人甚至赤足出入东桥西桥都受到拒绝。有一个时期,这些殖民者们还规定过中国人出入要持有"通行证"……

一九二五年,中国酝酿着大革命的风暴,共产党反帝反封建的号召激起了群众运动的巨潮。于是卑怯而又凶残的帝国主义又施行屠杀手段了,上海五卅惨案发生后,青岛、汉口、九江都连续发生了类似事件,当北伐根据地的广州的革命群众起来游行示威的时候,帝国主义就在这一片土地上,又制造了一桩大血案。

那年的六月二十三日,几万群众游行经过这儿河沟对面的沙基,一路高呼着"中华民族解放万岁","全世界被压迫者联合起来"等口号,当队伍前列已经经过西桥附近,转入内街,后队将到西桥的时候,那些站在沙面的大建筑物上观看的帝国主义分子忽然都一齐躲开了。于是,霎时间,从沙面西桥的碉堡、水塔、大厦都射出了万恶的子弹,碇泊在白鹅潭的英国、法国、葡萄牙炮舰也都发动了炮击。这些机关枪和大炮是对着密集的游行队伍的,如果不是沙面的洋务工人在刽子手的身旁奋勇夺枪，和他们展开了搏斗的话，惨案的规模还要更大。但是即使这样，当时沙基的路面上，也已经变成了一个大血泊，有五十二人被杀害了，有一百多人身负重伤。这美丽的沙面就是当日刽子手血腥的屠场。

我看过许多当年拍摄的死难者的照片，他们之中，有工人、士兵、商人、教师、学生，还有老人和小孩。使他们致命的枪口有的是出入口深阔都达数寸的，有的是入口小出口大的，有的是出口大至盈尺的。这使得有些死难者只中了一颗枪弹，而面目已经全不可辨。它说明，从沙面射出的罪恶的子弹，不仅出自来复枪、机关枪，也还有些是出自猎枪的。帝国主义者把原来在非洲射杀野象和狮子的猎枪用来对付中国的和平群众了。而这些子弹，不仅有从碉堡、水塔中射出的，也还有从当年的"维多利亚酒店"、"屈臣氏药房"射出的。以鸦片战争时期英国女王的名字"维多利亚"命名的大酒店，就面对着西桥。这意义为"胜利"的"维多利亚"一词，从鸦片战争以后，它到处出现，香港的一座最高的山峰就叫做维多利亚山，上海、广州，也到处有以这个词儿命名的外国大厦和商店。我们仿佛到处看到穿着燕尾礼服的、骄横跋扈的西方绅士，一天到晚在中国人面前叫嚷着："维多利亚，维多利亚！"

然而在党的号召和教育下，开始动员和组织起来的革命群众，终于给予高喊着"维多利亚"的帝国主义分子以严重的打击了。五卅惨案、沙基的大屠杀事件激起了中国人民无比的愤怒，广州和香港的群众怒吼起来，沙面的洋务工人全罢工了。这使得沙面的刽子手们异常紧张，珠江河面上英、美、法、日、葡的战舰一下子增加到十多艘。东桥西桥后面，他们装上了八厘米厚的钢板，并且布起电网来，不时自己放着冷枪壮胆。洋务工人的罢工使他们感到风声鹤唳，沙面上被雇佣的印度兵，隔天一下子都给调走，连沙面的印度人，也都给驱逐了。

中国人民反帝的怒潮，使东方爆发了一次世界史上空前的省港大罢工。香港的工人，不管是哪一行哪一业的，都联群结队回到广州。英国人用钉封铺门的手段来制止香港商人罢市；用出境限带五元港币、其余财物没收的野蛮手段来阻挠香港工人罢工返回内地，在一星期之间仅仅是采用这一掠夺手段，就搜刮了十余万元港币。但是工人们宁可身无分文也非罢工离开香港不可。港九的码头、车站上，等候舟车的罢工者人山人海。而在广州，共产党参加了的、正在积极准备北伐的革命政府由于发动了群众，接待工作做得井井有条，十几万罢工工人的生活都受到了妥善的安顿，他们后来有许多人都成为北伐的参加者了。

这一次规模空前的大罢工持续了一年四个月，它使香港政府每天的财政收入减少二十万元以上。中国劳动者的血汗使它变成花花世界的香港，一时顿失旧观，工人们都形容说香港变成了死港和臭港。由于罢工工人对香港的封锁，这个所谓"自由港"百物腾贵，并且事事都不"自由"了。由于登山缆车的司机罢工，住在山顶的英国贵族大亨都只好步行下山了。由于厨司和女佣罢工，平时养尊处优的洋主妇洋小姐都只好亲下厨房、亲自上市买菜了。由于清粪工人罢工，到处大粪堆积，人们只好把粪溺倒到海里或者挖地洞就地掩埋，这样做的结果，大水塘渗入了粪溺，食水也变臭了。由于渡海小火轮罢工的结果，香港开往尖沙咀的交通小轮从每渡几分钟变成了每渡一个小时，技术生疏的英国水手把船开得乱冲乱撞，时常碰到堤岸上……总之，大罢工使香港这个酒绿灯红的城市完全失色了。资本主义世界作家们描述的大罢工给现代城市造成的瘫痪状态，凡是那些笔墨不足的地方，当年香港的罢工工人都用实际行动为它补足了。

省港大罢工后不久就有北伐的誓师，当帝国主义收买了北伐队伍中的叛徒蒋介石之流，制造了"四一二"事件以后，"广州公社"的红旗又在这个城市里高举起来，五卅、沙基惨案给予中国人民的反面教育是巨大的。

今天，在沙面的靠椅里沐着晨曦，看着人们在太平岁月里幸福安详地生活的情形，想着三十六年前的那个血日和省港大罢工的景象，你不能不对回到祖国怀抱的这里的一块草坪、一片土地、一幢幢楼房、一株株草木，激发起深厚的感情。三十六年过去了，帝国主义在亚洲，已经从张牙舞爪变为不断败退，现在非洲和拉丁美洲又到处燃烧起反侵略反奴役的烽火了。漫步在这片幽雅安谧的土地上，你仍会情不自禁地想起当年的屈辱和斗争。觉悟了的、组织起来的群众的力量该有多大！当年尚且这样，何况今日！好些中国城市里的这样一块块地方，尽管铜牌上的英文德文法文日文俄文已经剥蚀了，然而看着那些依稀可辨的陈迹，仍然令人激动。它们是一座座不挂招牌的历史博物馆，我们是一定要使新的一代，包括那些幼儿园的小孩子们，读懂这些特殊博物馆，带着血腥的建筑物的历史的。

沙面上林荫大道的靠椅，现在已经变成中国普通劳动者随意憩息的地方了。当年的水泥碉堡，现在已经变成花坛了。这里现在也住着许多外国人，然而却大抵是和我们亲密地并肩走路的国际朋友了……

至于那座"维多利亚大厦"，现在变成了"胜利宾馆"，从文字的意义上来说都是"胜利"，然而它已经从英文变成中文了。

在沙面上漫步和休息,你会想起许许多多的事情:看见靠椅,想起了战斗和劳动的可贵;看到草木,想起了赋予万物生命的阳光;看到土地,想起中国神圣的版图;看到江流,想起历史的法则和时间的裁判……

1961年

江上灯语

一艘吨位很小的小轮船,载着我们驶行西江全程,从两岸高山环峙、沃野纵横的上游,一直到海鸥飞掠、波光万顷的虎跳门海外。这一次,不是观光城市,也不是访问工厂农村,更不是寻幽探胜,而是看航标灯;访问英雄的航标员。

船,带我们看江上一个个航标,攀登岸畔的一座座灯塔,叩访一个个航道站,认识一个个江上的航标员。

航标灯的款式可真多啦!从山麓灯塔到江面浮鼓,从水深信号杆到桥涵标……到处都有它们的踪迹。红的,绿的,白的;单闪的,双闪的,五花八门,洋洋大观。它们组成了一条银色的长链,明亮的珠串,使入夜以后的江河,也像白天一样,同样是一条可以让船舶安全行驶的航道,宛如路灯配置齐全的"水晶大马路"。

我们这艘小火轮上,飘扬着一面"航标旗"。它红色铺底,上头有一颗大星,旁边横列四道象征波浪的白条,下端有一个航标图案。挂着这种旗帜的航道站,航标船,现在已经是随处可见了,但是,它的出现,却是经过极其艰苦的斗争历程呵!这航标旗的图案,不知是谁设计的,有意思!它仿佛正在响着这样的声音:"在红色的大地上,由于有了一颗大星在照临,江河处处,都架设起安全导航的航标来了。"

在船头上,我们围观着西江详细的海图,这成叠的海图里,标着西江每一段的地形地貌。我翻看着那一页页图标,不禁"悚然一震";好家伙!这平平展展,浩浩荡荡,气象万千,风光如画的大江，底下地形竟是这样的复杂！水平线下的瑰奇险峻，高低悬殊，竟达到了这个地步！水底下，也有险峰深谷，也有丘陵平原。露出水面的浅滩礁石，大片沙洲，人们都一目了然，但是水底下的那个奇特境界，可就不是那么好懂了。西江河道，像命名"鬼仔角""老虎坑"等深水点，水深达到七十多米，有二十多层楼那么高，上游水浅处却不过两米，一层楼不够。如果没有航道工人的艰苦奋战，使一处处河道疏浚了，一座座灯塔巍然屹立了，一盏盏标灯夜夜闪光了，这条液体的"水晶大马路"，又会变作崎岖艰险的羊肠小径啦。

　　西江，我们祖国的第四大川，它流长两千多公里，从云贵高原蜿蜒而来，经过广西，流入广东。像人们有乳名、本名、别名、诨号一样，这条大江，在各个流域，分别被人命名为南盘江、红水河、黔江、浔江，到广东后就成了西江，更下游处汇合其他水系，又给叫做珠江。它一路汇纳许多大小河流，越来越变得气魄雄浑，胸怀开阔，到了磨刀门入海处，水天茫茫，简直有吞吐河岳的气势。然而它的发源处究竟是怎么一个模样呢？我们船上有一位技术员老刘同志，是一九五六年西江航道查勘队的成员，那年，他们从甘肃请来黄河水手，买了羊皮筏子，一队人直奔云南沾益，查勘西江水源。云南海拔两三千米的高峰到处凌云耸立，西江的源头就在昆明东北面一百多公里的马龙山花山洞。那时，他们每天跋涉峻岭险滩，一早起来就给羊皮筏子吹气，乘着它涉险查勘。羊皮筏子有时在乱石堆、树桠杈间给咬住了，有时给打翻了，大家就捞起沉水衣物、资料，爬上岸来，擦干身子，敷好伤口，坐在石滩上晒干衣物、资料，继续战斗。入夜，又在密林里搭起帐篷露宿，轮流守望篝火，依靠火光驱赶虎、豹、狐狸、野猪、野猴。这位亲历其境的勘查者说，大江的源头，本来只是浅涧小河，有时河水流了一段，潜流入地，成了杳无踪迹的地下河，过了若干里路，又再冒出地面，有时激流经过一道道"跌坎"，又变成了一幅幅瀑布，连羊皮筏子也行驶不了。南盘江源头，那些雷公滩、雷打滩、乱石河、打鼓村等河滩、村落的名字，就足够令人想起那只有十几二十米宽的山涧，日日夜夜，激流飞泻，撞击在星罗棋布的乱石上，水声大吼，既似击鼓，又像打雷，山鸣谷应，水雾濛濛的情景。源头是这么狭窄的江流，在奔腾千里，一路汇纳百川之后，临近出海，却变得这样浩瀚壮阔了。江水源流连羊皮筏子也乘载不了，到磨刀门等珠江"入海八门"之处却可以容纳几千吨以至万吨以上的巨轮。江水源流十分狭窄的山涧，到了西江一带，一个洲渚却尽可以住上一两个农业大队的人口。嘿，不断吸收，不断成长着的事物，力量何等巨大！

　　记叙这些事情，目的可并非单在谈几句地理；我们既航行在这条和我们生活关系如此亲密的大江之上，就禁不住想到打听它的老家的讯息了。再说，江流蜿蜒奔腾，一路壮大的情景，不也使我们联想到事物的法则，历史的发展，人物的成长等一些道理吗！

　　这江上航标出现的历史，江上英雄航标员的故事，不少也和这条大江本身的经历很相像呢！

　　大江映着日月，驮着风帆，穿越峡谷，横贯大野，不知疲倦地奔流着，也以它的运动不息，浪花相接的雄姿，给我们做了一番哲理的启示。

　　水面之下地形地貌这样复杂，江上航行，特别是夜航，要是缺少标灯，真个像旧谚语所形容的："行船走马三分命"了。

　　都城一带流传着一个故事，抗战时期，日本军队侵略西江流域，到了那里一个小镇，首先干的事情，就是去抓一个"点灯工"，每天黄昏，由一个日本兵用枪口对着他，押他划着小艇去江上一个险段点亮一盏航标灯。那个点灯工被迫干了几晚，敌人监视松懈些了，只在岸上持枪威吓，要他单独把小艇划向航标。这个誓死不当奴隶的点灯工划艇离岸，霍地扑通一声跳进水里，拼死泅向对岸，敌人的乱枪没有击中他，他终于逃脱了。

这个真实的故事，既反映了侵略者的凶残，也说明江上险段的每一盏标灯对航运关系的重大，以及点灯人的艰苦的斗争。

西江有"三滩六峡七十二包头，九顶十角二十四沙"的船工谚语。这就是对一些险段的概括描绘。那西江六峡，在旧时代真是个沉船窝。半封建半殖民地的旧中国，外国战舰商船到处横冲直撞。有一次，一条英国船深夜驶进三榕峡，错把陆地当做峡口，一下子就撞上了浅滩。而那个弯弯曲曲，著名的羚羊峡，一九三六年"巨华轮"沉在峡内，一九四七年，"大东号"又在峡口葬身。那时的羚羊峡，可真是个阴风大刮的"死亡的峡谷"啦。

我们今天航行在这峡谷激流之中，却并没有紧张的心情，水手们也都显得一片镇定安详。小火轮过了一个峡又一个峡，白天，在两岸山峦或者平畴之间，我们所看到的，是一江碧水，在日光之下潋滟闪亮，一艘艘轮船犁起了雪浪花，疾驶而过，相遇时远远就互相鸣笛致意。它们所以能够这样泰然自若，是因为航道上处处有标记给它们打信号。这段江流，平均每公里有一点五座标志，水面上的浮标，两岸的灯塔，都在发挥导航的作用。那些六七米高，白色的，或者漆着一个红顶、黑顶的小灯塔，各各作为一种符号，告诉船只"危险"，"拐弯"，"对面走"，"靠岸走"，等等。这条无声的语言的长链，长度和通航的江流一样。这就使得船长、船员们，可以平静地去掌握轮船的驾驶盘,或者安心地洗刷甲板了。

解放以来,江上航行是相当安全的。虽然,阶级斗争还存在,我们队伍中一些严重不负责任的人也还存在,极其个别的海事事件未能完全根绝。但是,由于标灯失常肇祸的事件,已经不再发生了。

江面,白天自有它的热闹,夜幕降临了,"星垂平野阔,月涌大江流。"照想该是很宁静的吧?不,夜航发展了,江面也还是相当喧闹。蓝空里繁星闪烁,江上岸畔,船灯标灯都不断闪耀着。它们的倒影,投射到变成暗绿色的江水上,到处摇曳着一串串瑰丽多彩、变幻无穷的光束。这时,轮船的汽笛,不时划破静谧的夜空,各种各样的"灯语",絮絮滔滔,通过船员的眼睛翻译成的语言,也都响起来了:

一艘轮船顶上挂着四只灯,它是在说:"注意,我是一条拖轮,后面还拖着三条船。"

一艘小火轮,上端亮着两只绿灯,它在说:"航标船来啦,你们看到一路的标灯,正常没有?"

一艘笨重的轮船上面亮着一盏耀眼的红灯,它在说:"小心,我是油船。"

一只大木船上面有盏黄灯,它在说:"别误会,我是一艘运沙船。"

这时,标灯闪闪,也发着庄严的声音在导航。

江面的标灯眨着眼睛,它在说:"这里有礁石、浅滩,请避开。"

岸上的小灯塔在眨着眼睛,(以下行船方向为准)左岸定时一闪,右岸定时两闪的白光,发着这样的声音,"我是'过河标',

驶向对面吧!"

左岸的绿灯,右岸的红灯,定时眨着眼睛,它们在说:"这儿是'靠岸标',靠近行驶吧!"

…………

满天繁星,一江"灯语"。它教人想起航道工人的辛勤、北京的光源。

珠江上,尽管第一座航标出现到现在已有一个世纪以上的历史,但是刚解放时,珠江的全部航标却只有三十多座。正像船工们所描绘的:"四十年代没有灯"。

江流现在能够成为标灯闪耀的水晶大道,既从又一个侧面显示了革命的威力,也纪录了航标工、挖泥船工以及许许多多航道工作者的战斗和劳绩。

江上的航道工们,常被人誉为"无名英雄",这绝不是偶然的。他们之中,有许多人,的确可以当此称号而无愧。

有一些果树,开很细小的花,却结硕大的果实;也有一些果树,结很细小的果实,却开着大朵的花。两种果树的两种风格:"实而不华"与华而不实,在我们周围,不是有好些人也和它们各各依稀神似吗!

英雄的航标员,表现的是一种风格。

航道工,一年四季,三百六十五天,轮班坚守岗位,驾电船,爬山坡,查标顶,换设备。随着水位的深浅变化,测河道,扫河床,移标,撤标。涨水季节,要和洪水抢时间,争速度,要和台风暴雨搏斗,白天黑夜一个样。越是风口浪尖的境地,越是需要大干苦战。但是,现在这样艰苦的劳动,比起点煤油灯的时代天天运着一船灯来来往往，托着二十多斤重的标灯爬上江中高耸的标杆，日日夜夜，挂灯收灯，已经是不可同日而语了。比起在旧社会，用一根竹竿吊一盏煤油灯，给来往的船只作崖头标，自己觳觫在寒风中，划着破艇去向过往船只要柴要米，半饥半饱混日子，还要受"地头蛇"、兵痞们的欺凌剥削，那更是天差地别了。

马克思列宁主义、毛泽东思想的教育，历次教育运动的锻炼，使他们发扬了革命英雄主义和国家主人翁的精神，勇于斗争，也逐渐砍掉束缚自己思想的缆索，自觉破除了"拿多少钱，干多少活"的雇佣观念。他们逐渐变成一专多能，掌握"十八般武艺"的能手。他们驾驶小火轮，巡视航标，是驾驶员。他们管理船上的机器，是轮机员。他们检视、修理航标，是航标员。有些航道站的工人种树多年，为公家制桌子椅子，又是木工。在接受政治教育当中他们批判了"上智下愚"等谬论，争取多做贡献，上面提到的，发挥了巨大导航作用，为河山增添秀色的小灯塔群，都是他们自己下河捞沙，上山爆石，只使用国家最少量的资金亲手建成的。在这项劳动中，他们又是设计员、石工和泥水工了。

党的教育和革命斗争的锻炼，使他们高度警惕地注视着江上的一切。一遇可疑船只，他们把臂章一套，又是出色的民兵。投机倒把，流窜作案的坏家伙，许多都在他们面前俯首就擒了。

英雄的航标员长年累月在江上斗争着，二十多年来，在党的革命教育的指引下，许多人就是这样成为共产党员、先进工作者和卓越的多面手的。

这是江上无名英雄们的群像。我想举出和广西交界处的界首航道站一个党员站长来做例子。西江的船工、航道工们普遍知道他。我想江流和群山也应该是知道他的吧！航道工人一年只放假一次，一次度完全年的假期。其他时间都得日日夜夜坚守岗位。而这位披着件陈旧衣服,半生来往烟波江上,十分淳朴的瘦削的汉子,身躯里却蕴藏着无穷的工作毅力和巨大的献身精神。十八年来,为了给革命事业多做贡献,他鞠躬尽瘁,基本放弃了假期,十八年中,只公休三次。近五年来,一天假期也不要。我们在长冈航道站碰到这位出色的人物。他正驾着小火轮,带着一批电池箱来充电,好些船工、航道工都亲热地和他拉手,摸他的头。你可以从这些善意的调侃动作中,想见群众对他的热爱。大伙问起他如此坚持工作,内心是怎样想的。他想了想说:"共产党使我们得到了解放。国家交给我们这样的任务,自己心里总是想,革命工作嘛,能够多做一些就得多做,心里才好过。想什么?就想这些。"话不多,声音不高,但是真挚、有力、强烈、感人……

旧时代像江水一样,奔逝不返了。现在的江面,老早已经没有这样的景象:帝国主义的战舰商船在横冲直撞;地主官僚在游河宴饮、笙歌作乐;兵痞在鸣枪拦船;土匪在险段插上"堂口"的虎牙旗幡,勒收"行水";船夫们跑上"龙母庙",烧香跪拜;点灯工们在险滩上插根竹竿,吊盏昏黄的煤油灯,划着烂艇向过往船舶乞讨柴米;以至露出江面的成群礁石;深夜窜到江边树林草丛中的老虎,等等。这一切景象都一去不返了。但是,江底下有险段暗礁,江面上有矛盾斗争,这却是持续存在的。英雄的航道工们,以他们洪亮的语言,出色的劳动,奋战的精神,艰苦的斗争,发着一个斩钉截铁,震天裂石的声音,告诉人们:"要和反革命的势力斗争到底!沿着共产党指引的革命航道前进!绝不能让江水倒流!"这声音响彻长空,山鸣谷应,永远在江面掀起波涛,激昂回荡!

"四十年代不见灯,五十年代煤油灯,六十年代电气灯,七十年代电子灯。"这是西江航道工人的新民谚,它很好地概括了我国航道事业不断前进,标灯不断革新的历史。

现在,西江水面两岸标灯,都普遍采用半导体闪光仪了,这是多年以来群众科学研究活动广泛展开的一个成果。这种闪光仪,利用半导体对昼夜光暗的敏感性能,白天休息,入夜自动接通电路,标灯就亮了,再利用转盘通电接触面定时离合,又可以形成标灯单闪、双闪的景观。

进一步又将怎样呢?英雄的航道工们说:那该是充分利用太阳能的时代了,该是无线电导航的时代了。

一天的太阳光照射到灯塔上的单晶硅等设备上面,转化成的电能够得上标灯半个月的消耗,连续的阴天也不致影响夜间灯光的闪亮。一座太阳能标灯装置可以自动工作一二十年。第一座太阳能灯塔已经在西江航道的某一段建立起来啦。

当我们的轮船在这个地段泊岸,大家走向那座小灯塔的时候,不禁朗声欢笑了。大家一个劲儿地围绕灯塔瞻仰,轮番攀登。

我带着严肃而又欢乐的心情,也一级一级爬上了这座小灯塔。

太阳用它的光和热,千年万代,无穷无尽地照临着地球,抚育着一切生命。人类接受太阳的恩惠,虽然和人类在地球出现的历史一样久远,但是,对于太阳能的科学利用,现在可以说还处在幼儿园和小学的阶段。这座太阳能灯塔在咱们国家的江河上屹立,可真是具有不小的政治意义和科学意义呵!和整个灯塔群一样,它是自力更生,艰苦奋斗精神的又一体现。

我爬到灯塔顶端,掀开盖盘一看,一片片深茶褐色的单晶硅片,在阳光下灼灼闪亮,把太阳热能转化为电能的,就是这群神通广大的小魔术师了。

  这样子看来平凡,内涵却很卓越,吸收阳光,发挥能量,战风斗雨,巍然屹立的小灯塔,江上许多无名英雄的风格特征,和它可相像啦!

  江流,这大地的动脉血管,和我们的关系多么密切!当你在各条河道上夜航的时候,除了看岸上的繁灯、亮灯,也请注视一下这江畔、江上小小的标灯吧!全省江河上现在已经有几千盏这样的标灯在闪耀了。它们光度不大,但在实际意义上却可以说是吐着万丈光芒!它们显示出坚强、勇敢、沉静、热情的性格,显示出对人民的一片丹心。瞧,它眨动眼睛了,说话了,它告诉人们:"应该辨认和遵循正确的航线!"

1976 年

长城远眺

建国三十周年纪念日来临的前几天，我们又有机会到八达岭登了一次长城。大概是因为：长城常常被用来作为中国的象征的缘故吧，在这样的日子登临它，经过一番努力，攀登高处，走上城楼，迎着呼呼的大风，纵望莽莽的群岭，长城蜿蜒山脊之上，赛似一条探首天际的巨龙。它仿佛有生命，正在奔腾似的，雄伟而又潇洒，庄严而又矫健。远望长城内外，林木耸翠，紫烟笼罩。长城脚下的广场上，许多汽车好像甲虫模样麇集一起。而长城之上的城道呢，中外旅游人群又仿佛在赶集似的，形成一条人的巨流，它涌动着，奔腾着，不断掀起"人的浪花"。那番景象，的确是饶有奇趣和发人遐想的。望着望着，我竟有了这么一个幻觉，仿佛这无边无际的苍茫大地之上，出现了三条巨龙，一条是群山的巨龙，一条是长城的巨龙，一条是人流的巨龙。龙叠着龙，蜿蜒于荒野之上。群山，那是洪荒时代就存在的了；长城，那是两千多年前就出现的了；人流，却是生活于当世的活跃的生命。他们之中的许多人，正在为建成新中国的长城般雄伟的事业而奋斗。

解放后我曾经三次到过八达岭，看到长城周围的环境在数十年间起了很大的变化，然而它给人的感受却是历久常新的。解放初期，这里常有人在卖出土箭镞之类的小玩意，长城外面不远还有蘑菇似的小蒙古包。不久，它历经修葺，两端城楼高耸，让游人登临的这一段逐渐面目一新，陡斜地段的铁扶手也安装上了。渐渐的，游人越来越多，到了今天，这一段长城不但已经成为古代史迹陈列场，也已经成为世界人种的博览会，更已经成为天天游人密集的，但不是经营买卖而是观赏古迹的市集。大概世界上的所有国家和地区，它们的民族成员，从来没有人在这里印上足迹的是绝无仅有的吧。一块块古代的砖石，大概几乎都被分属于世界各个国家、各个地区的人物摸过和踏过。在这个意义上，长城不仅令人想起历史的久长，也令人想起世界的辽阔。

  但是，尽管围绕着长城出现了许多新鲜的事物，它引起中国人涌起的那种特殊感情恐怕是长久存在的吧！它叫人想起中国历史的悠久和幅员的广大，历史进程的艰辛和劳动创造的宏伟；它也叫人想起，能够造成这样伟大建筑物的民族的子孙，在崭新的时代里，也必然能够排除一切困难，建树起不比长城逊色，而且还要超过它的伟大的业绩。

  可能有不少人登临长城时，也还涌起一种深感个人渺小的感情。人到了这座伟大的、长近万里的古建筑旁边，仿佛变成了一只蚂蚁，仿佛童话里"小人国"的人物到了"大人国"一样。我想，也许正是由于这种感情的驱使，害得许多人，莫名其妙地要把自己的名字刻在长城的砖石上面。尽管这是一种很好笑的行为，但是，长城砖上的那部人名录，上面的芳名数以多少万计，却是事实。我不知道这些留名人士有没有想到：实际上，这么雄伟的长城，却正是在它旁边，相形之下仿佛渺小如蚁的人们，一砖一石把它垒起来的。从这件事看来，朝着一个方向，千万人添砖垒石所能够创造的业绩，它所能够达到的伟大的程度，事后回头一看，是多么叫人叹为不可思议呵！

  在长城高处，看那条涌动的人流，也是十分有趣的事。我想，其中有好些人，恐怕整年也难得这么攀高一次吧！但是，"登上去！登上去！"的意志鼓舞着他们，有的七十多岁的老人，缠过小脚的妇女，看似弱不禁风的人物，五六岁的孩子，也终于登上那巍峙的高处了。甚至有一些人还是跑步上去的。看见长城那么陡峭，只敢坐在下面观望的，自然无法到达高处；不断攀登、勇于克服困难的却一个个直达顶端。这样的事情，对于我们每个人，我想也是很有启示的。

不知道为什么，最近一次登上长城，竟想起了这么多。回城后看到处处在为迎接国庆张灯结彩，酒也多了，灯串也多了，就越发想把这种感受抒写出来了。

雄奇瑰丽的中国山水

——中、南合作出版大型画册《中国山水》序

当你打开世界地图,就可以看见亚洲东部的一片大陆和它底下的两个大岛,以及它周围星罗棋布的无数小岛。这就是中华人民共和国。中国的幅员是这样的辽阔,她的总面积约九百六十万平方公里,只比整个欧洲的面积略为小一些。她的国境北起漠河附近的黑龙江心,南至南沙群岛的曾母暗沙,西起帕米尔高原,东至黑龙江和乌苏里江汇合的地方。她的陆地边界长达二万多公里,大陆海岸线长达一万八千多公里。在辽阔的中国海域上,分布着五千多个岛屿。在这片仿佛茫无际涯的土地上,大自然的景观,是十分多姿多彩的。她既有千万年冰雪皑皑的世界第一高峰珠穆朗玛峰,又有低于海平面一百五十四米的吐鲁番盆地。在她的北部,人们可以看到北极圈里的"极光",她的南疆,却是一派热带景象,到处是结果累累的椰树和迎风摇曳的棕榈。当春天来临的时候,南国已是繁花似锦了,北国却依然千里冰封,大雪纷飞。春姑娘来临的时间,黑龙江较之广东,竟相差五个月呢!

中国以多山闻名于世,山地占全国陆地总面积的三分之二以上。中国河流众多,流域面积在一千平方公里以上的河流就有一千五百多条。大川、内海、巨湖、山峰、森林、峡谷、瀑布、岩洞、草原、田野……组成了变化万千、蔚为奇观的无数风景。在这个上下四千年有文字可考的历史,人口又有十亿之众的国度里,伴随着这些风景的,又有许多历史事件、人物掌故、神话趣谈和诗词题

咏，再加上历代许多园林、建筑和文物、碑石，这就使得雄奇瑰丽的中国山水，越发像一个东方美人，穿上了云霞般的轻纱，戴上红蓝宝石和晶莹闪光的珍珠首饰了。

在这个到处是画山绣水的国度里，远古以来，就不断产生了一批批吟咏和描绘自然景色的诗人和画家。两者兼长的人物的作品，被誉为"诗中有画，画中有诗"。不仅这方面世代有高手涌现，中古以来，中国还不断出现了许多大旅行家，他们或骑着驴马，或乘着帆船，漫游全国各地。有的人探访史迹，成为著名史家。有的人查勘地理，成为地理学者。有的人搜寻草药，成为药物学家。有的人专门观赏风景，写下了丰富见闻，成为出色的游记文学作家。公元六世纪的时候，就有地理学者郦道元撰写《水经注》，记述了全国主要水道的状况；公元十七世纪的时候，更有大旅行家徐霞客毕生从事旅游活动，写下了几十万字的游记，是世界上最早地阐论了石灰岩洞壮丽景观的人物。青山不老，绿水长流。这些热爱祖国河山和努力为人民做出贡献的人物，他们的名字也和青山绿水一样，世代流传下来了。

中国莽莽苍苍的大地，气象万千的风景，从远古以来，就孕育了许多美丽奇特的神话。例如，中国有这样的神话：海上有五座仙山，由于没有基座，在海洋中漂流不定。天帝要仙人命令十五只大海龟，分成三班，驮起仙山。每只大龟各驮一座，六万年换一次班，驮一班就休息十二万年。中国又有这样的神话：远古时代，仙人把一群山峦变成了羊，驱赶着它们迁徙。经过一个地方，暴雨雷霆使"羊"怯而却步了，又变而为石，这就形成了一座座各自独立的石山，在平地之上涌现了新的风景线。中国还有这样的神话：大熊星座（北斗星）七颗组成熨斗状的星辰，曾经降落人间，变成了一座座大山。因此，中国有好些著名的风景优美的山峦就叫做"七星岩"。中国更有这样的神话：主管河川、湖泊的女神，在月明之夜，穿着轻纱，从水面冉冉上升，来到了人间，和小伙子恋爱，在历史上留下了美丽的逸谈……这些神话，初听起来是荒诞不经的，然而用思想的三棱镜去分析它的光谱，仍然可以见到先民对于壮丽山川的景仰和讴歌，也错综曲折地表达了人们征服自然的愿望。

你攀登过这样的大山吗？它高插云霄，有的山顶上还有终年冰雪不融的帽子，云雾像是束在她腰上的轻纱。你一路攀登上去，触目都是老树怪石，有些树木，已经生长几百年了，甚至一两千年了。它们腰粗膀壮，两三个人都无法把它合抱过来。蔓生植物、悬挂植物缀满了树身。大树一株株像张开了臂膀的老人似的，迎接旅人向深山走去。一路上，鸟声啾啾，虫声唧唧，越是喧闹，越显得那个境界的清幽。山涧玎玎琮琮地流淌，唱着一阕无休无止的清新的歌。每当流到悬崖峭壁，就奔泻而下，形成飞瀑流泉，白练倒挂，底下激起了阵阵雪浪，水声如雷。经它冲刷之处，形成了一个黝黑的水潭，深不可测，名字大抵就叫做"黑龙潭"之类，仿佛那里真的藏匿有中生代的恐龙，说不定哪个时候会把它长满硬甲、剑一样的尾巴伸出水面一样。你一路被这些美景吸引，攀登攀登，瀑布的声音渐渐隐去了，又听见满山摇头摆脑的松树的喧哗，中国人把这个叫做"松涛"，就是"松树的波涛"。当你拼出全身气力，爬上了绝顶，登高一望，眼界豁然开朗了，千峰万壑，尽收眼底。眼前的景物罩着一层紫烟，显得更加辽阔诡奇。而在你的脚下呢，白云滚滚，形成了一个宛似波浪汹涌的云海。有时雾气升腾，把对面谈话的旅伴的脸孔也遮去了。这种境界该有多美！中国的许多名山,如长白山、五岭、武夷山等,大抵都有这么一番景色。

你喜欢在湖上和江上泛舟吗?这又另有一番风趣。这种情调,有的是温柔的,有的又是豪迈的。在西湖游览,一叶轻舟,漂浮在明净如镜的湖面上,水里的荇藻和游鱼,历历可辨。四面环峙着美丽的山峰,在湖面投下了它们的倒影。而许多精巧的亭台楼阁呢,又掩映在山麓山腰的绿树丛中。岸畔杨柳,飘舞着它们的枝条,俯吻着这面明镜。在月明之夜做这样的游览,就更像是进入一个童话境界和听一阕美妙的轻音乐了。如果是乘船在巨湖、大江、沧海游览呢,那又是另一番景象。这些地方往往涛声如吼,水鸟飞掠。岸边常有千仞的石壁或起伏的山峦。日出之际,在万顷波涛中看满天霞彩,一轮红日跃出水面,另有一种豪迈的情趣。这样的境界,给人的感受,就不是温柔的音乐而是雄壮的鼓角之声了。中国不但多河流,而且也多湖泊,面积超过一百平方公里的大湖就有一百多个。因此,从水面欣赏湖光山色,也是中国旅游者所普遍感到乐趣的。

最神奇美妙的景色还应该推岩溶洞穴。中国的许多省份都有著名的石灰岩洞。这些岩洞是大自然的艺术杰作。它们常常在几十万年前就从海里上升到陆地上来。由于海水的侵蚀,使石灰岩洞形成异常壮观的洞穴。这些山洞,在海中的时候,曾经是水族的乐园。升上地面以后,洪荒年代,又当过猛兽的洞穴。人类出现的时候,它成为穴居人原始的村落。后来,在战乱的年代,它是古代村民秘密的避难所。在承平的日子里,它才成为广大群众争相欣赏的艺术宫殿。岩洞里千奇百怪的石钟乳、石笋,形成了各种人物、猛兽、飞禽、树木的形象,这是世界各地的人们可以想象得知的。但是,中国有些岩洞大得可以容纳几万人以至十几万人,大得里面最宽广的地方像是大厦的舞厅。岩洞里有瀑布,有地下河,分成了好几层,仿佛里面也有天、地、山峦和江河湖泊,人们可以在其中攀山下山,举着火把驾舟游览。这就恐怕不是世界上许多地方的人们所知道的了。像广西桂林的七星岩、芦笛岩,江苏宜兴的善卷洞,浙江金华的冰壶洞等,就都是这样诡奇壮丽的岩洞。岩洞里的水滴慢慢滴着,使石钟乳和石笋还在不断伸长和增高。那些岩洞水滴呵!使你不禁想起美国作家马克·吐温的一段话:"那一滴水在金字塔新建成的时候就已经在往下滴;在特洛伊陷落的时候也在往下滴,在罗马城刚铺地基的时候,在耶稣被钉在十字架上的时候,在征服王创建不列颠帝国的时候,在哥伦布航海的时候,在来克星屯的屠杀惨剧还是'新闻'的时候,那一滴水都在往下滴……"换成另一个譬喻,也可以这样说:"这些岩洞水滴,在'北京猿人'生起篝火,磨着石器,呜呜呀呀地讲话的时候,就在往下滴;在中国大地上的居民烧制陶器、冶炼青铜的时候,它在往下滴;在中国刚刚出现了火药、指南针、印刷术的时候,它也在往下滴;当马可·波罗东来的时候,当帝国主义的军舰联群结队轰击着中国土地的时候,它也在往下滴;当五星红旗上升,北京响起了中华人民共和国开国礼炮的时候,它仍然在往下滴……"这些岩洞是太古老了。但是,大家现在仍然可以在古老的岩洞中,看到它们被现代瑰丽的彩色灯光照耀着的新姿。

中国还有一种著名的美丽景观:精巧的园林。它们是人工建造的。但是从它们是大自然之美的缩影,有些园林还是依据原来的山水,因势建造这些方面来说,它们仍然不失为天然的胜境。中国苏州、无锡等地的园林,真正让人领略到艺术的精炼浓缩之美。往往在一小片园林之上,让人看到了千姿百态的旖旎风光。奇花异卉,老树怪石,小桥流水,楼阁亭台,宛如绣球花似的,宛如葡萄串似的,联结在一起。那是大自然之美和东方美学思想互相结合的产物。

　　作为一个中国人,我自然游览过不少中国的名胜。但,面对雄奇瑰丽的中国山水,我仍然会惊叹不已。大自然的杰作是值得赞美的,人类双手创造的奇迹应该说尤其值得讴歌。而真、善、美的东西,将超越时间和空间,打动我们大家的心灵。

天坛幻想录

北京南郊有一座天坛。

知道天坛的人是很不少的，在天安门城楼未曾名闻世界以前，它曾经是旧时代北京的标志。从前，在日历牌上、名胜挂图上、纸币上，到处都可以看到它的图形。一个圆形的大建筑物，富丽典雅，逐层向上收缩，给人一种庄严大方的印象。

整个天坛区域现在成为天坛公园。这里，古老的松树很多，树木蓊翳，是一个幽静的去处。比起北京的其他公园来，这儿似乎游人少些。我每次到北京，总腾出时间去逛逛天坛。从公园大门到天坛，有很长的一段路；近年来有一架马车在来往载客。坐在这种像幼儿园童稚上学专用的马车里面，听着马儿得得笃笃的蹄声，望着两旁那些阅尽兴亡、饱历劫难的苍松翠柏，别有一番滋味。

我到天坛公园的目的，与其说是看天坛，不如说是看"圜丘"。人们是熟悉天坛的，但是对于"圜丘"，没有到过北京的人就未必知道了。它和天坛遥遥对峙，建筑奇特古怪，是一个露天的巨型圆石台，完全是用汉白玉整齐紧密组成的。广义而论，说它是天坛的一个构成部分，也无不可。它有石级、石栏杆，中间是一个圆形的大平台。严肃些来说，真有点"天的象征"的模样；但是用开玩笑的眼光来看，也可以说是一个"溜冰"的好地方。自然，从古至今，大概是没有人在上面滑过雪屐的。在封建君主时代，这是一个充满了神秘气氛的庄严神圣的所在：皇帝就在这里祭天。

天坛，原来是放置"天的神主牌"的，这圜丘，才是真正的祭天之所。想着在绵长的数百年间，历代的皇帝们"全身披挂"，衮服冕旒，带着庄严的神色，在礼乐声中，像煞有介事地祭天的情景；周围臣子跪伏，苍穹白云飘飘，倒是很富有戏剧性的事。我想，月色如银之夜，来到这个圆形的异常洁白的石坛上赏月；或者，繁星闪烁的漆黑的冬夜，来到这里盘桓看星，一定十分饶有趣味。可惜，公园夜里不开放，我始终无从领略想象中的这一番美景。

我爱到这里盘桓，不仅是为了凭吊这个古代的祭天之处，欣赏这座洁白美观的石台，而且，也为了想猜破这堆石头中间的一个谜。

原来，这圜丘建筑上有一个特点。它的石栏杆也好，圆台上磨平了的石块也好，条数、块数都和"九"字有关。那些石料，不是九块，就是十八块；不是十八块，就是二十七块……以那个高高在上的圆形平台来说，它的圆心是由九块石头围成的；外面一圈，是十八块；再外面一圈，是二十七块；再外面一圈，是三十六块……依此类推，外面最辽阔的一圈，就是八十一块了。

这座古怪石筑的这一特点，公园里竖立的木牌是加以介绍了的。但是，为什么呢？为什么圜丘的各种石料的数目，一定要和"九"字发生关联呢？

因此，可以说：这堆石头中间藏着一个谜语。

这谜语，我想是和人类思想发展史有一点儿瓜葛关系的。

首先令人想到这个谜的初步谜底，是因为在中国古代人们的观念中，天是九重的。"九天""九霄""九重""九垓"，都是天的诨号。这些词儿，密密麻麻地充塞于中国的古籍中。在《离骚》里面,就有"指九天以为正兮"那样的词语了。

"九重天"的观念,并非中国人所独有;在西欧,古代也流行着同样的观念。这事情真是巧合得令人惊奇!但丁的《神曲》,就保存着这样的传说。《神曲》里面,描述贞女俾德丽采的灵魂在"净界"和但丁相逢,引导但丁上升了"九重天"而到达天堂。那里面关于"九天"的讲法,竟和中国的在数字上不谋而合!

也许有人想,古代西欧关于九重天的观念,大概是由中国传播过去的。但是,我想,事情绝不是这样。十四世纪初,西欧人通过《马哥波罗游记》才比较多地知道一些关于中国的事情。但丁的《神曲》也是在十四世纪初写的,不会受马哥波罗什么影响。而且马哥波罗讲的都是地面上的事情,也不会去介绍"九重天"这一类的玄虚观念。更何况,但丁的《神曲》里面,"九重天"还是一层一层有名字的。例如什么"月球天""水星天""火星天"……以至最高一层的"水晶天"等就是。"九天"的抽象观念东西方是相同的,具体内容却又是迥然有异了。

那么,为什么会有这种奇特的巧合呢?

我想,这和"九"字对于人类的巨大魅力,关系极大。

请翻一翻辞书吧!在"九"字项下,有多少百个词儿呀!你浏览着那些词儿,会吃惊于历代人们对这个"九"字的爱好和崇拜。凡是极端的事物,广大的事物,这个"九"字就大有用武之地,要被派来做形容词了。天有"九天";地有"九州";皇帝要镑"九鼎";佛教要设"九喻";古代的乐歌诗篇要叫做九辩、九韶、九歌、九章;神话传说中的三十六天罡、七十二地煞,都是九的倍数;甚至连骂人的话,这个"九"字也大有用场,例如"九头鸟""九尾狐"之类,不就是么!

这个"九"字的魔力，不仅在汉族中如此巨大，在少数民族中，它也是很有威权的。近年来有不少少数民族的创世纪、叙事诗之类被整理出来。我们从里面可以看到许多用"九"字作形容词的句子，如说一个人攀过许多山峰，涉过许多河流，在那些叙事诗中，就常常说成"翻过九十九座山""涉过九十九条河"……例如长诗《阿诗玛》，就有许许多多这一类的词语。用"九"字来形容事物的极致，可以说是世界上无数地方人们共同的历史习惯了。

那么，这个"九"字的魅力，究竟又是从何而来的呢？

"九"只要再加上一，就变成十了。不论是十、百、千、万，都是以一字开头的。这个"一"字，真是可大可小（中国古代思想家惠施说的"至大无外，谓之大一；至小无内，谓之小一"；可以说已经相当地表明了"一"这个数字的奇特作用）。为了避免进位之后，重新回到"一"这么一个可大可小的位置上去，世界各地的先民就不约而同地，以"九"字作为事物极致的形容词了。

"十进法"，那是流行于全世界的计算法，只有极少数地区的先民是例外的（听说库页岛上的虾夷人就是例外），"十进法"所以风靡全球，据人们研究，和人类生有十个手指这事情关系重大。人们从结绳纪事的时代起，总得靠十个手指算来算去。正是由此发轫，使全世界绝大多数的人们，以"九"字作为事物极致的形容词了。

因此，揭开那神秘的烟幕，"九重天"、"九霄"之类的话，并不是真的说天有九层，而只是"多么大的天呵！""巨大莫测的天呵！"……等先民语言的遗留罢了。给这九重天分别冠上一个名字，只是稍后的人们的穿凿附会罢了。封建帝皇在这一座石台的建筑上搞得十分神秘，不过是故弄玄虚，炫耀"天命"罢了。

十分神秘的事物原来出自异常平凡的事物,"圜丘"之谜,探索下去,原来是和人类生有十个手指、先民们结绳纪事这些事情关联着的。想到这些,不禁令人憬然于天下本无神秘的事物,神秘只是欺骗或者愚昧无知的代名词而已。

认为天空茫不可知的那个时代已经过去了。如果说这座古老的天坛、这座故弄玄虚的圜丘还让我们想起古代人们对苍天的畏惧的眼神的话,那么,北京西郊的壮丽的天文馆,却使人想起人类不断探索天空秘密、开始成为宇宙生物的豪迈气概了。

从一些支配全人类的事物(从"九"字的威权到社会的发展),倒使人想起,有一种东西是真正伟大的,那就是历史发展的规律。

从圜丘盘桓回来,我又坐在马车里,让马儿得得笃笃地把我带出园门。一个人胡思乱想之后,安静下来,吸一口园林的新鲜空气,那空气,是多么的甜美呵!

1961 年

五洲激荡虎门风

六月三日，鸦片战争一百五十周年纪念日前夕，我们一行人到了虎门，观光历史遗迹和参加在那里举行的座谈会。

解放以来，我曾四次访问虎门，每一次，都免不了去看销烟池遗址和沙角炮台古垒，并遥望烟波浩淼的海洋。这一次自然更不待说了。论心潮激越，不胜今昔之思的程度，此番可以说是达到一个高峰了。因为此时此刻，正是鸦片战争一百五十周年，全中国，正不知道有多少人重温历史，遥念着虎门呢！全世界，也不知道有多少人，在这个历史关口，正在注视着中国呢！

何况，这一次，由于是隆重纪念，我们又是集体采访，海军基地的战士们，到处排着雄壮的队伍，迎候来客，这就更增加庄严肃穆的气氛了。在一百五十年前遗留下来的古炮旁边，或者在销烟池畔，林则徐铜像旁边，海军指战员们别出心裁，派遣一些战士装扮成清代水兵的样子，在那儿站岗。这些头戴宛似大椰壳似的，顶端红线纷披的帽子，穿着白色滚黑边的"褂仔"，胸前背后，各有一个圆圈，绣上了"水兵""勇"等字眼的一个多世纪前的海军的出现，使人想起了当年这滨海的古战场上，硝烟滚滚，杀声震天，关天培、陈连升带领下的水勇们英勇杀敌的情景。他们仿佛就在那遥远的年代一直屹立到现在。他们又仿佛从那"节兵义坟"里挺身站起，出来和当代的水兵一同纪念历史上这个悲壮的日子。他们的出现，也说明后代人对为反侵略捐躯者永恒的纪念。销烟池畔的"鸦片战争陈列馆"，现在的藏品更丰富了，名字也已经改成"鸦片战争博物馆"。由于里面增加了许多生动蜡像和实物展品，馆前的林则徐铜像又是新铸的，更使人增添历史的亲切感。

博物馆前林则徐的坐像，摆脱了电影《林则徐》人物造型的影响，是根据史书上的生动记载加以塑造铸成的，并且得到了林则徐玄孙的认可，应该说是国内最接近人物原型的造像了。这位中等身材，目光炯炯，脸颊颇圆，胡须稀疏，平时坚毅沉着，大笑时声震全屋的民族英雄，解放后在闽粤等地出现了空前之多的造像，赢得了人民普遍的尊敬，当年他远戍新疆时曾经有"青史凭谁定是非"的感叹，由于人民时代的到来，人民终于对此做了一个响亮的回答了。

有些外国的历史学者，瞻仰广州三元里人民抗英纪念碑的时候，曾经站在碑下感慨道："这里该是中国近代史的开端吧！"他们这句话自然也有相当道理，但还谈不上十分准确。我想虎门的销烟池，更应该说是中国近代史的开端。正是从这里开始，中国人民展开了如火如荼的斗争，并经历了百余年屈辱危难的生活。站在现在是一塘碧水、涟漪轻荡的销烟池畔，令人百感纷纭，想到了中华民族的近代史以及她的过去、现在和未来。

摆在阳光灿烂的眼前这么一些事实，是多么令人振奋啊！

销烟池畔，宏伟的鸦片战争博物馆建立起来了，它连同附近的古战场遗迹，每年吸引着上百万的中外游客。虎门的鸦片战争博物馆，和上海的中共一大纪念馆，卢沟桥畔的抗口战争纪念馆，鼎足而立，成为中国近代史上三座最突出的纪念馆。

在当年守军将领陈连升和他的儿子以及七百多战士英勇战死的沙角炮台一带，现在已成为海军训练基地，营房林立，威武的海军战士，一队队在这里操练了。

虎门,这个揭开中国近代史序幕之战的海滨小镇,旧时赌馆、妓馆林立,浮尸、乞丐遍地,现在已经焕然一新。在这个连同它的乡村,人口不足九万,方圆不到两百平方公里的地方,去年工农业总产值已经超过三亿元。镇区高楼林立,港口每年吞吐货物达一百多万吨,已经是一个美轮美奂的小城了。

管辖虎门的东莞县,一九八八年已经升格为地级市,这是一个闻名全国以至海外的地方,它的农业成就曾经在美国举行过展览会。去年它的工农业生产总值已超过六十亿元,居民的储蓄存款余额超过全国平均数好几倍(人均达到2529元),而且,由于各种形式,特别是外向型企业的发展,这个总人口一百二十八万多的新市,竟吸引了全国数以万计的人前来就业。

……

从这些事例,也可以想见这个区域欣欣向荣情况的一斑,它正是中国人民阔步前进的缩影。

人到虎门,就不禁想起它的"金锁铜关"的美称。

这个美称的获得,自然是大有来由的。当年林则徐销毁了鸦片二百三十七万多斤之后,深知侵略者不会甘心失败,动员民众和军队在虎门修筑了十大炮台,使虎门的防御体系成为三道防线,销烟之后,直到鸦片战争曾经连续七次击退英舰在穿鼻洋的进犯,鸦片战争正式开始,它仍然给予侵略者以严重打击,使他们在碰壁之后把战火烧向江、浙和天津。后来三元里平英团曾作檄文斥责侵略者说:"尔既妄称利害,何以不敢在林大人任内攻打广东?"这就很好地说明了虎门"金锁铜关"名字诞生的缘由。

近年有些外国人到虎门参观,他们对此地当时军民曾多次击退船坚炮利的侵略者一事，曾表示怀疑，当他们在陈列馆（现在的博物馆）看到大沙盘里所显示的虎门三道防线的防御体系（第一道防线海面辽阔，大炮只起警告作用，第二道防线江心岛和两面炮台之间，江底密钉木桩，迫使进犯船只只能在大炮射程内行驶，这就可以实际进行轰击。二三道防线，还采用了中国古代战争中行之有效的"铁链锁江"的办法，加上炮火密集，这就使初期侵略者的战舰屡次败北了），这些心存怀疑的外国人，看到沙盘之后，终于也点头信服了。

鸦片战争正式开始后，虽然由于清廷的腐败，投降派活动的猖獗，侵略者的船坚炮利使东方古国的大门终于被轰开，最后并订了屈辱的条约，从而写下了中国一个多世纪多灾多难的历史。但是侵略者仍然是到处碰到硬骨头人民激烈的抗争的。关天培、陈连升在虎门率军全部战死，三元里一带人民奋起抗战，气壮山河的事迹是人所共知的事。福建、浙江、江苏也都有一批批农民、渔民、盐民自发奋勇杀敌，视死如归，其间也不乏陈化成这样壮烈牺牲的将领，鸦片战争虽然最后以中国的失败告终了，但是中国人民在大门被轰开之际，英勇战斗的事迹仍然是彪炳千秋的。如果说腐败政权之下人民还未能充分组织起他们的力量的话，在中国共产党领导下，人民终于建立起翻天覆地的事业了。结果也就是中华人民共和国的诞生和驱逐了一切入侵的帝国主义势力。

在我们此刻来到虎门的时候，中国的改革开放事业正在着着推进，大地上洋溢着蓬勃朝气，香港归还祖国的年限正在日益临近。我觉得，前来与会的人们心情都是爽朗的、豪迈的。

鸦片战争之后，鸦片曾经流毒中国长达一个世纪有多，在旧中国，鸦片被称为"福寿膏"，鸦片烟馆被称为"戒烟室""谈话室"，鸠形鹄面的鸦片烟鬼几乎到处可见。在新中国成立后，这种状况才终于绝迹了。

当各式各样的毒品流毒于世界上许多国家，有些小国的毒枭甚至富可敌国，把他们控制的毒品源源输入各个工业大国，美国和英国，都有不少人在吸食毒品（现在的英国甚至有人在吸食鸦片）的时候，中国却因为建立起社会主义制度，终于使毒品基本绝迹（除了偶尔缉获过境的贩毒者，种毒、吸毒的活动，总的来说是绝迹了），成为世界的一块绿洲，回首前尘，不能不说是历史的讽刺了。

在纪念鸦片战争座谈会上，总结经验教训，发人深省的发言很多，人们谈论着落后就要挨打，闭关锁国必定落后的道理，畅论必须高举爱国主义旗帜前进。我最感动的，则是虎门人民和三元里人民代表的发言，他们庄严站在讲台上，使人感到太亲切了。

曾任两广总督、林则徐的好友邓廷桢，吟咏虎门的一首诗是这样写的："戈船横跨虎门东，苍莽坤维积气通。万里潮生龙穴雨，四周山响虎门风"。印证历史往事，"四周山响虎门风"真是好句子，当我们想到今年中国人民纪念鸦片战争一百五十周年的活动，必然会引起世界许多人的注目的时候，另一句话却不禁飞掠过我的心头了："五洲激荡虎门风"！

1990 年

南国鸟节

我的家在广州市区边缘。这些日子，早晨在床上睁开眼睛的时候，有时突然听到鸟儿的鸣啭，它们真是出色的歌唱家，叫得那么美妙、神奇，有时竟唱出一串长长的颤音，让人获得高度的美的享受。每当此际，我就宁可静静地躺在床上不动，凝神倾听。那声音把我引进一个境界，仿佛在古老的建筑的檐下伫立，听飞燕穿梭呢喃似的，又仿佛步行在森林深处，看到鸟儿在树上纵情鸣啭一样。鸟类的鸣声使我想象它们的形貌：它们是穿着红衣、黄衣、褐衣、蓝衣还是五彩锦裳呢？它们叫的时候，是颈毛蓬松，不断点头，伸长脖子呢？还是每叫一声，就把尾巴上下摆动一下呢？因为在城市里"不闻此调久矣！"所以偶然有幸听到，就令人心畅神驰，感到一种生活的欢愉。我知道，现在能够偶尔听到鸟类的歌声，是因为保护鸟类的活动，正在着着进展的缘故。一九八〇年，中国鸟类学会在大连宣布成立。去年，广东又把每年三月二十日定为"鸟节"。并接着举行爱鸟周的活动，这类活动已经取得一丁点儿效果。因此，我们居住在城市的人才有幸在晨曦中偶尔听到鸣禽的柔啭。但是护鸟的效果，当前毕竟还是太小，因而听到鸟的歌声的机会，现在还未免太稀罕了。

前人曾经写下这样的诗句："小鸟枝头亦朋友，落花水面皆文章。"字句很浅，但是诗味很浓。鸟类的确是人类的好朋友！我常常想：一株树，一只鸟，一朵花，如果你有时间的话，它们的美丽之处尽够你瞧上它好几刻钟。要是地球上没有这些东西，就算人类能够设法弄到丰足衣食又怎样？生活不是太单调了吗？"宇航人"的生活，茫茫大洋中水手的生活，大概就是这样单调的。

鸟类真是人类的好朋友！它们是人间带翅膀的小天使。有些鸣禽歌唱的本领可真令人击节叹赏，"间关莺语花底滑"，这样的诗句，把那种声音的妙处多少描绘出来了。像夜莺、黄鹂、百灵、画眉等鸟儿的鸣声，真不知挑动了中外古今多少人的心弦！人们纷纷把"叫天子"、"歌唱明星"的美号奉献给它们了。

有些鸟儿，又是最卓越的时装设计师，像孔雀、锦鸡、白鹇、鸳鸯、石青儿、绣眼儿、翠鸟、虎皮鹦鹉之类，它们衣裳的漂亮，足以令人类中的服装师傅，时装模特儿心折。有些不以色彩缤纷的锦裳令人目眩的，又以它们极其卓越的调色本领和装饰技巧，简单几样颜色和一点儿装饰，就使自己具有异常倜傥潇洒的风度，像丹顶鹤、珍珠鸡、白鹭、戴胜、"一枝花"之类，不就是这样吗！

使鸟儿成为人类的好朋友的，还因为它们大抵是除害能手，暗暗保护着人类的庄稼和森林。猫头鹰是灭鼠大王，布谷鸟是吞食松毛虫的专家，家燕、雨燕、绣眼儿、八哥等等都是捕虫圣手，啄木鸟更是名驰遐迩的"森林医生"，可以说，大量的鸟都是人类的好朋友——各种害虫的死对头。鸟儿世世代代为人类立下了不朽的功勋。

因此，世界上许多文明国家，都有保护鸟类的良好风俗，有些国家，把自己土地上所有的鸟类的照片精印成珍贵画册，告诉人们："我们国土上有这么美丽的鸟类，大家都得知道才好！"有些地方人们爱护鸽子，无微不至，以至鸽子可以降落在人的肩膀上、脚底下，啄食人们喂养它们的食物。有些地方，要是一个水手射杀

1983年摄于青藏公路

1985 年摄于武夷山九曲溪

了一只海鸥，众多水手就会把他视为道德极端败坏的人，不屑与之为伍了。

鸟类学家告诉我们：全世界鸟类已知的有九千零一十六种，我国出产的鸟类有一千一百八十六种。这个数字本来是有点可观的，可惜，鸟类专家又告诉我们，中国的鸟群，正在不断减少，以广州的白云山来说，几十年前常见的大量鸟类，这些年都减少了。猫头鹰、斑鸠、鹧鸪、白鹭等等，都变成稀有的了。

为什么？就因为多年来，有大量猎枪的枪筒对准这些带翅膀的小天使。如果是射杀害鸟，像黄胸鹀（禾花雀）之类，或者猎食肥美的大型鸟类，像大雁、野鸭之类，自然毋需反对；或者，有节制地捕捉喂饲若干鸟类，那也罢了。但是事实不然，许多身上并没有一两肉的美丽的小小鸣禽，都是这些人射杀取乐的目标。这些家伙是在"煮鹤焚琴"，杀功臣，宰朋友啊！每当看到这样的人闭起一只眼睛，怪神气地在瞄准、射击小鸟的时候，真令人感到憎恨！这类人物的枪法也许可以考一百分，但是，在社会公德的得分上，却是低得可悲的。

森林面积和飞禽走兽在不断减少中，这是大自然向我们国家提出的一个警告讯号。

因此，保护自然生态的呼声现在是越来越高了，从去年起，广东也规定每年都有一个"鸟节"，这是很可赞美的。保护大自然的工作者是值得尊敬的。他们和"目光如豆"的人在斗争，他们是眼光远大的人。

有些节日，像元宵看灯，中秋赏月之类，使人想起享受；像端午赛龙船，重阳登高之类，使人想起体育。我们应该有些节日，是提倡德育的才好。清明植树，"鸟节"提倡爱鸟、护鸟，应该说就是属于这一类吧!让爱树木,爱鸟类,爱护大自然之类的活动扩大开去,不知道各地的人们认为如何?

1982 年底

茂陵石雕的奇迹

西汉十一个皇帝的陵墓都分布在西安周围，其中最雄伟的是汉武帝刘彻的"茂陵"。

汉代的葬礼是极其隆重的。王公大臣厚葬的程度尚且令人震惊，皇帝陵墓的豪华就更不在话下了。一般皇帝登位的第二年，就开始动工修陵，而且规定以全国三分之一的赋税用于这项工程。因此，这些陵墓的排场可想而知。

平素好大喜功，奢华非常的汉武帝刘彻，他的陵墓的气势在十一座陵墓中又是顶尖儿的。历史上他登位以后正是西汉皇朝鼎盛的时代，太仓的粟多到腐烂，府库的钱财多到贯索朽断。因此，他就更有条件来大事经营自己的"万年福地"——也就是陵墓了。这座陵连续修建了五十三年。史书上说刘彻死时，含蝉玉，身着金镂玉衣，随葬的不但有奇珍异宝，玉箱玉杖之类，甚至还有活的鸟兽、牛马、虎豹、飞禽等。他活着的时候，已经不断向陵墓里放东西，到他死后下葬的时候，随葬品几已塞满，无法再多装了。

正因为这样，到西安的人，要是游览汉陵的话，其中必有一座是茂陵。

我们在访问西安时特意去看了位于兴平县的茂陵。

有点出乎意外，茂陵本身，也就是汉武帝自己的坟墓，实际上今天已没有多少东西可看。远远望去，不过只存一个平顶的小山，和它前面一条笔直的墓道罢了。原来，汉陵在历代很多都被盗墓贼光顾过，历经两千年兵燹战乱，陵前的石刻一般也多荡然无存。所以现在到茂陵去的人，实际上认真参观的，只是当年附葬在茂陵的霍去病墓罢了。这有点像一株大树和一株小树长在一起，小树长得格外好，反过来倒把大树盖住，使它黯然失色了。

在一般汉陵的高处一望，都可以看到周围有许许多多坟堆。原来汉代有一个习惯，功臣贵戚，是可以在皇陵附近陪葬的。在茂陵的东西两侧就分布有卫青、霍去病、霍光、金日䃅等人的坟墓。

青年英雄霍去病，在西北一带，直到现在还是赫赫有名。那里不但流传着他的战斗故事，而且还有一些关于他的神话（如兰州有一个神话，说五泉山的五股泉水，是霍去病在石头上刺了五枪，因而喷出来的）。霍去病着实很了不起，他的父母都在一位公主家里当奴婢，家世寒微。然而，由于他在舅父——大将军卫青影响下，从小熟习武艺和骑术，在一次围猎中受到汉武帝的赏识，被起用了，十八岁起就领兵作战，对当时我国北方的匈奴贵族势力的侵犯给予坚决的回击。他不但在河西走廊一带作战，还一直打到今天的内蒙古、外蒙古等地。霍去病的勇武简直像是演义小说所描绘的一样，他除了统率大军纵横驰骋，攻关夺垒外，还多次亲自驰入敌阵，刺杀、生擒好几个单于部下的"王"，大有"百万军中取上将首级如探囊取物"的气概。他二十岁就受封为"骠骑大将军"，在短暂的一生中，曾经六次反击匈奴奴隶主的侵扰，最后使"匈奴远遁，漠南无王庭。"对西汉王朝的统一和保卫人民生活，做出了卓越的贡献。一如李白诗所吟咏的："功名画麟阁，独有霍嫖姚。"但是不幸这样的青年英雄，二十四岁就病死了。当时汉武帝十分痛惜，特地为他举行了隆重的葬礼，在茂陵东面一公里处，建筑了一座形似祁连山的坟墓，并雕刻了各种巨型的石人石兽作为装饰。

我们来到霍去病墓前，看到的是一块还相当崭新的墓碑，形式小巧，这是新修的，使人感到意外的是那个小山头似的墓堆顶上，又有一个小庙般的建筑。我们探问，才知道原来都是当地农民修建的，当地农民对于"去病"这两个字感到吉利，穿凿附会，竟认为来墓前跪拜可以除病保身，久而久之，又有人来这儿卖药，甚至形成了一年一度的药市，山头那座简陋的建筑，就是禳灾的人和卖药商贩集合之所。我听了意兴顿生，就爬上山顶看一看，见到的只是一座空洞洞的房子，里面既无香案，也无桌椅，但是在石头缝里，插满了香骨。某些爱好烧香拜神的农民大概没有想到，霍去病原来是二十四岁就死掉的，他的显赫战功和"匈奴未灭，何以家为"的壮语世代流传，但是他自己肉体的生命却不幸是极其短暂的。

前面说到人们游览茂陵，实际是为了看霍去病墓，这话说得还是不够贴切；更贴切一点说，是来看墓前展览馆的石雕。这些石雕距现在已有两千多年的历史了。它们是我国已发现的古代巨型石雕中时间最早、保存最完整的一批。它们一共十六件，有七件曾经被弃置在荒野里，经过茂陵管理人员的一番寻搜，才把它们放置到优美的展览馆中的石座上。这些石雕是古代艺术家们的杰作，粗看时仿佛是未经开凿的天然石块，细细一瞧，才看出它们的形象都很生动，原来，艺术家们根据巨石的天然形状，"因材施工"，略加雕刻和突出特点，就各各赋予它们以艺术生命了。它们造型简练、形象生动、浑厚古朴、刚劲有力、题材多种多样。请看：

一匹马脚底下有一团东西。原来那是"马踏匈奴"石雕，马脚底下的匈奴，虬髯瞪目，显出了恐怖的模样。

一团巨石斜立着。仔细一看，原来是一个人和一头熊在搏斗，人的头颅紧紧顶着熊的下颌，熊的爪紧紧抓着人的背脊，显得两者正在进行一场生死搏斗。

　　一块扁长的石头贴在地面。我们仔细一瞧，原来那是一头野猪，四肢只是表现于石上的刻痕而已。而那个猪头、眼睛、耳朵，却是精细表现的。因此，在粗犷中仍然显得生动活泼。

　　一头卧牛，头部极其清晰，四肢也雕得痕迹颇深，显得善良而又安详。

　　一匹奔马，特别表现了它的头部和两只腾跃的前脚，腹部紧贴在地面，虽然混沌一团，但仍不失其奔跃的雄姿。

　　一块粗糙的石头，远看似乎什么也不像，但是仔细一瞧，上面依据石形突出表现了大象的脑袋，又精细地在石头上线刻了眼睛和鼻子，你这才意会大匠们表现的是一头卧象。

　　十多座巨型的石雕大致都是采用这种"现实主义和浪漫主义相结合"的方法雕刻出来的，它们充分显示了古代艺术家们在艺术创造上的匠心独运，大胆和巧思。

　　这套古老的石雕曾使无数中、外参观者为之击节赞赏。听说有一位当代艺术家到了这儿，观赏之余，竟感极泪下。原来两千多年前古代艺术家的创作水平，使他的民族自豪感翻腾起来了。

　　古今很多出色的艺术家都在追求现实主义又都在批评自然主义，他们使用各自的方式主张现实主义和浪漫主义相结合。"绘画求形似，见与儿童邻。""绘画妙在似与不似之间，太似为媚俗，不似为欺世。"就是这类艺术论的一斑。而霍去病墓前的一系列石雕，表示古代艺术家们早就开始掌握到这种道理了。

　　茂陵当年雄壮无比，但是到了今天，游览茂陵的人主要是看霍去病墓,而在这项活动中主要又是看无名氏的石雕。世事的沧桑变化有时是难以思议的。

茂陵仅存的这十多座石雕,的确是中国艺术史上的奇迹!

华族与龙

在中国大陆、台湾、港、澳等地，人们固然可以到处看到龙的形象，就是在其他国家，凡有华族足迹之处，在"中国城"，华人经营的书店、餐馆中，也无处不让人们看到龙的图形。中国的大地被称为"龙的土地"，中国人被称为"龙的传人"，甚至美国人广播有关中国的事物，都以《龙的心》作为命题；意大利发行的邮票中曾出现过龙。不但中国人把龙作为自己的标记，外籍华族人，也被龙的形象唤起亲切的感情。不但全世界的华族都熟悉"龙"这么一种形象，各种肤色的外人也从"龙"这么一个标记中知道它和中国的密切联系。这桩事情，真可以说是十分微妙了。

十二生肖中，龙是唯一被虚构出来的形象，它赫然和十一种实有其物的动物并列。人们对此丝毫不觉得有任何生硬穿凿之处，这也是意味深长的事情。

龙在中国一向有巨大的势力。

龙的威风凛凛，稀奇古怪的形象：披着鳞甲、生着脚爪、头角峥嵘、须髯飘拂、腾云驾雾的形象，在无数人的心目中已经成了定型。这种形象遍见于宫室、刺绣、图案、雕塑中，几乎任何地方都可以见到它的踪迹。龙的威力，存在于无数神话中；龙的故事，充斥于二十四史，以至于一切最古的古籍里。从前，它是帝王的标志，地位被抬举得十分崇高，不消说了；就是直到今天，"龙的传人"当中，仍然有人在拜"五方五土龙神"，在向龙母庙进香，在舞龙灯的时候钻过龙腹下来求子，或者在舞完龙后剥下一片"龙甲"回家供奉治病。龙的势力,同时又表现于许多地名、物名中,因"龙"字命名的地方、器物多到不可胜计,单讲用龙字为名的珍贵食物和用品,就非常繁多,如龙虾、龙虱、龙眼、龙舌兰、龙须鱼、龙须草等等都是。一个"龙"字,在中国竟然被绘声绘影,变得家喻户晓,甚至被不少人认为是神异的,冥冥中确有其物的东西了。

然而什么是龙?哪里有龙?

一般人心目中的龙,和考古学家、生物学家心目中的龙,完全是两回事。

在中国这片大陆上,太古时代,的确曾经有过古生物学家心目中的"龙"出现过,山东的莱阳、云南的禄丰、黑龙江的嘉荫等地,解放后都曾发掘过完整的恐龙化石。一九七九年我游览黑龙江边的时候,碰巧见到考古学者在发掘恐龙化石,我在江滨那个发掘地带还亲自捡到过一小段恐龙肋骨。把发掘出来的恐龙化石联串起来,就可以形成一具完整的展览品。我国是保存完整恐龙化石最多的国家之一。面对着恐龙的骨骼,通过推理和想象,把它们的血肉和皮甲复原,一条条太古时代恐龙的样子就出现在我们眼前了。那形状,正像全世界许多古生物学家所绘就的恐龙图型一样:颈尾都很长,头很小,时常以后股和尾部合力直立起来,样子奇特可怖。唯其如此,所以得到本来从没和它们打过照面,仅从骨骼想见其状貌的学者,追赠它们以"恐龙"的名称。

然而洪荒时代这些曾经在亚洲大陆上纵横逞威的大爬行动物,和今天人们心目中的腾云驾雾的龙完全是两回事。恐龙生长在"中生代",距今一亿年以上,那时不但还没有人类,而且连人类始祖的猿类也还没有跨上历史舞台。在这个时期,只出现一些有袋类的哺乳动物。等到原始人类出现的时候,恐龙早已在地球绝迹,只在地层里留下它们骸骨的化石罢了。

那么,本来在生物界全无踪迹的中国式的龙,在古代人们心目中究竟是怎样形成和发展起来的?

严格地说,这是一个历史学、民俗学的问题,而不是一个生物学问题。

回答这个问题,我觉得最警辟的,无过于闻一多先生了。

闻一多著作中,有三篇作品雄辩地回答了这个问题,那就是《伏羲考》《龙凤》和《端午考》。

闻一多广泛地引用了先秦两汉的许多书籍,从夏室诸王都和龙发生密切关系的神话中,说明原始夏族是一个奉龙为图腾的民族。从传说中夏族诸王生前常乘龙,死后常变龙,夏禹治水也是龙教他的,甚至禹自己就和伏羲一样有个"蛇身"之类的神话传说中,从夏人器物中常以龙为饰,金文蛇字从"巳"(即古代"蛇"字)的考证中,从夏族重要后裔之一的吴越人断发文身,模仿龙的模样作水上之戏,吴国、越国城门画上龙蛇来趋吉避凶的事迹中,说明了龙的崇拜是夏族的特色。龙,是后来成为中国民族主角的夏族的原始图腾,正如"凤"是殷人的原始图腾的道理一样(殷民族向来有"天命玄鸟〔凤的象征〕,降而生商"的神话)。闻一多说:"就最早的意义说,龙和凤代表着我们古代民族中最基本的两个单元——夏民族与殷民族。"就正因为这样,龙和凤,几千年前就在我们的先人中,挟着它在图腾社会时代的余威,奠定它们的崇隆地位了。

那么,龙的这副模样儿又是怎样形成的呢?《伏羲考》中阐释道:"然则龙究竟是个什么东西呢?我们的答案是:它是一种图腾，并且是只存在于图腾中而不存在生物界中的一种虚拟合成的生物，因为它是由许多不同的图腾糅合成的一种综合体……龙的基调还是蛇。大概图腾未合并以前，所谓龙者只是一种大蛇，这种蛇的名字便叫作龙，后来有一个以这种大蛇为图腾的团族兼并、吸收了别的许多形形色色的团族，大蛇才接受了兽类的四脚、马的头、鬣的尾、鹿的角、狗的爪、鱼的鳞和须……于是便成为我们现在所知道的龙了。"从汉代及其以前的石刻、帛画、工器的雕饰、花纹中，说明中国人现在心目中的龙的形象当时早已形成了。

远古时代，并合起来的各族成员所共同崇奉的图腾，到了秦汉及其以后的大一统帝国出现的时候，就给帝王们利用了。共同的祖先变成了帝王一姓的祖先，于是龙凤成为帝王和后妃的符瑞。经过两千多年的封建统治，"龙是神圣和灵异的"这样一种观念，由于统治者的努力灌输，便产生深入人心的影响了。

闻一多在他的著作中有力地解释了三个重要的问题，那就是：龙的形象是怎样形成的？龙在中国古代传说中为什么这样有势力？它后来为什么又变成了帝王的符瑞？他在文中曾不禁慨叹道："三千年惨痛的记忆，教我们面对这意味深长的'龙凤'二字，怎能不怵目惊心！"

然而，龙的形象，毕竟已经越过历史的门限，跨进现在社会来了。尽管它在生物界中原不存在，尽管它原是一条大蛇的变形，尽管它是各种各样生物形象的拼凑，尽管它长期以来曾为专制帝王所占用，但是，现在，这么一个头角峥嵘，矫健活泼的龙的形象，已经不但成为中国人的象征，而且，进而跨越国界，成为全地球华族人士的符号了。过去，神话在支配人，现在，人在欣赏神话。过去，人匍匐在龙的图腾之下，现在，龙的形象增添了人间的生活情趣。作为现代人，让我们抹去龙身上的灰尘，使它成为我们大家共同的宠物吧！因为，它也已经现代化了。

1986 年

欧洲的风雪和阴霾

在欧洲，绝大多数地方经常总是阴天。阳光灿烂，碧空万里的日子是很稀少的。因为这样，欧洲有许多房子，大门的方向和中国的就大不相同，是坐东朝西的。人们为的是希望多晒一晒太阳。碰上艳阳天，有些机关还会临时放假，让大家到野外去享受日光浴。每逢这样的日子，在旷野静静坐着，享受日光抚爱的人可多了，仿佛那是最愉快的生活享受……我初次听到这些事情，不免奇怪；但是问了许多到欧洲旅行过的人，答案都差不多。有些人甚至说，欧洲人的肤色，和千年万代以来少受太阳照射有极大的关系。这种情形，恐怕不是经常看到太阳地方的人们所能想象的。

我有机会在冬天两次坐飞机横越过整个欧洲。这中间，有停站换机的时候，有降落休息的时候，因此也就在好些城市住宿或者歇脚过。不论是莫斯科也好，布拉格也好，或是爱尔兰也好，我算领略过欧洲式的气候了。隆冬时节，下雪的日子不用提啦，就是不下雪，天色也总是迷迷茫茫，灰灰蒙蒙的，就像是初曙时候的景色一样，就像是北极圈里的什么"白夜"一样，就像是一张走光的照片一样。而且各地的情形都大体相差不远。在这种日子里，踩着积雪，再看看庭园树木像撒上白粉般的树梢啦，长满了"爬墙虎"之类的攀缘植物，尖屋顶，穹窿门的楼房啦，不禁老是想："呵，这就是古老的欧洲！"

由于太阳不轻易露脸，因此，出发西行时，在莫斯科乘坐图一〇四飞机，穿过云层，在高空处看到太阳，并听到周围人们齐声向太阳欢呼的那番景象，就深深地印在我的记忆中了。

那天，莫斯科的气温是零下十七度。早上，我们来到机场，准备乘搭飞机到布拉格去。起飞的时间本来定在八时整，但是天色阴阴沉沉的，雪花像暮春落英似的不断飘洒下来，透过候机室的大玻璃窗瞭望机场，白茫茫的，就像一个海滨盐场一般。"这样的天气，飞机能够起飞吗？"我正疑惑间，播音器响起来了，说是因为气候恶劣，到布拉格去的飞机，要延迟两小时才能够决定起飞时刻。于是我们又只好一个劲儿瞅着雪景。候机室外，裹着头巾，穿着大皮靴，清理积雪的苏联女工一铲一铲地铲着雪，机场跑道上，铲雪车来往奔驰，把雪堆拨到跑道两侧去。候机室里虽然有暖气，但是在这种天气之下，旅客们仿佛也都露出了一种百无聊赖的神情。两个钟头过去了，播音器又响了起来，到布拉格去的飞机能否起飞，又要再延迟两个钟头才见分晓。就这样，两个钟头、两个钟头向后挪，吃饭的时间到了，我们只好到餐厅去。机场的餐厅在二楼，这一来，莫斯科的雪景我们看得更清楚了。早晨像盐粉一样飘下来的雪花，越来越大，终于变成纷纷扬扬的鹅毛大雪，莫斯科变成了一个银白世界。有几辆黑色的轿车，给雪花盖住，也仿佛成了陷在盐堆里的黑色小甲虫。只有一簇簇的小白桦树，这著名的耐寒的树木仍然坚强挺立，它虽然也戴上顶冰雪帽子，但是依旧不减其雄姿翠色；大风刮过，它们摇曳一下身子，雪花就一个劲儿地向下滑落了。我和同伴们一边吃着俄国菜，一边看着皑皑雪景，不禁从严冬和白桦树想到许许多多的事情了。

吃完了饭，到布拉格的飞机仍然没有起飞的消息。倒是机场上积雪太厚了，普通的铲雪车也已经无能为力，现在又开来了卡车，用一种传送履带把跑道的雪堆搬运上去，一车车载走。机场又开来了一种附设在汽车上的热风机，朝着飞机的引擎吹热风，以免需要起飞的时候引擎冰冻，无法发动。飞机场那个景象哪，完全像是梦幻似的，你说它仿佛暮霭苍茫也好，仿佛天刚破晓也好，仿佛"白夜"来临也好，反正就是这么一回事。候机室里有一具旅客问话器，人一踏到上面去，用俄语或者英语询问有关飞行时间路线方面的一切事情，负责答问的一位妇女就会通过机器一一回答。我看到一个又一个的旅客走上去询问，都只能得到"暂时不能飞行"的回答。候机室里贩卖部的各种以美金标价的工艺品我都看过了，旅客们的面貌神态和服装式样我都看过了，但是飞机却一直没有起飞的消息。我以为无非是两个钟头两个钟头地拖，到天黑的时候，"明天再来"这句话一响，我们再回到市区逗留一夜就是了。

谁知，临近下午五点钟的时候，雪花稍霁，机场广播竟通知旅客们可以登机了。我们走向那像是南极大陆一样的飞机场，脚底下的雪花吱吱地响，北风怒号，天气冷得厉害。但是旅客们能够走得成，可是兴高采烈的。

走进那模样儿像是火车车厢一样的飞机座舱不久，引擎响了起来。机舱前面那两面玻璃通告牌里的红灯亮了："请不要吸烟""请缚好安全带"的字样出现了，空中小姐端来糖盘请大家吃糖果了(这是飞机起飞和降落的讯号，咀嚼糖果可以减少不适的感觉)。在马达大吼声中飞机盘旋而上。机窗外，我放眼望去，一片寂寞的雪景，只有房屋和树丛有一点儿黑褐色的轮廓，掩映在那银白的世界中。至于天空，那是铅灰色的，迷迷茫茫，混混沌沌的。飞机越飞越高，渐渐地底下的东西完全看不清了，周围完全是一片灰暗之色，阴霾把飞机都包裹起来了。"如坠五里雾中"，用这句话来形容那种滋味，是最贴切不过了。但是，突然之间，机舱霍地明亮起来，坐在我们周围的人，黑人、白人，男的、女的，都不禁乐极欢呼了。这是大人的声音么？简直像是小孩度佳节时的欢声呢！原来，飞机已完全穿出云层，上升到八九千米高空了。此刻，一轮红日，鲜艳明亮地悬在天边，它是那样的壮丽悦目，那样的令人心旷神怡，那样庄严，那样安详！什么风雪，什么阴霾，什么混沌，什么灰暗，这一切都只能够在底下的云层里进行罢了。太阳还不是好好地悬在上空，只等阴霾一散，它的强光又会照射到地面去了。我从机窗鸟瞰下去，那密密层层的变幻翻腾着的银灰色的云朵，煞像辽阔无边的海洋。不但像海洋，它的"波浪"还在汹涌呢！这番景象，很容易引起人一种幻觉，以为飞机是艘轮船，现在正在海洋上航行。第一次从穿越过阴霾的飞机里看到红太阳，正像第一次登上高山，看到错综曲折的河流那清楚的流向一样；不但有诗情画意，也还有科学真理一类的感受呢！

这一次，我算领略了欧洲式的风雪和阴霾了，也领略了人们对太阳的热爱仰慕的心情了。乘客们向太阳欢呼的声音久久地萦绕在我耳畔，以至于使我不禁想起科学家哥白尼，这个中世纪时代的欧洲人歌颂太阳的言语来："太阳居于万有之中……有些人称它为宇宙的明灯，另一些人称它为智慧，还有些人称它为主宰。总之，太阳雄踞在它的位置上，管理着围绕着它的一切星球。"

这话，同样的，不但令人感受到科学的道理，也还有不少诗情画意呢！自然现象和社会现象并不能够互相比拟，但有些地方，它使人引起了联想。风雪在下,太阳在上,太阳总是在任何情形下都不能真正掩盖得了的。树木向阳的本性,也总是改变不了的。那地上挺立的白桦树哪,那飞机里欢呼的人们哪,我明白,为什么它们留给我的印象这么鲜明了。

1963 年

哈瓦那华侨纪功碑

在拉丁美洲各国，古巴是华侨人数最多的国家。因为华侨比较多，在哈瓦那，就有一份名字叫做《光华报》的华文报纸在出版。访问古巴期间，我到《光华报》总编辑黄先生家里做客。我们喝着龙井茶，谈着古巴的战斗故事和哈瓦那的各种人情风物。黄先生好像想起了什么似的，从房里拿出一叠从前古巴华侨出版的书籍给我看。在这里面，有一本薄薄的、被虫蛀了的、只有十来页的旧书引起我的注意。我翻看了一下，禁不住高兴极了。这本小册子名字叫做《中国人对古巴独立的帮助》，著作者是十九世纪古巴争取独立战争时期的将领冈萨洛将军。我久已听说有这么一本书了，但是在国内从来没有见过。想不到在古巴的土地上无意间竟得到了它。

在介绍这本小册子的内容之前，让我们来谈一谈哈瓦那街头上的一座华侨纪功碑吧！这座黑色大理石雕琢成的、两丈多高的圆柱形纪念碑，坐落在哈瓦那海滨大道附近一条街的北端。在碑座上有一块铜牌，上面刻着这样的话："在古巴的中国人，没有一个是逃兵，没有一个是叛徒。"这是纪念我国侨胞参加一八九五年古巴反西班牙独立战争的纪念碑，它是中国和古巴两国人民战斗友谊的结晶，也是我国在古巴侨胞的荣誉。

为什么有这样一座纪功碑呢？十九世纪时代，在所谓"列强"的侵略之下，中国处在风雨飘摇的境况中，大量破产农民和失业手工业者走投无路，纷纷漂洋过海到国外谋生去了。一八六四年，太平天国革命失败后，清廷采取异常残酷的手段来屠杀散处各地的太平军官兵。太平天国的战士，有不少被迫改名换姓作为"契约华工"流亡海外。这里面有相当一部分人到了当时在西班牙殖民主义统治下的古巴。西班牙的资本家和农奴主对这些"契约华工"异常残暴，当古巴人民爆发反对西班牙殖民统治、争取独立的战争的时候，境遇悲惨的广大华侨工人就纷纷踊跃参加了。古巴第一次的独立战争爆发于一八六八年，刚刚是在太平天国失败以后的第四年。因此，在那次的战争中，许多流亡海外的太平军战士也参加了。到了一八九五年，在何塞·马蒂、马塞奥和戈麦斯等民族英雄的领导下，古巴又爆发了声势更加浩大的争取独立的战争。在这次战争中，华侨参加者更多了，据估计最少在五千以上。华侨战士一般都英勇异常，有些队伍接连进军数省，势如破竹。由于作战英勇，好些华侨战士还晋升为当年古巴起义军中的军官，被授以少尉、中尉、上尉、少校等军衔。有些人英勇牺牲之后，棺上盖着古巴的国旗。从一八九五年到一八九八年，经过三年奋战，古巴终于摆脱了西班牙殖民主义的枷锁。虽然它的独立成果后来是被美帝国主义窃夺了的，但是，无论如何，古巴人民的革命事业，经过那一场战争，总算是向前迈进了一步。由于华侨参战的功绩，在第二次世界大战结束的时候，哈瓦那街头，就竖立起那座远近闻名的"华侨纪功碑"。

"华侨纪功碑"铜牌上面那几句赞美中国人的话，就是出自当时何塞·马蒂部下一位将军冈萨洛所写的一本书。我看到的那一本是前代的华侨用文言翻译，并且是海外出版的。冈萨洛将军在独立战争之后做了古巴驻德国的公使。二十世纪初期，他在德国期间，念念不忘华侨战友的功绩，终于写出了那本小册子。这里面，记叙了当年华侨战士许多可歌可泣的光辉事迹。

书中提到,在战争初期,中国战士有手执长刀和敌人拼杀的;有在子弹打完之后,用枪杆和敌人肉搏,将敌人击退的。书中提到当时中国战士最多的地方,是在拉斯维利亚斯省。这儿有一个中国人,叫做"阿波罗"的,据冈萨洛将军的描述,这人"忠诚之气,令人望而生敬,身经百战,几乎每次交兵,无不身历其境"。他后来身染重病,快要逝世的时候,还吻了古巴的国旗,微笑而死(现在的古巴国旗的图样颜色是在一八五〇年酝酿独立运动的时候就制订出来的,第一面国旗现在还完好地保存在总统府里)。又有一个中国战士,以军功擢升到少校,古巴革命军队给他起了一个绰号,叫做"半羊半狮",形容他遵守革命军的命令和纪律,好像绵羊;对待敌人又英勇善战,好像雄狮。像这一类人物,在当时叱咤风云的中国义军中,是很有代表性的。

书里面提到有一个中国军官,名字叫做黄安的,曾经和拉斯维利亚斯省的军队代表们一同到奥连特省领取军械,当时革命军政府在奥连特省已经设立了下议院。在下议院里,这位黄安当众发表演讲,指出奥连特省应该多拨枪械子弹,供应前线,不宜拥兵自重,他演讲完毕,军队都热烈鼓掌,一大群古巴战士把他抬在肩上游行,表示尊崇敬仰。后来这位中国籍的军官被敌人俘虏了,西班牙军队对他施以酷刑,一直鞭挞到死。黄安临死的时候,他那鲜血迸流的嘴唇,除了喊着:"古巴自由,古巴自由。"这样的话外,别无其他言语。

书里面又提到一个叫做"标"的少尉,在第二次独立战争当中,革命军有一次转移阵地命令他断后,等到前军已经脱离危险,这时他的腿部受伤了,有的人请他退却,他坚持不肯后撤。到了西班牙军队攻近的时候,这位阿标少尉,伏在大路旁边,继续袭击敌人,每发一弹,就杀敌一个。后来有五十余名西班牙兵士向他迫近了,他仍不为所动,不断开枪射击。直到子弹用光了,这位阿标少尉,又以无弹之枪,掷中一个敌人。后来敌人齐集,十余支刺刀齐下,这位英雄终于为古巴的自由献出他最后的一滴血。

冈萨洛将军在历叙他目击耳闻的中国战友的壮烈事迹以后,这样地写下他的结语说:"我们对这些可敬可爱的中国人,应该敬仰他们,感谢他们……我们应该建筑一座巍峨的石像,来表彰中国人的盛德。在战争中,中国奴隶,白人奴隶(指十九世纪时代古巴岛上被西班牙殖民主义者压迫的一切白人——引者)和黑人奴隶,都以他们宝贵的鲜血,来争取古巴的自由平等。假使将来,我们能够为中国人塑像的时候,让我们镌上下面几句话来颂扬他们的恩义吧:'在古巴的中国人,没有一个是逃兵,没有一个是叛徒。'"

这本书的结束语,就是现在矗立在哈瓦那 L 街街头的那座"华侨纪功碑",铜牌上面镌上的几句传诵遐迩的话的来源了。

在哈瓦那的时候,我曾经特地去瞻仰过这座丰碑,看到黑色的大理石圆柱闪闪发光,四周围绕着绿油油的热带植物,非常壮丽。抚摸着那坚实的柱石,端详着铜牌上面激动人心的词句,追忆当年和古巴战士并肩作战、痛击西班牙殖民军的中国英雄,油然涌起了怀念景仰的深情。

听古巴的朋友说,在奥连特省有一个参加过古巴独立战争的华侨老英雄,年纪将近九十岁了,他的上衣挂满了勋章,现在还吃着古巴政府发给的长粮。可惜我们到圣地亚哥访问的时候,没有机会会到。不过这样的人物,现在健在的,毕竟也稀少了。新一代的人们正在创造着新的伟大的事业。当代的华侨,并不逊于他们的前辈,不少人支持了古巴的革命运动。在奥连特省和拉斯维利亚斯省，都有华侨为了支持革命军而英勇牺牲。我们到圣地亚哥访问的时候，拜访了一个华侨团体，华侨们大都已经是皤然老者了。一见到我们，都热情地伸出双手来和我们紧握，好些人激动得说不出话来。攀谈之下，才知道他们中有好些人在巴蒂斯塔独裁政权统治的时候，为了运输军火和粮食进入马埃斯特腊山区，曾经被抓去坐牢，直到古巴解放了，才被革命军从牢里解放出来。现在古巴全国到处都是民兵，其中有一支就是全部由华侨的后裔组成的。至于华侨直接当民兵的，也有不少。我们到哈瓦那的中华总会馆去的时候，就看到一个全副武装穿着民兵服的老华侨，在会场警卫着。当他和我们握手的时候，我听到他激动地操着纯熟的广州话说："几十年的愿望，现在终于实现了。"当古巴医院征求群众输血，以便更好地医治负伤军民，打击美国的侵略阴谋的时候，无数古巴男女，都争着到医院去排队，在输血的队伍中，也有不少华侨在内，他们输血后都得到一枚以庄严的一滴血为图案的纪念章，高兴地挂在胸前。

1963 年

新加坡戏剧性的一天

一九八五年一月八日,我在新加坡——这个依偎着赤道的美丽岛国,度过了戏剧性的一天。

一个人离开一个地方五十三年之后,前往访问,重睹芳菲,回到他儿童时代嬉戏盘桓之所;离开的时候是个顽皮无知的少年,重访的时候是个鬓发斑白的老头,这不是颇有点戏剧色彩吗?

新加坡《联合早报》和《晚报》举行征文比赛,请了他们本国、中国(连台湾、香港)、美国十四位华文作家做评审委员,中国大陆被邀请的是姚雪垠、萧乾和我。他们两位评审小说和报告文学,我评审散文。卷子看罢寄回去之后,我们又应邀前往访问,参加新加坡第二届国际华文文艺营(也可译为"国际华文作家集会")的学术活动和"金狮奖"的颁奖典礼。我们一行三号从北京启程。现在发达的交通使地球仿佛变小了,早晨在北京,朔风怒吼,冰霜铺地,一派严冬景象。中午到香港,机场餐室里人们秋冬服装杂然纷陈,凉风习习,仿佛是深秋。休息几个钟头之后再飞新加坡,抵步时华灯万点,机场外作为热带植物标志的旅人蕉摇曳生姿,热浪扑面,完全是盛夏景观了。一天之内我们就飞越了一片大陆和一片海洋,尝到了大自然春、夏、秋、冬四季的滋味。

当飞机飞越太平洋的时候,机翼下的云海真是变幻多姿。我曾经乘飞机越过大西洋,连一点儿海水也没见到。这次算是幸运,天气晴朗,有时可以从云层的缝隙中看到底下一点儿蓝色的水彩,那就是海洋了。但是绝大多数时候,舷窗鸟瞰,都只能望到苍茫云海而已。海洋上空的云朵在日光照射之下，变化诡奇，它们时而像是棉絮，奔逐翻飞，时而像是丝绒，漾着云的涟漪；时而又像鹿角珊瑚、树枝珊瑚或各样的海石花，仿佛是一个深不可测的梦幻般的森林。对着这种景象，我想到：三十年代我们回国时，从新加坡乘轮船到香港，足足航行了六天，时隔半个世纪，现在乘飞机重新经历这样的旅程，需时不过三个半钟头而已。现在，旧中国已经变成新中国了，新加坡也已由英国的"海峡殖民地"变成独立国家了。世间的事情变化多大啊！

坐在飞机座舱里，我想起儿童时代在新加坡大坡端蒙学校念小学时的情景。我曾经这样描述过："我们总是穿白色衣服，中午放学的时候，像一群白鸽似的，冲出了校门，在大门外的小食摊上吃午餐，中国人卖的糕点，印度人卖的辣椒米粉，马来人卖的炒鹰嘴豆都有……那时的老师是打人的，往往几藤鞭就把我们的手掌打肿了，手掌甚至渗出了血水。回到家里，连拿筷子都是困难的，小同学们每逢轮流着一个一个走上讲台去受罚的时候，我们就先在掌心上搽药油，每打一藤鞭，我们就愁眉苦脸把双手夹在大腿中间搓着……"一想起半个世纪前这些如梦如烟的往事，我几乎暗自失笑了。

当我们抵步之后，走出新加坡机场大厅（那是非常欧化，宽敞豪华，但是周围商店连一块中文招牌都没有的站台和大厅）的时候，受到了报社领导人和其他朋友们的热烈欢迎。这个国家，女记者非常活跃。在开往阿波罗大酒店的旅行车上，我们每个来访者都立刻被一个女记者挨着采访了。当这位小姐知道我的少年儿童时代是在新加坡度过的时候，她就像吃到兴奋剂一样笑逐颜开。我讲出我住过的街道，念过的学校的名字，并讲了几句我还能记住的马来语，她都迅速写到笔记本上去了。

国际华文文艺营的开幕式上，有一个节目是十个来访作家的自我介绍。每个人都简要谈了自己的工作职务，写作状况和性格特征，措辞大抵轻松活泼，亦庄亦谐。我除了略谈我的社会职务和写作状况，还说了这样一段话："五十三年前，我曾经是新加坡的一个小学生。在学校里给老师打过手掌心。至今我还把新加坡当做我的第二故乡。在中国，我吃辣椒和咖喱很少有人比得赢，原因就是拜这段童年生活之赐。"这样一段话竟逗得台下数百名文学青年哄堂大笑了。

新加坡的报纸喜讲幽默和开玩笑。开幕式举行后，当地《联合晚报》发表了一篇文章，说是必须给十位外地作家颁奖，各人应分别授予"风度最佳奖""最佳演出奖""最佳朗诵奖"等等，该作者认为，姚雪垠应得"最佳精神奖"，萧乾夫妇（萧偕同夫人出席）应得"虚怀若谷奖"，而我应得"南洋气息最浓奖"。文中还提到我的普通话，说是仍然带点"新加坡腔"呢！

人们对于和自己有一点儿历史渊源的人总是感到兴趣的。新加坡报纸标题因此曾把我称为"因仄秦牧"。"因仄"是马来语"叔叔"的意思。我小时候住过的街头，名称叫做"山巴央亭巷"（我告诉他们时把第三个字错记为"兰"），报上因此发表了一篇两千字长的叫做《山巴兰亭巷考》的文章，考证了我住过的这条街道的沿革和变迁，以及它曾经出现过的"大事"，这可以说是当地朋友对我的另一种乡土感情了。

新加坡的面貌比较半个世纪以前我所见到的，已经大变特变，只有百分之五痕迹依稀可辨，那就是若干街段残存的漆上颜色的两层小楼。其他的地方到处是高楼大厦，正在动工的一座大厦高达七十五层，建成后将是亚洲最高的建筑物。街心花园，行人道畔的绿树星罗棋布，和建筑群互相辉映，使它成为一座风景优美的花园城市。新加坡河从前密密麻麻的货船、驳船已经不见了，河面平静如镜，即将成为一个新的文化、风景区。街头零乱的街贩小摊也不见了，卖各种小食的摊子大抵移到高楼里的小贩集中区去了。

但是，我在这儿既无心于喋喋描绘新加坡的风光，也不想详细叙述国际华文文艺营的活动，更不想记载我们拜访政府大厦和观光新加坡大学的见闻。本文的重点是追记一月八日这一天的戏剧性遭遇，上面的话不过是为这个主题做点铺垫罢了。

八号这天，按照规定，下午有参观活动。晚上，国际华文文艺营的主持人，特在当地世界贸易中心俱乐部，设晚宴饯别外地来访的作家们。这顿晚餐当然是盛大而又隆重的。但是《联合早报》的总编辑莫先生和记者却在事先通知我，不必参加那个下午的集体活动和宴会了，将要为我另作安排，让我拜访潮州八邑会馆，和当地的老乡们（他们都已成为新加坡人了）会晤，并参观母校，晚上，潮州八邑会馆要设宴招待我，许多董事都要来晤面呢！

那天下午，莫先生亲自开车把我送到目的地。学校附近的样子已经大变特变，从前，经过这儿的一条铁路，早已拆除，在那里建起了国家剧场，和附近的印度庙宇遥遥相对。但是这个国家剧场很快也要拆除了，因为高架快速公路即将从这里通过。从这么一件事，也可以想见新加坡面貌的日新月异。

潮州八邑会馆相当雄伟宽敞，端蒙中学（现在它已经是完全中学了）就附设在里面。新加坡华族居民，各个姓氏有各自的宗亲会馆，原籍中国各县的居民有各自的会馆，而福建人、潮州人、广府人、客籍人、海南人，又都各有总的会馆。这些会馆，是各种社会活动的一大支柱。潮州会馆的好些董事们，五六十岁的，六七十岁的，七八十岁的，热烈地和我会晤了，一种乡亲之情很自然地流贯在我们之间。我看到大厅里面，挂有写着"继往开来"、"发扬光大"之类词语的好些牌匾。但是整座屋宇的建筑却是西式的。

不久，校长也出来和我见了面。他当然比我年轻，但是说也奇怪，我见到他时竟有一种如晤师长一样的感情。他带着我们（董事们，报馆的朋友们）一层楼一层楼地参观。学校的设备是相当现代化的，在"视听中心"里，每个学生各占一格，可以自己收听想要学习的各种语言，通过一种特殊设备，可以直接和教师进行问答，其他的人却不会受到干扰。电脑室里，摆着许多部小型电脑，价值听说是相当高昂的。音乐室，构造很符合音波传播的原理，墙上贴着贝多芬、莫扎特、海顿、肖邦等人的照片。我不禁称赞道："现在的设备太好了。"

我们又到了教师正在上课的一些课室，小朋友一律穿着白制服，男女都有，秩序井然。我禁不住大声告诉他们："小朋友们，五十多年前，我也是这儿的一个小学生，现在看到你们在认真学习，我真高兴。"这群胖胖的小孩子听了，不少人都绽开了笑脸。

我们到达另一间课堂，小朋友们在教师指导下，全体肃立起来，一齐用英语道："欢迎你，秦先生。"我听到他们一律讲英语，不禁有点惘然，只好也用简单的英语回答。一位董事解释说："上英语课时，他们是不准讲华语的。"一位记者一路跟着拍照，他示意孩子们腾出一个座位，让我也坐到他们中间去。当我坐进去的时候，仿佛时光倒流了半个世纪，我又变成一个幼稚单纯的小学生了。在这一瞬之间，什么叫做沧桑之感，什么叫做今昔之思，什么叫做百感纷纭，什么叫做宛如梦幻，我真个"心有灵犀一点通"

啦！我仿佛变成了一条鱼，在情感的波浪中浮沉翔泳。记者"咔嚓"一声，拍下了这个镜头，并且刊登到隔天的《联合早报》上去了。

一路走着，我问校长道："现在新加坡学校的先生还打学生吗？"他说："教师现在不会随便鞭打学生，如果非打不可，那必须得到校长的批准，在有人见证之下进行，并且详细写进学校记事簿上去。"

校长要我题字留念，后来我给他们写下这么几句话：

"名校端蒙，曾启我聪，五十年来，常萦魂梦。重游旧地，情思如涌。忝为校友，敬一鞠躬。"

参观完毕之后，我们回到董事会的办公室，大家海阔天空地扯谈起来。

一位董事告诉我："新加坡华族中，人数最多的是福建人，其次是潮州人，再其次才是客家人、广府人、海南人。论财力，最富有的也是福建籍的新加坡人。他们从前挣到钱后，就留起来，不断用这笔本钱扩大经营。但是潮州人就不同了，稍为积蓄几个钱，就往唐山跑，钱用完了，又再出洋谋生。因此，有人开玩笑说福建人像'山猪'，吃饱了就躺下来睡觉；潮州人像'山马'，吃饱了就到处跑。"

我们大家笑了一阵。一位董事慨叹说："新加坡很小呀！我们的空军，一升上天空就离开自己的领土了。我们的国名，在地图上没法写在本土上，只好写到海洋中去。"

我说："新加坡小是小，但是成就很了不起，你们按人口平均，经济发达的程度在亚洲占第二位，你们建成了花园国家，人们普遍就业，房屋政策也很成功，这是世界瞩目的。大家都是乡亲，我想请你们直率告诉我,你们对新加坡感到最满意的是什么,如果你们有不满意的地方,那又是什么?"

几位董事思索了一会,就分别讲了起来。

一位董事说:"新加坡的房屋政策是不错的。假如一个雇员的工资是一千元,那就得按月扣二百五十元交给政府代为保管,雇主也得同时另交二百五十元。这样,一个月就得交五百元了,这笔钱,在那人晚年退休的时候,由政府算上利息归还,作为养老金。中途如果他想购买房屋,可以据此向政府贷款。新加坡曾提出'居者有其屋'的口号,到了现在,已经有百分之七十的居民,对自己的住房拥有主权了。如果连一些本来就有房屋的财主一起计算,那么在我国二百五十万人口中,'居者有其屋'的人就不止百分之七十了。马来人信回教,不愿进行计划生育,他们孩子一大堆,生活困难一些,有自己住宅的人也比较少。"

另一位董事说:"新加坡还有一个好处,我们这儿没有贪污。最少,贪污的事情,我们极少极少听到。这样,国家的资金就不会被装进私人荷包,而是可以集中用到经济发展上面去了。"

大家讲了好一会,我又说:"请大家再想一下,还有什么是值得谈谈的?"

另一位先生想了想说:"做大官的人,大都没有什么架子。部长也得常常回到他的选区去,和推举他的民众见面,听取意见,否则将来大家就不选他了。我们这里,有不少人一当部长,人就瘦下去,因为他比平时要忙得多啦!几乎连星期天也得工作。我还可以举一个例子,说明做大官的人没有变得怎样特殊。我是每天早晨都到公园去锻炼的。我们的国防部长也是这样。因此,我们天天在公园里不期而晤,不过,我认识他,他却不认识我罢了。后来,倒是他首先向我打了个招呼。有一次他在路上无意碰了我一下,还连声向我道歉呢!"

当他们讲完这些之后,我又问道:"那么,有什么地方你们觉得不满的吗?"

一位董事说:"在学校教育中,把英文摆在第一位,华文摆在第二位。学生英文不及格不能升班,不能升学;但是华文不及格,却可以升班,可以升学。因此,华人学生的华文有越来越低落的趋势。我们真担心,二十年后,我们的子孙还能不能很好地书写华文!"

这一点忧虑,是新加坡华族人士普遍具有的。我在其他许多场合也都听到。别瞧新加坡不少地方,都贴有一张令人注目的加上图案的标语:在一个心脏图形之上,写着"我喜欢讲华语"这么一句话。新加坡华族人的普通话(他们称之为"华语")大都讲得很好,不仅远高于香港人的一般水平,甚至也高于大陆上广东人的一般水平。但是,讲是一回事,写又是一回事。联合早报和晚报所以郑重其事地举办金狮奖征文和两年一次的国际华文文艺营,的确是深谋远虑,大有根由的。

谈得差不多了。我就被邀到潮州会馆的俱乐部"醉花林"吃饭。这是一座别墅式的房子,墙上挂有"桑梓之光"字样的匾额。席前,会馆主席杨绍和先生赶来了,他是特意来和我会晤的。这天,他们设了一桌非常丰盛的筵席。杨先生说:"今天,我们都来讲潮州话吧!"于是,平时不讲的各式各样的潮语都出笼了。我在广州一年讲的潮语,也没有这一天讲的多。席间,这位潮籍新加坡人的首领不断赞美家乡的风物,乡土感情是很深厚的。他说:"潮州菜的鱼翅,Number one(第一)!其他的菜没得比。""腌膏蟹,只有潮州菜才有。""脚鱼(鳖)炖薏米,最合味了!"席间,一位在会馆负责文教工作的张先生表达了他的愿望,为了避免后代子孙数典忘祖,他们准备筹办一间陈列馆,陈列与先人从中国到外洋的事迹有关的文物,例如:大襟衫、竹篮、桌裙、糕饼印模等等,都得搜集。经费他们是有的,希望在提供实物方面中国能够多加协助。我说:"这是很好的事,我自然得为你们反映反映。"

那天,我们谈到很晚才散席。《联合早报》的莫先生又开车载我到街边的果摊吃榴梿,他一再说:"你到新加坡来,不吃一次榴梿怎么行!"新加坡的果子,在中国国内完全见不到,人们甚至不知道名字的大概有十多种。榴梿被称为"热带果王",山竹子被称为"热带果后",是最负盛名的。榴梿样子奇特,周身长满硬刺,像一个膨胀起来的古代武器狼牙棒,每个重约两磅至十多磅。用骨刀撬开尾部,里面有好几格,藏着柔软的果肉。果肉脂肪很多,爱吃的人誉为天下美味,不敢吃的人则认为像猪粪、烂葱一样可怕。至今大酒店中仍不准旅客携进这种名果。我们四个人在街边一个榴梿摊吃了几个,每人不过吃三四枚鸡蛋大的果肉而已,一计价是五十多新加坡元,如果除壳除核,纯以果肉计算,这种果子可能是世界上最昂贵的了。

深夜回到阿波罗大酒店,我推门走进姚雪垠的房间,探问姚老今晚国际华文文艺营的告别宴会上,有什么新鲜的事情没有。他说,告别时台湾的女作家三毛(即陈平,曾在联邦德国和美国求学,和一个西班牙潜水员结婚,在撒哈拉沙漠流浪过,后来因丈夫潜水时溺毙而失婚。她仍然持西班牙护照,在台湾一间大学任副教授,是当地著名的散文家,因爱看张乐平的漫画《三毛流浪记》而取了这个笔名)说,她反对共产主义,但是对祖国有深厚的感情,要求姚老像亲人一样吻别她。姚老说这是可贵的民族感情，就按西方礼节吻了她的双颊，当时三毛感极泣下，那场面被记者摄进镜头。姚老告诉我这桩事情时，也掉下了老泪。三毛对我们几个人都很客气，在公开场合也称我们为"老师"，我听后，不禁眼眶也发热了。

  出国访问的生活，一向是"吃得好，睡得少，忙得昏头又昏脑"。这戏剧性的一天就更甚了。人到了老年，感情仿佛变成固体，不像气体和液体那样容易流动。但是，这一天的遭遇，像是波涛撞到岩礁一样，仍然使石头发出了轰隆巨响。这一夜，我躺在床上，像老牛反刍草料一样，重新寻味日间的事情，很久很久都辗转反侧，唉！竟失眠了。

1985年3月于广州

烛光摇曳的船舱

香港有许多国家商人经营的形形色色的餐厅，它们常常各擅胜场，独标一格。在这些特殊格调之中，又常常显示了各个国家某方面的风貌。

我的老伴，三十年前曾经是香港一间女子书院的教师，三十年后重临旧地，许多学生都来找她，请她共进晚餐，我也被硬邀去了。

这些英文书院（洋办中学）的毕业生，当年毕业后有的在当地读了大学，有的又去英国留学，回来在香港都获得较好的位置，成了教师、校长、工程师、医生一类的人物，在香港，这都是"中等阶级"的成员了。她们的经济地位一般都不差，她们邀约赴宴的餐厅自然也是比较高级的。随着向导，我们的汽车停在中环，这里是香港地皮最昂贵的区域，一平方英尺的土地价值一万多至两万元港币，也就是说要五至六两金子才能买进"方尺之地"，设在那里的餐厅自然也是很不错的了。我们跟着走进一座灯火辉煌的大厦，转了几转，又进入一间灯光很弱的餐厅，每个桌面，都在烛台里燃着两根蜡烛，烛光摇曳，整个餐厅，显得幽暗得很。我心想："莫非停电么？"再一转念，才想到：不对！香港的电力供应很充裕，几乎连区域性停电也极少。餐厅的照明所以搞成这副模样，完全是有意布置的，这样的烛光，造成一种神秘的气氛和古老的情调，可以让情侣们在各个角落里更安心地喁喁低语。

当年的女学生，现在的一群中年职业妇女欢笑着接待了我们，用几张桌子并拢起来的我们这一席，是整个餐厅里最热闹的了。由于全席只有一个男子，为了使气氛更和谐些，我说："因为你们盛意邀约，所以我只好来了。今天我以家属身份出席，愿意多用耳朵，你们尽管谈，我在这儿旁听好了。"大伙笑了一阵之后，就开始了她们嘈嘈切切、海阔天空的谈话。而我，则细细端详着周围的一切。经过了这一阵子，瞳孔已经和比较暗弱的光线适应，这时，我才看到，这座英国人办的餐厅，是大有讲究的。原来，整个餐厅的布置就像一个船舱，四周有许多木头结构的部件，宛似船壁；中间还竖立着一根大木头，看来好像是船桅，上面有巨大的缆索垂了下来。这样的布置造成了一个假象，仿佛一只大木船航行于万顷波涛之间，我们此刻正在船舱里进餐似的。除了各张桌子上的烛光外，它也还有壁灯，不过吐射出来的，只是淡淡的光辉罢了。

这时我又观看周围的顾客和翻了翻菜单，尽管这里的服务员都是中国人，但是，顾客绝大多数是白种人；菜单，更是清一色的英文，并无半行中国字。英国人办的餐厅大抵就是有这么一副古老、矜持的气派。

同席的女主人们笑语声喧，有的抱怨香港的税收太厉害，一年十二个月的工资，其中有一个月得全部拿去缴纳所得税；有的叹息香港的大学太少，儿女中学毕业后，做父母的想送他们到欧美留学，又怕他们一去如黄鹤，音讯全无，每年只寄张"圣诞卡"来祝您健康，永远不再回来；因此计划把孩子送到菲律宾去。等等，等等。一面听着她们谈话，应酬几句；一面，我又从这间餐厅的古老情调，联想起许许多多事情来。

在这样的餐厅里吃一客西餐得花五六十元钱（相当于人民币十五六元），比一般的西餐要昂贵一倍以上。它的菜式，其实也并不怎样精彩，不过是靠这种古色古香的情调和高贵矜持的气派来吸引顾客罢了。资本主义社会某些人用钱是为了"保持身份"，或者说那是"身份费"也可以。模样儿差不多的两条领带，在路边摆卖的值五元钱一条，在大公司里摆卖的却可以标价四五十元。也许后者的质量稍为好一点儿吧，但是无论如何也不会好到十倍之多。同样牌子，同样质量的两件衬衫，摆放在路边货摊和陈列在大百货公司发售的，价钱可以相差一倍。西欧的衣服，价钱总要特别昂贵。它们不见得质量非常好，只是"牌子"格外时髦而已。香港有一种人，在这种环境里打滚，也就培养、训练出一对势利的金睛火眼，看人穿什么牌子的衣服，就可以迅速判断那个人的身份、地位、口袋里的饱胀、干瘪程度如何。这种状况，就更促使一部分人非某种牌子的东西不买，不待说，它也有利于大资产阶级攫取利润了。

其次，我想到这间餐厅也表现了英国的风格。在香港，你观察一下各国人办的餐厅，是颇饶趣味的事。中国人办的餐厅，常以富丽堂皇的东方式建筑招徕顾客。作为暴发户的日本，卖的"日本料理"，菜价惊人昂贵。美国人办的餐厅，以设备阔绰，菜式丰富吸引人，例如在铺着白台布的长桌上，摆上几十种菜式，外加冰淇淋、水果什么的，让客人自己随便取吃个够；有些餐厅甚至有自动旋转设备，每隔若干时候，食客们就可以轮流瞻望海景一次。每个客餐都一律收费五十元。这种花招，就是美国人想出来的。至于英国餐厅，像上面提到的，则以古色古香和高贵矜持的格调来吸引顾客。不知为什么，在那间"船舱餐厅"里，我老是想起了英国人的保守、持重，以及他们停滞不前的经济。英国人不是喜欢在客厅里悬挂什么"祖父钟"——祖父时代留下来的钟吗？英国人的古玩架上不是喜欢陈列三桅船模型吗？英国不是有过一种以手持弯刀的海盗作为商标的香烟吗？我总觉得那是一种破落户子弟怀念繁华前梦心情的体现。英国老板想到办这么一间烛光摇曳的餐厅，而且，也吸引了那么多洋人来就餐，我想：和这种怀旧情绪也不无关联。

再说，这间餐厅，也使我想起在这片十里洋场之中，和先进的科学技术、现代建筑、崭新产品、时髦花样杂然并陈的，是一些多么光怪陆离的古老东西！"船舱餐厅"是一例，在九龙那边，仿照《清明上河图》宋代的园林、房屋格式建造起来，全部受雇人员也都穿着宋代服装的"宋城"，又是一例。香港有五六十层的高楼大厦，但是一些僧道庙观，香火也异常兴旺。闹市之中，头皮剃得铁青的中国尼姑和穿着黑白两色衣服的西洋尼姑经常穿插其间。挂一面镜子"挡煞"的房屋，写上"屋前屋后财神，五方五土龙神"之类字样的洒金红纸，也到处可见。这使人想到资本主义社会很像一个个奇特的果子，它有熟透了的部分，但是也有青得发酸发涩的部分，一种历史力量使它们成为一个十分奇异的统一体了。

在烛光摇曳中，我不期然想起这么多的事物来。

1980 年 12 月 15 日于广州

1985年秦牧回到阔别五十三年的新加坡母校：端蒙小学(后改为中学)

1985年与夫人紫风摄于庐山含鄱口

在澳门喷水池旁

澳门是一个风光美丽，既保持着浓厚的东方情调，又洋溢着南欧色彩的城市。

造成这种状况的原因是谁都知道的。葡萄牙人占领中国这个渔村并把它经营为城市，从一五五三年到现在，已经四百多年了。他们起初是以曝晒被水浸湿的贡物为借口借居这块地方的，以后借地又改为租地，每月租金白银五百两。再到后来，不但租金一文不交，又陆续侵占了氹仔、路环两个离岛，使澳门的行政区域，从五点四平方公里扩大到十五点五一平方公里。

这自然是中国历史上的耻辱。但是澳门现在和香港一样，归还有期了。新中国的崛起和世界潮流的趋势，终于使历史翻开了新页。我们也可以怀着一种比较舒畅的心情，在澳门的市街里闲逛了。

这座小型的，但又是著名的国际性城市，只要有三天时间，你就可以把它主要的名胜古迹、豪华建筑基本看完，但如果联系深远的历史来驰骋遐思，那它可以让人流连的地方可就要多得多了。

我到澳门的时候，自然去逛了妈祖阁。中国的渔民信奉的神祇是"天后娘娘"，"天后"一名"妈祖"，被人们视为河海航行的保护神。中国南方各地，凡是渔民水手麇集的港口必有"天后宫"，澳门作为古老的渔村，这样的庙宇就一直从明代给保存下来了。

我又去看了"大三巴牌坊"。这是一座巍峨的教堂经历大火之后遗留下来的壮丽前壁。"圣保罗教堂"最初的建筑竣工于四百年前,后来屡次毁于大火,最后一次大火是一八三五年,以后就仅存下那巍峨的前壁了。在鸦片战争之前,这残壁便已矗立在这儿。"大三巴"不过是"圣保罗"的音讹罢了。这座牌坊一直是澳门的象征。

我又去看了澳氹大桥。这座大桥横跨于澳门半岛和它的离岛"氹仔"之间,全长二千五百米,弧度很大,给人一种既雄伟又潇洒的印象。在桥上,时常可以见到来往于港澳的水翼船在碧海上犁开了航路,掀开了朵朵的浪花。

我自然也去看了令人目迷五色的葡京大酒店。这座远看像个雀笼似的大建筑,是澳门的另一个象征。澳门是"东方的蒙地卡罗",最大的赌场就设在葡京大酒店里面。世界各国的赌客像小鸟似的纷纷飞入这座"雀笼"里,然后又纷纷"铩羽而归"。在这座"雀笼"里流传着无数荒唐可笑而又凄凉悲惨的故事。

我自然还登上东望洋山,鸟瞰了澳门的全貌;还在澳门的一条条马路上徜徉。

最后,我来到澳门市政厅前的喷水池旁,在矮矮的石围栏上坐下来。中央的喷泉高高喷起水柱,四围中型喷管又喷出了较低的水花,红、橙、黄、绿的彩灯照耀着,使飞珠溅玉的喷泉闪耀着瑰丽的色彩。这里是闹市中比较幽静的一角,坐在石围栏上,既可以观赏马路上的车水马龙,又可以听一听淙淙的泉声。特别是我在披阅澳门史料时获知的一点常识,使我坐在喷水池旁,感慨万千。

外地初来乍到的旅客们很难想见,这座风光优美的喷水池,原来还有一段曲折的故事呢。

从一九四〇年到一九六六年,二十六年之间,这里矗立着一个葡萄牙军曹的铜像。这军曹状貌凶悍,拔剑鹰视。一九六六年底铜像被澳门的中国群众推倒以后,这里变成了花圃,以后又改建成喷水池。

如果要谈那个军曹的故事,就要追溯到一百多年前的历史了。这段往事,是充满惊涛骇浪,令人热耳酸心的。

鸦片战争之前,虽说澳门被侵占了,然而清政府在澳门仍设有海关,香山县的县丞,移驻前山寨,专职管理"民夷事务"。葡萄牙人对于清朝的官吏,还是有所忌惮的。

鸦片战争前夕,林则徐在虎门销毁了两百多万斤鸦片之后,曾经在道光十九年三月二十六日和邓廷桢一起率领一行地方官员,到澳门视察。虽说是卯时到、巳时走,前后不过三个时辰,但是礼节却很隆重。葡方军队首领率官兵仪仗列队欢迎,这个首领"具手版禀谒",林则徐"申明禁令,谕以安分守法,不许存贮禁物,徇私奸夷……"他们唯唯诺诺,再三行礼而退。林则徐一行经过各个炮台,各炮台都发炮十九响致敬。后来,葡方兵总还"率兵送至关闸"。这些史料说明,那个时期,澳门的葡萄牙人,还不是非常嚣张的。

但是鸦片战争之后,葡萄牙人眼看到英国得寸进尺,他们的野心也就受到了鼓励。他们逐渐越过了界墙,封闭了中国设在澳门的海关,拆毁香山县丞的衙署,驱逐清朝驻澳官员,越界在墙外屯兵兴筑炮台,这时葡萄牙的驻澳总督叫做亚马勒(Γ. De. Amaral),是一个十分骄横的军人,他时常纵兵蹂躏村民的庄稼;为了扩张地盘,又命令村民搬迁祖坟,屈从的付给一丁点儿补偿费,不从的就掘坟发棺,把骸骨胡乱抛入海中。对"祖宗庐墓"十分珍惜爱护的中国农民感到受了莫大的侮辱。村民完全不能指望见到洋人就害怕三分的清廷官吏进行什么交涉。于是，一场风暴就悄悄在酝酿了。

一八四九年农历八月二十三日，望厦村的农民沈亚米（沈志亮），决定挺身歼仇雪耻。他侦知总督亚马勒经常到附近驰马郊游，就约定了同乡郭金亮等六人，在关闸附近埋伏，他们策划得异常周密，先在路旁撒满了鲜花和豆子。傍晚，当亚马勒与副官乘马出来漫步的时候，坐骑嗅到了鲜花、豆子的味道，停步俯首咀嚼。沈亚米冲向前去，递一封信给亚马勒，亚马勒是一个在殖民战争中失去一臂的独臂将军，当他把信咬在嘴边撕开的刹那，一竹竿横扫马身，马受惊腾跃，六个青年农民持刀赶至，亚马勒正要拔枪的时候，沈亚米举起劈刀，击中了亚马勒的下颌，一阵乱砍之后，亚马勒倒下了，他的副官也负伤鼠窜了。

沈亚米砍毙这位澳门总督之后，割下他的头颅和独臂，前往祠堂祭祖。为了保护战友，他宣称"一人做事一人当"，泰然向官府自首。郭金亮也争着去自首。两人争认是杀亚马勒的主凶，因此都被收监。沈亚米对郭金亮说："你上有老母，下有妻儿，我是单身汉，一死何足惜！"颟顸的官吏在澳门葡方的压迫下判处沈亚米死刑，郭金亮遣戍边疆。沈亚米被杀后，前山市民把他埋葬在北门外，石碑上镌刻了"义士沈亚米之墓"七个大字。

亚马勒被狙杀后的第三天，澳门一个葡萄牙土生炮兵军曹美士基打（A. C. Mesquita）向澳门临时执政议会提出请求，他要挑选"敢死队"十六人，前往袭击关闸和北山岭拉塔山炮台。执政议会批准了他的要求，他就率领了"敢死队"，另加自愿随往的二十人出发了，临行时，执政议会主席又为他祈祷祝福。

这支小部队攻入关闸以后，曾经俘虏了清朝的汛兵三人，作为亚马勒事件的人质。他们以榴弹炮攻击拉塔山炮台时,只发一响,榴弹炮就脱轮毁坏。炮台守军密集炮火还击,葡方号手中弹受伤,形势本来对他们不利,美士基打仍然呐喊向前,率一些人从崎岖山路迫近台基,炮台炮火失效,士兵四散,竟被攻入。美士基打实行报复,割取了清朝守台军官的首级和一条手臂,插于刺刀之上,耀武扬威而还。

这之后就发生了沈亚米慷慨就义的事情了。这个凶悍阴鸷的军曹竟成了殖民主义者心目中的"英雄"。事隔九十年后,葡方竟为他在市政厅前立了铜像。

这铜像后来被中国群众推倒了。它原来所处之地,成了我现在坐在旁边憩息的喷水池。

时间的流水滚滚流逝,它淹没了许多事迹。但有一些历史事件记述在典籍里,却是淹没不了的。

试想在饱受侵凌的日子里,祖国曾经蒙受过怎样的耻辱。现在香港、澳门都归还有期了,我坐在澳门的喷水池旁,回想这两座城市的往事前尘,仍然感慨万千。现在,中国的确像巨人一样屹立起来了。

在澳门喷水池旁,我吟成了一首小诗,现在就附录在这儿,作为本文的结语:

波光帆影旧渔村,
远国艨艟忽叩门,
堤岸老榕经劫难,
教堂隧道蓄金银,
三巴壁下寻余烬,

喷水池旁说古今,
历史行将翻新页,
炮台数座立黄昏。

1987 年 6 月 5 日于广州

访蒙古古都遗迹

吉普车在大草原上迅速行驶的时候，真像是一匹烈性的骏马，它纵情驰骋，跳跃咆哮。遥远处一队骆驼，一群羊，一个丘陵，一面湖泊，一霎眼就移到眼前来了。车轮过处，草原上的野禽展翅飞翔了，土拨鼠惊慌逃窜入洞了。人坐在车里，颠簸得就像婴儿躺在摇篮里一样。当我们在蒙古人民共和国的西南部，访问过洪吉尔图温泉疗养院，鄂尔浑大瀑布，取道哈尔和林回首都乌兰巴托的时候，我的心怦怦地跳，老是在想：呵，这著名的哈尔和林，历尽沧桑，今天它是怎么一个样子呢？

哈尔和林，也许今天世界上知道它名字的人数量已经很少了，中国，甚至蒙古自己的人民，熟知它的事迹的也并不是很多了。然而，七百年前，它却的的确确曾经是欧亚大陆、烜赫一时的中心。在中国的史书上，简称做"和林"的，就正是这个地方了。

十三世纪，当世界史上空前庞大的蒙古帝国在东方崛起的时候，蒙古族占领的土地，最辽阔时，曾经东起朝鲜半岛，西至波斯小亚细亚和俄罗斯南部，南至中印半岛和南洋群岛一部（爪哇），北至贝加尔湖，成吉思汗和他的子孙们秣马厉兵，东征西战扩大他们帝国版图的时候，这个哈尔和林，一直是他们活动的中心。选择哈尔和林做首都，并在这里正式筑城的，是成吉思汗四个儿子之中的继位者窝阔台，但是成吉思汗自己，老早就曾经率着部众在这一带活动过。窝阔台定都以后，历经好几个大汗，这里都一直是蒙古帝都，直到元世祖忽必烈，才迁都到燕京。忽必烈迁都的原因，除了因为他率兵攻宋，亲眼看到中原的富庶繁华，觉得燕京是一个建都的好地方之外，也可能由于：他的帝位原是夺来的。当他正在中国鄂州地方作战的时候，大汗蒙哥死了，部众推举哈尔和林留守皇弟阿里不哥继位。忽必烈赶紧回师来和兄弟争夺大统，经过五年的战争，忽必烈获胜了，在哈尔和林登上了宝座。但是，他破坏蒙古族的"忽烈而台制"（大会议）的行为，却引起了各个藩王的严重不满和武力反抗。窝阔台的长孙海都，联合好几个藩国和叔父忽必烈展开了长期的战争。在这种情形下，忽必烈当然会想到，迁都到比较遥远而又在自己力量严密控制下的燕京，是比较妥当的了。

在哈尔和林成为欧亚大陆中心，蒙古大汗们在这儿发号施令的时候，它究竟是怎样一个样子呢？在中国的史籍中，记叙它是一座筑着四个城门的小土城。城内有两条大街，一条叫做"回回街"，居住着商贾，一条叫做"契丹街"，居住着工匠。东门买卖粮食，西门买卖山羊绵羊，南门买卖牛和车辆，北门买卖马匹。这种记载自然有相当可信部分。元朝把燕京定为大都以后，也在燕京设马市、牛市、羊市、人市（贩卖奴隶），分别进行买卖。我在乌兰巴托看到一些当地出版的汉文书籍，里面关于蒙古历史部分，描叙当年哈尔和林，则比较繁华一些。那里面说，那时这座城市麇集着来自欧亚各地的能工巧匠，耸立着各种华丽建筑，还有喇嘛庙，回教堂，基督教堂等等，十分热闹。把这些记载综合起来看，也许是更接近实况的吧。当时的蒙古帝国的王公将帅们，他们的剽悍军队所到之处，虽然杀人如草，动不动就屠城洗劫，但是他们的确是尽量留下工匠，并且把大批工匠搜罗到他们的统治中心去的。他们也的确是遵从大汗的命令，保护各种宗教，鼓励一切宗教，为他们的统治效劳的。

这座七百年前烜赫一时的古城，在整个元朝时代，虽然帝都迁移了，它却仍然保持着相当重要的地位。当时意大利的大旅行家马哥波罗，就曾经访问过它。至今，《马哥波罗游记》中还留下关于此地风光景物的描写。后来，它是怎样变成废墟的呢？原来，朱元璋的大明帝国建立了，把元朝的最后一个皇帝——元顺帝托欢铁木耳驱逐出塞外。但是，战事并没有从此了结，托欢铁木耳集兵反扑。这个在元朝历史上著名荒淫的皇帝败亡以后，他的儿子又继续在哈尔和林整军经武，和大明帝国的军队不断交战。起初，朱元璋的部将并不是每战皆捷的，例如在洪武五年，大将徐达率军十五万进攻哈尔和林，就曾经大败逃回。此后，战争绵延不绝。但一个腐朽了的帝国终究敌不住一个新兴的帝国。因此，据蒙古自己史籍的记载，一三八〇年——也就是朱元璋登位的十二年后，明朝的军队终于攻入哈尔和林，并且放了一把火把这个城市烧个精光了。

后代的蒙古人当然会缅怀哈尔和林繁盛时代的风光。马哥波罗的游记在这方面倒给了他们一些满足。那位在中国住了十七年，在亚洲各地一共逗留了二十二年的马哥波罗的确不愧为大旅行家，他把当时东方各种重要的事物都描述到了。记得一九五四年，当马哥波罗诞生七百周年的时候，意大利特地为他出了纪念邮票，除正面头像外，左面是一根威尼斯狮头柱，右面是一根北京龙头柱；邮票上还赫然有四个中国字："欧亚联璧"，这四个字倒是很好地赞扬了马哥波罗的功绩的，他着实使当时的西方人更多地理解东方。

也正因为在他的游记里描绘了不少重要事物，因此，他也为东方好些国家保存了若干史料。蒙古人根据那部充满传奇色彩的游记对哈尔和林的刻画，制成了好些模型。我在中央省省会宗莫多的博物馆里看到一个模型，它表现的是一座欧洲式的宫殿，殿前的广场上，有喷水池，还有长着翅膀的天使，在两旁，则有一些悬空的、很像是戏院包厢的房子，看到这完全欧化了的景物，不禁令人疑信参半。六百年前，马哥波罗的游记以它的奇特的情节风靡了欧洲，成为继《格列佛游记》(大人国，小人国的童话)之后的畅销书。但是，人们普遍认为那里面描述的事物是浮夸矫饰的，马哥波罗临死的时候，神甫甚至因此定要他忏悔。马哥波罗虽然不肯忏悔，但是从宗莫多博物馆里那座哈尔和林宫殿的模型看来，这位大旅行家的描绘不见得是尽如其实的吧。欧洲建筑师虽然可能到哈尔和林来设计宫殿(因为当时的游牧民族自己不会有太多的建筑师)，但要说在蒙古大草原上矗立起来的完全是一座欧洲式的宫廷，怎么是可能的呢！

　　几个世纪前的事迹如烟如雾地飘散了，当年的哈尔和林究竟是怎么一个模样呢？蒙古人不满足于一切书面的材料，又曾经进行过考古发掘，在这儿，他们掘出了一些巨大的圆柱，一些陶制的水渠……这些六七百年前的地下文物，使人依稀想见这片平静的草原上当年宫殿巍峨、人声喧沸、商旅云集、战马纵横的景象。

　　当我们的吉普车朝着哈尔和林进发的时候，我思潮起伏，想着这一切，心怎能够不怦怦地跳呢！我是以一个中国客人的身分来访问的。当我们各自的祖先都还受着剥削制度、大民族主义的枷锁束缚着的时候，那些帝皇卿相，大汗王公，他们怎能够不互相侵凌，弱肉强食呢？饱了欲壑的是一小撮贵族，生命涂炭的是大量的百姓生灵，这对于中国的百姓，对于蒙古帝国的百姓，原本都是一样的。当年的蒙古贵族，他们率领的军队侵入中国以后，屠城洗劫，是无所不用其极的。他们曾经把南宋帝后陵墓一一发掘，掠夺了一切宝物之后，又把那些骸骨和牛马的骨头拌和起来埋葬。甚至在战争完全过去以后，他们还规定了：杀死一个无辜汉人只需赔驴一头。而大明帝国的皇帝大将们呢，当他们利用群众反抗外族压迫的怒潮，夺得了权力以后，挥军进入蒙古的时候，也是无所不用其极的，这里面也自有极其残酷的杀戮，一把烈火把哈尔和林烧成了废墟也就是一个例子。几百年的时间像潮水那样奔腾流逝了，今天的我们，和蒙古朋友一同去凭吊这古都遗迹的时候，自然不必为那一切帝皇卿相、大汗王公们的所作所为而负疚，但我却不免为古代一切善良无辜的牺牲者而情绪翻腾。况且，我们是从颇为宁静整洁的乌兰巴托绕一个大圈到这儿来的，一个现代国都和一个古都废墟的对比，该是多么的强烈！和我们同行的，除了蒙古人，还有东欧人，一同去访问一个中古时代的战争遗迹，那种"抚今思昔"的心情，自然是免不了的。

两驾吉普车鱼贯驶进一个平坦的草原，蒙古中部的草原，虽说是绿草萋萋，一望无际，但是却到处起伏着倾斜度不大的丘陵。这哈尔和林地带可着实是莽莽苍苍的平野，它的地形，使人不禁想起华北大平原。汽车驶到鄂尔浑河畔停定了。我们走下车来，看到这条大河横腰筑了一条拦河坝，五月时节，蒙古一般河流的水量都不会很大，但这儿由于有一条拦河坝，坝前的河面突然宽阔了，清清的河水像一幅闪光的锦绸，漫过坝面，浩浩荡荡地奔泻，巨响如雷。我们站在坝旁的附带建筑物上面，纵览河上景色，深深领略到这儿的一种粗犷之美。陪同我们一同游览的一位蒙古小说家告诉我们，这项水利工程是中国支援建设起来的，一切工程师、工人和器材，都来自中国。工程建成以后，引水进入各条干渠支渠，已经使广大的草原变成了良田。这些事情使我们感到衷心喜悦，我们以大坝为背景,和蒙古朋友亲热地并肩照了相。

当我们走上河岸,想回到汽车上的时候,遇到两个中国老乡,他们拿着钓竿,要到上游去钓鱼。彼此一听到乡音,就热烈地攀谈起来。他们都是建筑工人,不久行将期满回国。他们热烈探询国内的状况,并且告诉我们,鄂尔浑河里鱼产十分丰富,一二十公斤的鱼,也并不难钓。我问他们,钓到的最大的鱼是哪一种,他们毫不犹豫地说是鲨鱼,其中有一位说钓过一尾三十多公斤的。这个答案也许使人们感到奇特吧,为什么淡水河里有鲨鱼呢!但是我想这是极有可能的。在蒙古中央博物馆里,我们看到许多鱼的标本,都很像海鱼,蒙古在太古时代曾经是海,历经沧桑变化,陵谷迁移,才变成了现在这个样子,但是在石头里还是到处可以找到海产生物的化石。一些海鱼由于环境的变化和后天获得性的遗传,适应了淡水的生活。像贝加尔湖之有淡水海豹,淡水龙虾,淡水鲨鱼,中国四川之有淡水水母一样,是并不怎样奇怪的。

和两位中国工人依依握别之后,我们又登上吉普车,向遥远处一座城堡模样的地方驶去,汽车越往前开,越发使人感到这片草原的平坦辽阔了,极目眺望,四处都见不到边,蓝天如罩,盖住了这辽阔得奇异的大地。"平沙无垠,敻不见人。"这些描写古战场的文字,如果把"平沙"二字易成"草原",真是贴切不过了。成吉思汗的儿子,当时选择建都的地点是煞费一番苦心的,这儿既靠近鄂尔浑河,地势又是这样的平坦辽阔,几十万人马在这儿操练,也该没有一点儿局促吧。那些十三世纪时代的建筑物,现在在地面已经不可复见了,散落在这片巨大无边的草原上的,是一些零星的蒙古包,活像一朵朵蘑菇,还有一座现代化的牧民文化宫,一个加油站，它们的体积和这巨大的草原比较起来，都显得异常渺小。唯其这样，那座巨大的城堡似的四方形建筑物，就越发显得是最触目的东西了。

我们的汽车，直朝这"城堡"驶去，听蒙古翻译的介绍，才知道这原来是十六世纪时代留下来的寺庙，名字叫做"额尔德尼昭"，现在已经没有什么喇嘛在里面念经礼佛了。偌大一座城堡式的建筑，只有一个管理人带同他的家属在那里驻守，平时寺庙是四门紧闭的，要找到那个管理人才能够进去。

汽车越驶近"额尔德尼昭"，越发令人感到它的雄伟气势，它是等边四方形的城堡式建筑物，高高的墙壁，每隔一定的距离就嵌进一个类似北京北海公园的白塔那种样式的佛塔，在四角处又在角塔之外再建几个塔，四围的塔总数是一百零八个。每一面"城墙"中间有一座大门，很像是城门，在"城堡"外，是一点也看不到内部建筑的模样的，但是光看这个外貌，就足够使人想见里面的气派了。那不是随便可以容纳几万人，当年大喇嘛们可以在里面为所欲为的地方么？虽然现在这些墙壁有些已经剥落了，白塔有些已经崩颓了，但你仍然可以依稀想见它香火鼎盛，晨钟暮鼓响彻遐迩时的热闹景况。

汽车驶到了西面的"城门"，我们下来出力地敲着门环，阒无反应，只见里面的乌鸦成群飞起，我们的汽车又驶到北面的"城门"，再用力擂门，仍然没有反应，于是又到东门去，不但擂门，翻译还用蒙古语大声地叫喊了，里面依然毫无声息。那情景，倒像是里面完全没有人居住一样。这时，另一部吉普车还没有赶到，我们的司机只好把汽车驶到加油站去，在那里一面加油，一面等候蒙古领队和东欧客人乘坐的那部汽车赶到，再行结伴寻访。

蒙古的这种加油站占地很大，好几个巨型的圆筒油箱整齐地排列着。管理这种加油站的通常只有一个妇女，她就坐在一座小木房子里管着油掣。当司机在木屋前忙着加油的时候，我遥望着这茫茫草原，看不到几个蒙古包，更看不到几个人，只有那沉寂的寺庙像历史的幽灵似的，在烟霭中巍然峙立。真是难以想到这里在十三世纪时代，曾经有一座威震欧亚的城邑，各国的商旅都在这里麇集过。这个废墟的荒凉更加使我想起乌兰巴托的美丽，乌兰巴托那一幢幢奶黄色、天青色、浅蓝色、银灰色的楼房，那苏赫·巴托尔广场的晨曦，那神态悠闲的行人，宽广整洁的马路，那夜里闪闪发亮的霓虹灯管，此刻是格外的令人想到了！一个废墟与一个比较现代化城市的对比，那距离可以说是够大啦！

　　不久另一部汽车赶到了，那位蒙古小说家告诉我们，已经找到"额尔德尼昭"的看守人，我们的吉普车就向那座群鸦乱飞的寂寞"城堡"驶去。这回，看守人已把大门打开，迎候着了。这是一个态度安详的中年人，穿着标准的蒙古袍，腰间束一条绸带，脚上踏一对短统皮靴，他还牵着他的女儿——一个十岁左右、很聪慧的小姑娘向我们热烈地表达了欢迎的盛意。

　　走进那个"城门"，一个宽阔的天地展现在我们眼前。这里面可以说又是一个小型的草原，除了西北角有一列庙宇外，其余地方都荒废着；绿草如茵，夹杂着一堆堆的瓦砾，在草地的一角，有一个小小的蒙古包，这就是看守人一家的住宅了。外面敲门时里面是不一定能听到的，因为声音传达到这辽阔的小型草原，难免变得异常微弱。我想哈尔和林偌大一片地方只存下这座巨大的建筑，而它又已经荒废了，里面只住着一户人家，这位看守是个恬静悠闲、熟知史事的中年人，紧紧跟着他的又是一个聪明乖巧的小姑娘！这种情景，使我们仿佛到了一个中世纪传奇般的境界。那个小姑娘对来访者极其热情，她向我们喃喃说了许多话，可惜，除了问候语以外，其他的我一句也不懂。她热情地拉住我的手，亲热地和我并排走着。一路我们互相瞅着，微笑着。

看到有一群生人走了进来，庙宇屋顶上飞起了大群乌鸦，我仔细一看，不但地面上乱草纷披，屋顶上也有一些地方长出青草来了。五月时节蒙古仍然寒风飒飒，一路走着，大家的衣襟腰带都迎风飘卷，走到近庙宇处，那看守人站住了，指着地面，激动地讲了很多话，我低头一看，见到地面用石头铺成一个巨大的圆圈，其中几处有大钻孔痕迹，听翻译叙述，才知道他说的是：自从哈尔和林古城毁于兵燹，到十六世纪的时候，又有一个笃信佛教的大汗想来重建名城，但是，他主要只是建成这宏伟的"额尔德尼昭"，他当时连自己的大金帐也搬到庙里的旷地上，足见宗教信仰之深了。这石头铺成的圆面，就是大金帐的遗迹。石头与石头的缝隙处虽然野草摇曳，但是这个帐基还是清晰可辨，它比现代的普通蒙古包的基地，大概是要大五六倍的。

看守人率领着我们继续向前走，来到了那几座大体还是相当完好的佛殿跟前，他搬去了木"栏马"，取出了一大串钥匙，打开了一处处的佛殿和旁边的耳房，让我们参观。各种佛像的制作是极其精巧的，给人以金碧辉煌、神采生动的印象。供桌上面，有各种精美的瓶碗、镶银的法螺、各种法器，和残存的坚果。在耳房里，则挂着一些佛像，以及哈尔和林古城地下发掘出来的陶制水渠之类的文物。

我亲访哈尔和林古城遗迹，在那茫茫草原之上，看到的就是这么一些东西了。当我们重新踏着荒草，走向这城堡式建筑的大门的时候，我不禁想起郁达夫的一篇游记来。他在游览马来亚古城马六甲以后，曾经表达过想和一个古代鬼魂烹茶夜谈的愿望，虽然世间根本不会有鬼魂，这愿望照常情来说是荒诞的，但有时漫游古迹，人的确会涌起"会一会古人，会一会来者"的奇异的念头。我想，如果能够有一个十三世纪时代活到现在的人，亲口告诉我当年这哈尔和林曾经发生过的一切，该多好呵！成吉思汗是怎样举着他的象征权力的大纛在这里发号施令的？忽必烈是怎样带着千军万马从这儿迁都的？元代中国南方的汉人兵卒常被遣戍到这里，他们又是怎样听雁唳而神驰乡井，对月华而怆然泪下的？两个帝国的大军又是怎样在这城下鏖战，腾起了漫天烽火的？……时间像是潮水那样喧哗流过了，好些往事我们已经不能一一知道它的细情末节。现在我们在这片莽莽苍苍的草原上徘徊，虽然也像前代的人们在别的古迹上盘桓似的，会想到了"旧时王谢堂前燕，飞入寻常百姓家"、"宫女如花满春殿，只今唯有鹧鸪飞"一类的诗句，虽然也有以"浪淘沙""望海潮"等词牌填一阕寄慨兴亡的词的念头，但是更多的却是作为一个社会主义国家的公民前来访问的严肃感情，因为已经跨进了新时代，我们才会以这样旷达的心情来游览这样的古迹，像在博物馆里看生物化石那样看中世纪历史的陈迹。这样一想，我就深深地感到挽着这蒙古小姑娘的手，就像是挽着一切亲切对待我们的国际朋友的手一样。

我充满了激情，俯身拾起了一枚哈尔和林的小石子，珍重地把它揣进衣袋。我是从不玩古董的，但是这样的古董，我倒愿意保有一枚！直到和那个安详恬静的古庙看守人，和他的小女儿殷勤道别，汽车重新向那昔日殿阁嵯峨，今日芳草萋萋的大草原进发的时候，我还在不断地玩着那枚小石子。心想：回到国内以后，在狂风暴雨的夜里,在月白风清的夜里,我有时也会拿出这枚小石子来端详端详的吧,它将使我想起哈尔和林,想起历史的残酷和新时代人类生活的曙光。

1963 年追记

脊 梁 颂

日本学者增田涉写的《鲁迅的印象》一书，里面有好些珍贵材料，是我们在其他地方没有看到的。例如其中有一则这样说："歌人柳原白莲君从日本到上海时，因为想会见中国的文学家，由内山完造先生的照应，邀请了鲁迅和郁达夫，在一个饭馆里见面，我也陪了席。那时，鲁迅很说了些中国政治方面的坏话。白莲君便说，那么你讨厌出生在中国吗？他回答说，不，我认为比起任何国家来，还是生在中国好。那时我看见他的眼睛里湿润着……"在紧接着的一段，增田涉谈了自己的观感："他由衷地爱着中国和中国人。所以任何时候都思念着中国和中国人的将来。"

自然，这里的"中国人"，它的意义应该是"中国人民"。

在各种回忆鲁迅的文字中，我们是极少看到关于鲁迅流泪的记载的。然而在这一段回忆录里，却谈到鲁迅提及"还是生在中国好"时，眼睛里泪花闪烁的情景。这段叙述很简单，但是，我觉得它感人甚深。

鲁迅自从留日回国以后，就不再出国远行了。在夜气如磐，荆天棘地的日子里，他受压迫，受凌辱，受通缉，身罹重病，工作纷繁，有人劝他出国疗养，他谢绝了。三十年代，李立三曾经劝鲁迅署真名写一篇痛骂蒋介石的文章，然后高飘远引，坐苏联轮船到莫斯科长期避居。鲁迅认为这种徒逞痛快于一时，接着却长期去国，脱离斗争生活的做法不好，也拒绝了。联系前前后后的事情看，对旧中国，鲁迅是恨透了。然而他眷恋祖国，对祖国的未来，寄托着

1985年访新加坡途经香港时摄(左二为秦牧,左一为东瑞,右二为姚雪垠)

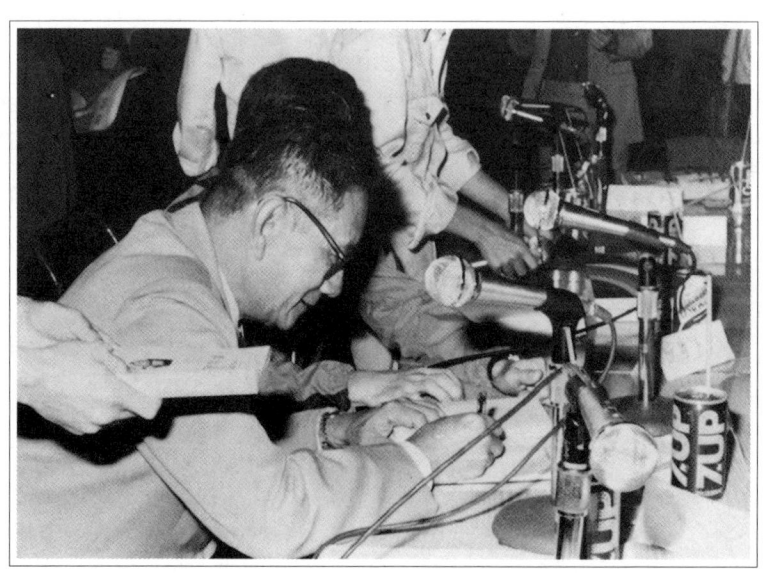

1985年访新加坡后途经香港时摄

强烈的希望,决不愿为了个人的舒适生活,远走高飞,到国外去经营什么安乐窝,而置祖国和人民于不顾。想一想他的噙着泪水的眼睛吧,那里面有多少激越的感情和震撼人心的言语!

最近我常常想起增田涉的这一段记叙,倒不是由于鲁迅诞辰一百周年日渐临近的缘故,而是:在建党六十周年纪念的日子里,我想起许多优秀的共产党人鞠躬尽瘁,百折不挠地为人民的解放和共产主义事业而奋斗,在经历重重打击的时候,永不后退,更没有想到躲避出国,去逍遥海外。他们对祖国对人民的眷恋之情,和晚年作为共产主义者的鲁迅,风格上恰好交相辉映。

像朱德、彭德怀、贺龙这样的老一辈无产阶级革命家,他们是在革命处在非常困难的日子中,敝屣高官厚禄,抛开安逸生涯,投身到无产阶级革命队伍中的。他们从此长期进行九死一生的斗争,终其一生,无论经历怎样的艰难险阻,受到怎样的打击折磨,都从不徘徊却顾,总是那样的一往无前。

投身到革命队伍的人们,有的一时受人构陷,横遭嫌疑,以致被组织开除,他们却在军情紧急之际,紧紧跟着队伍,不愿离去,苦苦要求参加战斗,接受考验。有不少人就终于在考验中重新回到队伍中来了。好些革命老根据地都曾经发生过这样的事情。这些跟着队伍苦苦恳求的人,希望获得的并不是富贵尊荣,不是舒适闲逸,而是一个艰苦战斗以至于慷慨献身的岗位罢了。

一批老一辈无产阶级革命家,在十年动乱中受尽了骇人听闻的折磨,有的被一群人面东西打断了肋骨,有的长年累月被囚禁在暗无天日的牢房。一旦平反了,一般人以为他们从此将气息恹恹,消沉懒散地度过余生。谁知他们在苦难的日子里却读完了《资本论》,一恢复自由后又以龙马精神,废寝忘餐地辛勤工作了。世俗人以为这是完全难以理解的事。但试听听他们之中一个的声音吧:"共产主义者是永远不会颓废消沉的。颓废消沉的就不是共产主义者。"某些人对于这样的人的无法了解,就正像他们对鲁迅有到海外逍遥度日的机会,却无论如何辞绝不去那样地难以索解。

不少伟大革命者在十年浩劫中被折磨得死去了,但是就在他们逝世之前一瞬,他们也绝不后悔自己走过的道路。彭德怀同志临终前的遗言是:"我死以后,把我的骨灰送到家乡……把它埋了,上头种一棵苹果,让我最后报答家乡的土地,报答父老乡亲。"这里面完全没有一点绝望的哀伤,仍然洋溢着献身的虔诚。

我们完全可以相信,像祖国这样的忠诚的儿女,如果奇迹一般,他们的生命能够重新开始一次,他们选择的必然仍是为祖国,为人民的幸福继续奋斗一生的道路,"虽九死而无悔"。

中国共产党艰苦奋斗了六十年,尽管走过不少曲折的道路,尽管曾经碰到各式各样凶恶的敌人,又受过各式各样侵入自己内部的两面派、蛀虫式人物的损害,但一个充满生机的新中国毕竟出现了,为人民献身的精神比起旧时代来是更加弥漫了。我国的著名科学家中,许许多多都是在新中国成立之际,在外国抛开优裕生活,冲破艰难险阻,甚至因此减重数十斤,争取回到国内来的。这种精神,近年来又有了新的发扬。自从粉碎"四人帮"以后,许多过去曾经受过"左"倾机会主义分子棍棒,身上伤痕累累的专家学者,获得了出国访问的机会,他们之中,从没有出现过一个逃兵;甚至过去千方百计想外逃的也坚决回来了。从这些人身上,从不少临终时把一生积蓄献给国家的人物身上,我们看到了国家的希望和榜样的力量。马克思的朋友、德国诗人海涅说过一句很重要的话:"谁不属于自己的祖国,他就不属于人类。"这句话,也许某些角落的人们听到，会感到不怎样舒服吧。但我以为它的确是掷地有声的铿锵语言。同样的道理，谁真正属于祖国，谁才真正属于人类。伟大的爱国主义者才能够成为伟大的国际主义者。近代史上，中华民族的脊梁式的人物，已经为此作出了许多有力的答案。

在伟大的中国共产党建党六十周年之际，值得讴歌，值得颂扬的事情是很多的。但我首先想讴歌和颂扬的，是那些真正以自己的血汗，推进了人民的革命事业，生命是一阕英雄进行曲，而绝不是一笔烂账，因而也就俯仰无愧，光辉长存的人物；不管他们有名无名，在党内还是在党外，是统帅还是士兵，已经死去还是健在。这样的人物，是中华民族的脊梁式的人物，有了他们，中国的革命事业才能够一浪推着一浪，不断向前。我们的生活里才有了阳光，儿童们才有了笑脸。我们的道路也才能够越来越发宽广，节日里也才有了真正的欢乐。

1981 年 6 月 28 日于广州

哲人的爱

好几年前,我读过一则消息:青岛医学院教授沈福彭,一九八二年二月因病去世,他生前殚精竭虑,尽瘁教学,亲嘱死后将遗体献给医学教育事业,五脏作局部解剖教学用,骨骼制成标本,供示教用,用遗体"再站一班岗"。这则消息使我大受震撼,掩卷沉思,神驰黄海之滨。一个彻底唯物主义者的献身精神,一个哲人对群体无私的爱,尽在不言之中了。

继沈福彭教授之后,北京医科大学前任校长胡传揆教授也在生前自愿地把遗体献给学校作为骨骼标本。这两位医学教授的事迹先后辉映。据我所知,遗嘱捐赠肾脏、眼球,以至于躯体,或以利他人,或造福群众的事虽有不少,但是遗嘱指定把自己的遗体制作骨骼标本供教学用的事我极少听到。中国先进的知识分子对于舍己为群,献身祖国具有怎样坚强的意志和崇高的风格,从这样的事例中也可以想见一二了。

一九八七年底,我突然接到青岛医学院一封来信,那是院长办公室的工作人员寄来的。里面除了信件外,还有一张人体骨骼图片,那就是沈教授遗留下来的骨骼标本了。信里有这样的话:"他去世后,由他的学生将骨骼制成骨架,陈放在青岛医学院解剖学教研室的标本室里(外有玻璃罩),人们每过此室,都以十分崇敬的心情,瞻仰骨架。"信末这样说:"秦老……你能否为我院沈教授写几句话,如蒙赐字,我们将把它刻在玻璃罩上……"

我端详着那张骨架图片,百感纷纭。这具骷髅给予我的不是忧惧、哀伤，而是亲切、鼓舞。我把图片放在写字台的玻璃板下，早晚工作时经常瞧它几眼，我觉得它对我的灵魂，有净化的作用，犹如明矾之可以净水一样。我的写字台的玻璃板下，没有任何绮年玉貌，皓齿明眸的明星歌星的照片，却有这么一张骷髅的照片。这并不是因为我已经是老头子了，即使我是个风华正茂的青年人，我也会这样。面对这张照片，崇敬、可亲的感情驱除了一切渺不足道的杂念。

这副骨架图片仿佛给了我一道无声的命令，我决意写那将被刻在玻璃罩上的几十个字。

平素写些小文章我是不起草稿的。但是为了写这几十个字，我却决定夜里到附近僻静的街道上长时间漫步，思索、酝酿。我想起了一位文豪类似这样意思的话："当你把笔插进墨水瓶里的时候，如果不是蘸着自己的血来写的话，那就不要动笔。"

那夜月色溶溶，柠檬桉雪白的树干显得十分高洁。月光透过凤凰木，洒落了一地斑驳的光点。长街寂寂，阒无行人，我来回踱步，一次、一次又一次。那具骷髅在我眼前冉冉腾起，我的想象使它还原为血肉之躯：他埋头在灯下研读，他屹立在讲坛上讲学，他以深邃的眼光凝视人群，毅然写下献出骨骼遗嘱的情景，历历如在目前。我虽不是教徒，却涌起一种教徒似的心情，渴望能够有个和神圣的魂魄对话的机会。

我知道这位教授生前曾经受过政治上不公正的待遇，然而，"风暴压不断雄鹰的翅膀。""异端待我，国士报之。"

有人死了，还要造地宫，造金字塔，棺上要加内椁外椁，坟上还要盖巍峨建筑，死者仿佛撑开了棺盖，伸出手来喊道："再给我东西！"有人死时，临终还拼尽气力，讲出这么一句话："我想再奉献！"掠夺者和奉献者之间的距离，该是多么遥远！

　　那夜我在街上盘桓了很久，回家后对着骨架图片，铺开稿纸，写了一张又撕了一张，最后，拼尽我的心力，终于写出了这么几十个字的《献辞》：

　　　　他生前叮嘱献出遗骸，
　　　　指定骨架标本在这儿陈摆。
　　　　玻璃橱里是他特殊的坟，
　　　　玻璃橱外是他浩瀚的爱！
　　　　一纸遗嘱直如震世春雷，
　　　　一宗心愿想见哲人气概。
　　　　让我们脚步轻轻走进大厅，
　　　　伫立丰碑之前默默礼拜！

1988 年

梦里依稀慈母泪

有一位我所敬爱的长者——杜国庠同志（哲学家，曾任中国科学院广东分院院长），生前曾经这样对我说过："母亲是最值得怀念的。一个人能够长大，一般来说，主要靠母亲。母亲们含辛茹苦，在养育孩子上的功劳，是一般做父亲的难以比拟的。"他这番话，我很有同感。我还记得杜老早年用过的一个笔名，就叫做"念慈"。

大概也就是由于这样的缘故吧！世间人们所写的怀念母亲的文章，比怀念父亲的要多得多。有时，我也很想写一篇。但人的感情是很奇特的，对于太熟悉，太亲切的人，提起笔来，思潮如涌，有时反而有一种"欲说还休"的感情。我经常怀念我的母亲，但是多年来却始终没有写成什么文章。

最近，因为有所感触的缘故，终于下决心要写一篇了。

我的父亲原本是乡间的一个裁缝，后来漂洋过海，浪迹南洋各地，当了资方代理人，成为新加坡一间米行的经理；但是最后又破了产，摒挡回国。在他比较有钱的时候，他娶了三个妻子（按照旧的传统说法，是一妻二妾），我的生母和三母，都是"妾"。她们两人有一些相同的命运，小时候都当过婢女，长大了都做"妾"。

在旧社会生活过，或者读过《红楼梦》之类小说的人，都知道婢女、丫头（在广东又有"赤脚"、"妹仔"之类的别称）是怎么一回事。旧时代，贫苦人家（大抵是农民，自然也有少量城市贫民），在穷得无以为生的时候，就把女儿卖给大户人家当婢女。如果是在哀鸿遍野的旱涝凶年，有些地方还会出现"人市"，成群女孩子被插上"草标"，作为贩卖的标志。平常年景，贩卖就是零星地进行的了。每当一户农家穷得生活不下去的时候，"中人"就上门了，把他们的十岁左右的女孩子带给大户人家看看，那些地主绅商们的女眷就出来评头品足。凡是相貌标致的，身体健壮的，价钱就多一点。因为等到这些婢女长大的时候，转卖出手时价钱也可以相应高些。凡是相貌差的，身体弱的，脸上受过伤，"破了相"的，或者"流年八字不好"的，价钱就给压低了。被卖的女孩子一过门以后，往往就给改了名字，什么春兰、夏莲、秋桂、冬梅之类就是。有些穷家女孩子被卖断以后，父母要来探视她们都很困难。有的大户人家根本不让进门。有的穷父母三两年来一趟，还得拿红桌裙围着身子，才算"辟了邪"，准许走进"花巷"（就是从侧门进去的地方）和女儿短暂聚一聚。好些婢女的卖身契，还有写着："凭中说合，一卖千休"、"倘有落水夭亡，各安天命"的。婢女买卖，实际上可以说是古老的奴隶制社会的残余。

  我的生母叫做吴琼英，三母叫做余瑞瑜。这自然都是后来起的名字，她们做丫头时的名字，生母叫做"莲香"，三母叫做"绿霞"。因此，我从小听到的关于丫头生活的故事特别多，她们告诉我，有些丫头被养主鞭打，每天早上到河边洗衣的时候，常常各自揭开衣袖裤管，彼此出示伤痕。有的丫头由于吃不饱，竟偷生米，捉盐蛇吃。有的丫头晚上给"老奶奶"、"少奶奶"捶腰的时候，由于太疲倦了，打着瞌睡，竟给那些老奶奶、少奶奶一脚踢下床来。我的三母亲告诉我：有一户人家，一个少爷为了寻开心，晚上特意支使一个丫头上镇买东西，他自己则扮神扮鬼，装成活无常的样子，头上戴着高帽，脖子上挂着冥镪，还画黑了脸，躲在暗处，当丫头走进暗巷的时候，他大喝一声闯了出来，竟把那个丫头吓得瘫倒在地，最后不治身死。

但是，我的这两个母亲很少谈及自己的婢女生涯。上面提到的那些事情，大抵是她们的同伴或者附近人家的。不过，她们自己的生涯，不待说，也是相当凄苦的。

读者们大概会这样想：我在这里记叙的主要是我的生母的事迹，但实际不然，我虽则也会谈谈我的生母，但主要部分却是谈我的三母。她给我的印象，比生母给我的还要深。

我的这两位母亲，由于少年时代都曾经度过艰难竭蹶的生活，长成后健康都很差。我的生身母亲吴琼英患有肺病，在我八九岁的时候就逝世了。她生前，对待儿女十分严格，操持家务井井有条。她常常把少年时代的悲苦生活告诉我们兄弟姊妹，要我们立志向上，同情穷人。她长期受疾病的折磨，曾有一个夜里企图悬梁自尽，解除痛苦，被我的弟弟发现，弟弟号叫起来，全家人都惊醒了，她这才被父亲从绳套里救了下来。但是不久她就因病重逝世了。我们兄弟姊妹围着她的遗体哭泣，她的眼角竟然渗出了泪水，这事情给我们的印象当然非常深刻。当时我完全不能理解这是什么原因，到了长大以后，我才知道人刚刚死亡的时候，并不是全身的器官同时死亡的，有的器官还保持着一定的机能，所以一个人刚咽气的时候，并非任何器官对外界的影响都毫无反应。

生身的母亲死后，三母亲就从乡间远涉重洋前来照顾我们了（原本她和大母亲一同住在乡下）。前此，我的生母在世的时候，她也曾经到新加坡来小住过，相处也还融洽，我们都认识她。按当时的习俗，我们叫她"三姐"，因为照封建社会的规矩，儿女们对父亲的妾侍，丫头出身的母亲只称为"姐"（生母例外），这规矩，到了多年以后，我们才不管三七二十一，把它破除了，改口称她为"三姨"。但是，直到如今，我的叔伯兄弟提起她时仍然称呼为"三姐"，这样的称呼使我异常厌恶。似乎一个女人只要是丫头出身的，一辈子都要低人三分。封建习俗的残余在中国的确是相当严重的。

三姨自己没有生儿育女，而我的生母却养下了七个男女。当她来到新加坡我们这个海外的家，照料我们的时候，她才三十多岁，照现在的标准来说，还是个"女青年"呢！但是她已经要挑起教养七个不是自己所生的孩子的责任了。

她的身子一直都很瘦弱，体重从来没有超过一百斤。而且，她又有昏眩病，每当发作起来，就脸色铁青，咬紧牙关，不省人事。要旁人撬开她的嘴巴，灌下药去，才逐渐苏醒。但是在她能够下床走动的时候，就总是很勤劳地操持家务。她，一个婢女出身的人，当然没有受过什么学校以至私塾的教育，然而依靠自己随处留心，居然也认识一些字，可以看懂普通的书信和便条，只是不能书写而已。

我小的时候异常顽皮，是兄弟姊妹中受父母惩罚最多的一个。在学校被老师打，回到家里被父母打，因此常常遍体鳞伤，鞭痕像大蚯蚓似的遍布在小腿大腿上。这些鞭痕，有些是三姨给我的，但是她打我厉害的程度，并没有超过我的生身母亲。由于我比较倔强和调皮的缘故，有时她打我，我也打她（那时我大概十岁的样子），两个人像走马灯团团转地扭打着。照一般人的看法，这样的非亲生的母子关系，以后发展下去一定很糟糕了。但是事实不然，到我长大以后，我们母子关系是相当好的，原因是：三姨既有严格的一面，也有慈爱的一面。例如，当事过境迁以后，她有时就噙着泪水给我的伤口涂药。即使是小孩子，对于大人的善意或者恶意，也是常常有很好的判断力的。在当时，她可能认为"打"是最好的教育方法之一了。

在这么一个家庭里，管这么一大群孩子，真不是一件简单的事。我的大哥患肺病，常常需要煎药照料。我的小妹妹由于是在我母亲病重时产下的，先天不足，孱弱爱哭，三姨在她身上特别花费了巨大的心力。我的小妹妹后来和她的感情极好。

我的父亲是一个豪迈好学的商人，足迹踏遍南洋各地。到过好些国家，很爱读书。但是他酗酒成性，每当酒醉回家，常常大吵大闹，有时也对三姨乱发脾气，这样的场面出现了多次。在这种场合，我们总是把同情放在三姨一边，一个人在小时候的境遇对他以后一生的发展的确很有关系，由于对父亲酗酒的反感，我长大以后，竟成为一个不会喝酒的人，一杯白酒就足以使我醉倒。

当父亲破了产之后，我们的日子就很不好过了。不久他摒挡一切回国，除大哥在一间酒店工作，大姊已经出嫁，留在新加坡外，我们都被带回"唐山"乡下。这时我们家境大不如前，我念书的学费，有的是三姨拿出她的私蓄来供应的。事情隔了几十年，有些场面我还记得很清楚，那就是：每当夜读时，她拭亮了灯筒，为我点火的场面；我上床之后，她用蚊灯细细照蚊子的场面；以及她从柜子里取出一些小小的金饰，瘦弱的手拿着厘秤，称着重量，给我作为学费的情景。

那时我们的家境很困难，她拿出这些仅有的微小金饰，是大不容易的。她常常织网换取微薄的收入，补充生活。织网所得异常微小，大概是一千网眼才三两个铜板吧。网店在这宗生意上进行了惊人的剥削。夜里，每当我在灯下读书的时候，听到三姨一针一针织网的声音，常有一种心碎的感情。

有一次，我患上严重的皮肤病，手上，腿上，生了许多疥疮。三姨耐心地为我洗涤、涂药。那时，我虽然只是十三四岁的少年，也很过意不去。心想："将来我长大了，一定要很好报答她。"

少年时代的心愿，到我长大以后，总算在若干程度上实现了。抗战期间颠沛流离，经常穷困不堪，和家乡的通讯联系也断绝了，那段时间除外，抗战胜利以后，我几乎有三十年的时间，每月拿到工资，第一件事就是给三姨汇寄生活费，并曾专程好几次回家探望她。一九七一年那一次，十年动乱期间，我在九死一生之后，回乡看她，离别时我在巷里走了几十步，看到她不在大门旁，又折回家里看她一次，见到她为伤别之情所折磨，哭倒在床上。我想到这可能是最后一面，平时极少哭泣的我，眼眶也发热了。过了几年，她终于逝世，我为此悒悒郁郁地过了好些日子。

三姨给我的印象，比生母给我的还要深得多。解放前，她知道我和革命活动多少有些关系，并没有阻拦我，只是叮嘱我要小心而已。

"精诚所至，金石为开。"不是亲生，也可以建立起真挚的母子之情的。

我们这一家，也是一个例子。

现在，和睦亲爱的家庭很多。但是，吵吵闹闹，几无宁日的家庭也不是很少。有些人对于同处一个家庭的非亲生孩子，即配偶以前和别人所生的子女，一点爱心都没有，以至于水火不能相容。有些人对于继母继父，也视同仇敌。更有些人，被极端个人主义所支配和腐蚀，连对自己的生身父母，也冷冷淡淡，甚至横加虐待。每当看到这些事情时，我就感触很多，甚至十分愤慨。我写出上面这些事情，不仅是抒发我个人缅念三姨之情。同时，也想让人们知道，不是血缘关系的父母和子女之间，也是可以建立起深厚的感情的。

爱是生活中的暖流，我们的生活不能缺乏爱。但是一个人要得到别人真正的爱，首先要懂得怎样去爱人。社会主义的精神文明，比这个又有更高更高的要求了。

1983 年 10 月于广州

青史留芳究是谁

——谈海峡两岸统一的未来功臣

近年来,台湾同胞到中国大陆访亲、探友、经商、游览的越来越多了。在不少学术性集会,以至于公园、商场、车站、机场上,我们都见到一批批台湾同胞。倾谈起来,大家都很高兴,言下之意,两岸统一,中国统一,迟早总归是要实现的。我的家在广州黄花岗附近,闲暇时常到那儿散步一番,坐在公园的靠背椅上看书,常有一队队台湾旅游团的成员经过,彼此虽然从未谋面,但是在那儿见到,总是互相微笑点头为礼,有时还扬手招呼,这种情形,看似平常,实际上象征着对于祖国统一的向往和渴望,体现同胞情谊,这是清楚不过的。现在,报纸刊物的征文活动很多,过去的大规模征文,尽管应征稿件雪片飞来,但是全国有两个省、区,却常常是缺门,它们一个是西藏,一个就是台湾。年来这种状况发生变化了。某些征文单位有时也收到西藏的来稿,而以《故乡水》之类为题的征文,也不时收到台湾的作品了,它们有的是正在游览大陆的台湾游客写的,有的是从台湾辗转寄来的。这些作品,描绘的是台湾同胞思念故里的情怀和回乡探亲时刻的欢愉,抒发了阔别的感慨,至性至情,因此也就常能感人肺腑了。

例如有一位台湾同胞离乡四十年,他把家乡四川万县称做"既熟悉又陌生的故土",踏上码头的时候,一片黄叶落到他斑白的头发上,他立刻捡来夹在本子里,准备带回台湾送给妻儿。他已经六十多岁了,踏入家门的时候,九十岁的父亲、八十九岁的母亲都老泪横流,他们像研究古董一样端详他的手,抚摸他的头。已经做了爷爷的这位台湾同胞,说他蹲在父母身旁,甘愿再当一次小孩子,让父母看个够,摸个够。父母滴下的热泪,落在他的脸上,和他的泪水混合在一起。他说这是"幸福的泪,快乐的泪"。站在一旁观看的亲人,也为他们的重逢洒下泪水了。

和这事同样感人的,是有一篇文章说台湾一位根雕艺术家渴望回到大陆探亲,但是因为宿疾发作已经无法成行。他在临终的最后日子里,奋力雕刻深深铭记在自己脑子中的家乡的桥,刻成之后,遗嘱带回给故乡人民,就永远闭上眼睛,垂下双手了。

本来,这些故事应该是属于远适异国的华侨的,现在却发生在海峡彼岸,故事主角在中国最大的一个海岛上,这怎能不令人寄慨遥深呢!举办以《故乡水》为题的那一类征文,报刊常常收到各国华侨华人的来稿,他们去国万里,乡邦之思,有的简直令人回肠九转。有的人说,他怀念故乡一棵老树,因为他小时候,母亲曾经要他把这棵老树契做爷爷。有人说,他当年带着出国的乡井土现在还留在箱里,不时拿出来观赏神凝。有人斥资要他的孙儿回中国来登临一次长城,在城上高呼一句说:"我是中国人的子孙啊!"录下音来带回国外播送给他听。有个华侨少女抱病乘船回国观光,航行大半旅程的时候,病势沉重,她自知可能不起,仍然要同伴扶她登上甲板,遥望一下祖国的海岸线。至于好些老年人,身体已经相当衰弱了,仍然带一笔钱赶回祖国来,要为家乡修一道桥,或者办一所学校,盖一间图书馆。这类掀起人们情绪波澜,以至于令人感慨万千的事情,出自远适异国的人们身上,是很容易了解的,但是出在大陆和台湾同胞身上,就不能不令人叹息人为隔绝的残酷,想到两岸重归统一的历史庄严课题了。

谁都知道，两岸的民间来往现在一天天加强了，和解气氛逐渐浓厚了。正像阴霾消散之后就有晴天一样，两岸统一，中国统一，是全国人心所向，历史潮流所趋，是逻辑的发展，是时代的抉择。尽管阻力还有，例如一小撮"台独分子"在叫嚣跳嚷就是，但是明眼人会想到那不过是一小批历史小丑的闹剧，"蚍蜉撼大树，可笑不自量。""尔曹身与名俱灭，不废江河万古流。"除此之外，各式各样的阻力当然也是有的。但是，我们如果像登高山，俯瞰大地江河流向一样来观察这个问题，就会理解，江河虽有曲折，总的流向却是很清楚的。无论它怎样的弯来曲去，总的流向却占着支配地位，伟大的中国的统一毕竟是历史的必然，这是铁定了的。不论是北京还是台北，任何有识之士都看到这一点。中华人民共和国的领导人历次的谈话，是大家都知道的。蒋纬国先生曾经发表文章驳斥"台独"谬论，着重指出三个要点，台湾人和大陆人都是中国人；双方都要求统一；双方都主张改善人民的生活。这是掷地有声的铿锵语言。这样的议论是十分令人赞赏的。以此种共识为基础，增加各种接触，解决一切实际问题。大局为重，推心置腹，统一大业，何患不能完成！

我们现在不妨设想这么一种前景：在未来的中国统一的伟业中，谁将成为名垂史册的人民功臣？自然，这样的功臣不只是几个，而是有一批，他们在大陆、台湾都会有。但是谈到关键人物，可能涉及的面就要狭小一些了。这样的人物，值得在历史新页上大书特书，而且必将成为光耀万代的政治星辰。尽管中国在各个历史时期也有过各种程度的统一局面，但即使是到封建时代，"国中之国"、"裂土称王"的人不少，还谈不上高度的统一，未来的大统一是台湾、香港、澳门都和祖国密切统一在一起，历史上出现过的

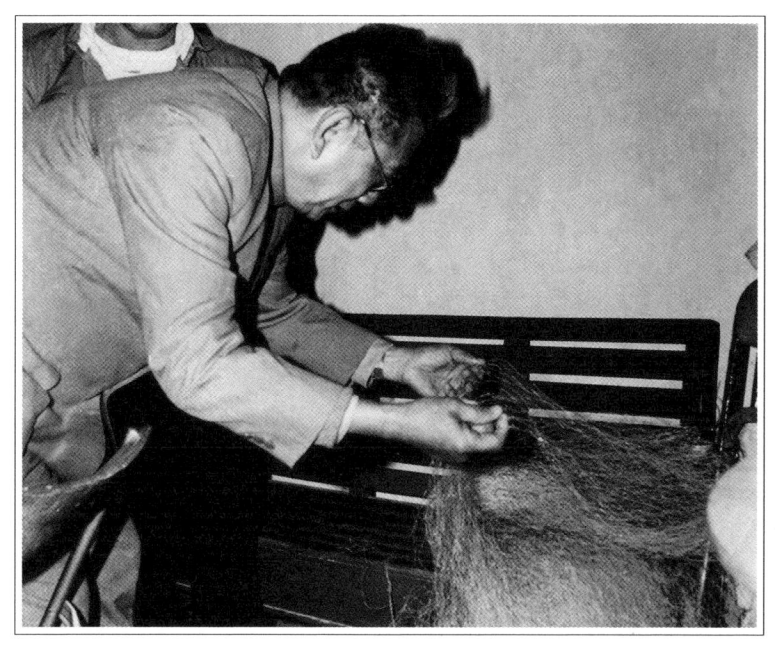

1986年访南澳岛,参观渔家,细察捕鱼工具——胶丝绫网

1987年摄于兰圃(中为秦牧,左为端木蕻良,右为紫风)

西北、西南边疆省、区若即若离的局面已完全消失了,那真谈得上空前的大规模的统一。在这一进程中发挥巨大作用的英雄人物将永远活在未来千百代的中国人心中,可以说是绝无疑义的。它必将成为铁一样的事实。

回顾中国的历史,那些完成统一事业的,英勇抵抗外国侵略的,毁家兴学的,为人民办了极大好事的,在学术上作了卓越贡献的,人民必然世代追念他。而帝王卿相,王孙公子,那部分徒知利己和享受之辈不过与草木同腐,粪土一堆而已。这个道理是永恒的。后之视今,也犹今之视昔。英雄造时势,时势也造英雄,今天的历史就有这么一个黄金机会,让一批人成为中国统一伟大事业中的英雄。只有大智大仁大勇,而又处于某种关键地位的人物能够担当这一重任,但也得他们有当机立断,敢作敢为的气魄,并且行动恰当其时才行。

不久以前我们纪念辛亥革命八十周年,有些报纸谈起了一件往事:武昌起义开了第一枪的熊秉坤成为英雄,多年以后,当他成为皤然一叟的时候,在北京举行的一个酒会中,溥仪主动走上前去称赞他是了不起的英雄,亲自向他敬酒。历史这样的发展,大概是熊秉坤放第一枪时始料所不及的。今天能够对中国的大统一作出卓越贡献的人,历史将给予他们的报答恐怕也是他们自己始料所不及。

这样的人将不仅能够解除上文提到的,两岸隔绝给千千万万人带来的痛苦,而且将为中国走向繁荣富强进一步铺平道路。时代号召志士,历史呼唤英雄。人们不仅翘首北京,也瞩望着台湾。

1992 年

无名氏登山英雄

近年来,攀登珠穆朗玛峰的运动越来越频繁了,从北坡攀上去的,从南坡登上去的,都有。

除了我国的登山健儿,曾到达那海拔八八四八米的峰顶以外,登上这个高度的还有不少国家的好手。浏览那些新闻,常常可以看到一些新鲜的事情。

攀登珠峰的,不仅是那些锻炼有素,经验丰富的运动健将,也有资本主义国家的一些普通职员和家庭妇女。他们中有的人也居然真的爬上去了,在山顶的小坪上照了相。从这些报道里,使我想起人类的潜力是多么巨大,有时简直就像神奇的原子能蕴藏在普普通通的原子里一样。

更使人产生许多联想的,是尼泊尔的一个叫做"舍帕"的民族,族里有好些人,专门以担任登山向导为业。他们一次又一次地导人登山,在冰坡、冰川、冰塔、冰蘑菇之间穿来穿去。登山者爬不上去的时候,他们还时常拉人一把。那有力的一拉,往往成为爬山者最后能否登上峰巅的关键。而当不少登山者到达顶点,喜不自胜,如醉如狂地拍照留念的时候,舍帕族的向导人倒不一定参加。

不仅如此,登山运动者攀登上珠峰之顶,创造了纪录之后,一般也就不再作第二次的攀登了。而这些舍帕族的登山向导呢,却是一次又一次地导人登山。有好些人还在风啸雪崩中终于献出了生命。死后,世界上也没有多少人知道他们的名字。

这就是我多次阅读关于外国人从南坡攀登珠峰的新闻以后,对尼泊尔这些登山向导人的印象。有时，我不禁想起他们在冰天雪地里行进时的雄姿，想起那些静静地躺在雪堆里，不断征服过群山的勇士们的尸体。一般的登山健儿是值得赞美的，而这些几乎从不留下姓名的登山向导的事迹，却更使我崇敬。一般的健儿对冒险犯难只是偶一试试罢了！而他们却把那当做家常便饭。一般的健儿登上峰顶就拍照留念了，而他们却从来很少留下照片。一般的健儿登上一次世界屋脊的绝顶名字就到处传扬了，而他们攀登了许多次，甚至因此殉身，却从不留下姓名。

　　舍帕族的登山向导，使我想起了许许多多的事情。

　　世界上，有些豪阔的人物，到什么荒野和森林行猎一次，猎得一头狮子，一只老虎，一条鳄鱼之类，就剥制下来，做成标本，摆在客厅。碰到客人光临，就带他们参观，自豪夸耀："这是我亲自射杀的狮子……"然而世界上有一种猎人，他们已经亲手击毙了许多头狮子，老虎，许多条鳄鱼，却从没把一条制成标本，陈列客厅。他们对此也毫不在意。

　　世界上，有些钓鱼消遣的人，偶然钓到一条大鱼，就赶紧拍张照片，以资纪念。然而有些捕鱼老手，生平不知捕过多少千吨鱼，有的还亲自用镖枪插进大鲸的躯干，或者持一把利刃在海里和鲨鱼搏斗过。他们却从来没有拍过这种惊险场面的照片，甚至对自己那样的经历，也不大谈起。如果你从他们的家庭照片里看到他们，那样子也不过是一个普普通通的渔人而已。

　　有姓有名的英雄固然值得人们尊敬（自然，喜爱自吹自擂的就未必那么可敬了），没有留下姓名的英雄同样值得人们尊敬（而且，有些还是特别的可敬）。但是，未必人们都会去想起和尊敬这样的英雄。这应该说是历史遗留下来的一种缺陷。

有人看戏的时候，目光专注在主要演员身上，却从没有想到幕后满头大汗的布景师、服装、灯光管理人……

有人看到创造世界纪录的运动员，就会高声喝彩，却从没有想起培养世界冠军的那些默默无闻的教练。

有人看到一部好小说会入迷神往，称道作者的名字，却从没有想起那个组织这部小说，一段一段，改正了它的错误，为它的校订付出了大量心血的没有登出姓名的编辑和校对。

有人会为一个医生的一项出色的手术而热烈欢呼，宣扬这个医生的姓名，却没有去想过医治好千千万万人，却从来不为人知的乡村医生和护理员。

像这样的事例少吗？不少！

和这一类事情相应的，是这样的气氛就像催化剂一样，培养了这样一种人：在众目睽睽之下，他就干得兴高采烈；在无人注意的场合，他就没精打采。有名有利的场合，他就有劲；没名没利的场合，他就像泄了气的皮球。

长期的阶级社会养成了对英雄崇拜的风气，无产阶级革了剥削阶级的命以后，社会的风气起了一定程度的变化，崇拜的对象一般已经是人民的英雄了。但是重视有名的英雄，忽视无名的英雄的气氛依然相当浓厚。

我想：随着无产阶级革命的深化，随着共产主义道德的发扬，这样的风气该是会逐渐改变的吧？不会真正尊重和热爱无名英雄的人，大概也不可能以普通劳动者之一的风格，生活于群众之间。

无名英雄是否日益受到人们衷心的敬重，大概也是衡量我们社会是否一天天在前进的重要标志之一吧。

真正的英雄即使默默无闻，他毕竟还是英雄。

从远方的无名的登山英雄,我想起了这一切。

天安门前的无名英雄纪念碑,应该永远矗立在我们每个人心中。

低徊寻思话老年

真快！青年时代没有想到：自己也能活上七十岁！当我第一次被人呼唤为"某老""某公"的时候，真有"岁月催人老""惊呼热中肠"的异样感受。回忆金色童年，拉弓射鸟，张网捕鱼，到马戏班喂大象，在草地上放风筝，笑语声喧，嘻嘻哈哈的日子，离现在也并不是太遥远呢！童年的生活印象，如今也谈不上已经到了雾锁尘封的地步，但是，曾几何时，自己已经"垂垂老矣"，非复"昂昂少也"。当年那种"健如黄犊去复来"，在郊野能够辨认遥远物体，秋夜能够听清楚千万昆虫的美妙大合唱的生涯，已经往事如烟，终生不可复得了。

中国的古代诗文，咏老之作，大抵是一番冷冷清清，凄凄惨惨的格调，无非是忧生哀死，叹老嗟卑的一套。但是，也有少数，能够力排陈言，独标一格。纪少瑜的"残灯犹未尽，将尽更扬辉"。刘禹锡的"莫道桑榆晚，为霞尚满天"。苏轼的"谁道人生无再少，门前流水尚能西，休将白发唱黄鸡"。便是其中的佼佼之作。我喜爱这种爽朗豁达的声音，远胜于哀哀戚戚的呻吟。

有人把老年称为"衰年"，这自然是很有道理的。青年不解"老"的滋味，以为老年人必然气力枯竭，上下楼都要人扶，偶然跌一跤就会一命呜呼，事实并不尽然。虽说也有"气息奄奄，人命危浅"的老人，但不少老者未到最后的日子，精神健旺，可以登泰山，渡长江的依然大有人在。问题是老年人比较起自己的青壮年时代来，的确容易感到疲倦。有时晨起精神奕奕，但是工作了一两个钟头,就像一株蔫了的花草似的,沉重得垂下了头,困顿得不成样子。我有时会禁不住骂自己:"你是怎么回事啦?怎么一下子就累了?"但转念一想,又顿觉释然。人到老了,便逐渐接近死亡的境界,"死"尚且必然到来,何况"累"呢!逐渐走向死亡的过程,也就是日益增加疲劳感受的过程,正像从秋天进入冬天,逐渐增加了寒意一样。这完全是事理之常,何必大惊小怪!如此一想,对自己也就网开一面,"法外施仁",让自己随时休息,有精力就干,没精力就拉倒,真个是"葛天氏之民"了。

  日本也有人称老年为"乐龄","第二个青春期"。从体力来说,这种叫法未免牵强,然而从心理来说,却是颇有见地的。儿童时代是"混沌初开",像天色朦胧的拂晓,不去说它。少年,青年时代,像繁花生树,蝶舞蜂喧的春天。壮年时代,像丰草长林,葱茏一片的夏天。初老的时候,像是雁阵横空,枫林尽染的秋天。到了真正老的时候,那就像是白雪皑皑,宁静肃穆的冬天了。春天夏天固然值得讴歌,秋天冬天又何尝不值得赞美,人如果大半生都胡胡混混,到老来脑子就像"一盆浆糊",那就不消说了;否则到了老年,比较上智慧饱满,理性清明,逐渐掌握了事物的规律,洞知大千世界的因果法则,像孔夫子说的:"从心所欲不踰矩"。这时候,像老牛反刍一样,可以细细咀嚼的事情甚多,足供记忆的陈迹也甚多,如果自己还干一点工作的话,料中的事情也远较青壮年时代增加了。这种老年情趣,是远非青壮年时代可以媲美的。默坐骑楼花木之间,一杯香茶在手,偶尔能够"思接千载,视通万里",感到"此中有真意,欲辨已忘言"。真是乐在其中,不亦快哉!这份欢愉,绝不是夤缘奔竞之辈,饮食征逐之徒所能够享受的。年轻人也难以尽知"个中三昧"。

一个人老了，不免常常会总结平生，有哪些事做得漂亮，有哪些事做得差劲，并且像个严格的老师似的，也给自己评分。我回首前尘，给自己打了七十二分，不多不少，是个"中游"。这时我自己忽然"一分为二"，一个死乞白赖地恳求说："不能多给一点分数吗？"一个板着脸孔峻拒道："不行，就是这个分数，够公道了。"惊觉之际，额头似有微汗呢！

一个人老了，不免想到生平所遇见的人，体会史书之中，很多都是谎言。并且体会"知人之明"，是世间最艰深的学问之一。我想起一些纯洁高尚，可歌可爱的人；也想起一些卑鄙恶劣，可恨可憎的人。想起前者，我感到愉悦；想起后者，我又感到愤怒和悲哀。这时，我的心灵之门里面就好像伸出一只小手，力图把可恨可憎的人推出门外。唯其如此，近年来我有一个奇特发现：我所憎恶的人物的名字，有一部分我竟给忘记了。我只归纳出这样的经验：凡贪婪的人必然卑鄙，凡谄媚的人大抵残酷，自奉极丰者往往对人刻薄，自视过高的人就不免要践踏别人的尊严。这些话，可能有人视之为星相术士的呓语，实际上，这是痛苦经验的结晶。对于这些，年纪较轻的人几乎是难以理解的，壮年老年人之中，可能就有知音者在了。

我干了半辈子的文化工作，到老年之际，悟出了一个道理：人的聪明，在起点上，原是差不多的。天才和白痴，都只占人类中的极少数。绝大多数的人，颅腔里那一千五百克左右的脑髓，资质原本都差不多，只是由于加工量的大小（这是指的阅历、学习、思考、锻炼）才形成了差别。差别形成之后，就像滚雪球似的，剪刀差越来越大了。如此而已，岂有他哉！从这一点出发加以探索，学习、工作这类事情，毅力尤重于聪明（当然，必须具备起码的聪明)。学习水平,工作成绩,实际上是靠点滴积累而成的。"泰山不辞土壤,河海不择细流。"这话说得到家!凡是看不起日常平凡工作的人,到头来都不可能有巨大的积累。再说,好些人同样一辈子都在学习,有的到老来充满了智慧,有些人则知识显得杂乱无章,并不见得有多少思想上的锋芒,原因何在呢?我认为:它的关键之处,在于能不能够融会贯通,并逐渐掌握规律性,系统性的真理。能够提高到理论高度,就可以"由博返约,以约驭博",使知识成为自己的血肉,古人说:"探骊得珠""智珠在握",这"珠",就是根本性、规律性的学问。能够掌握这类学问,才谈得上知识方面的条理井然和运用方面的举一反三。老来对这些道理就感受更深了。

一个人老了,虽然比较容易走进智慧和豁达的境界,但是世间很多事情都有两面性,"老",对于好些人来说,又常常是一个危险的关口。有好些人,竟是到了老年,才坠入罪孽的深渊的。"老悖疯癫""倚老卖老""老奸巨猾""老气横秋"……指的就是这一类人。因此,有句咒骂年老的恶人的话,叫做"老而不死是为贼"。有一些人,在他们年轻时尊之为金科玉律的伦理道德和生活信念,到老来却对它横加践踏,视若等闲,就像俗话所形容的"和尚老了,把经书当做厕纸"一样。因此,这些人在老年的时候,沦为贪污犯、恶棍、狂徒、丧心病狂者,以至于卖国贼,英名尽丧,甚至落得个"骨朽人间骂未销"的下场。例子太多,不胜枚举。所以,我认为一个人到了老年的时候,要不坠青云之志,永葆赤子之心,格外保持警惕,更加严格自律。否则,"前面乌龟爬泥路,后面乌龟照样爬。"就会笑歪某些年轻人的嘴巴了。

谈到"老",自然难免接触到"死"的话题。有些老年人一天到晚都想着棺材板响了，黄土堆近了，火葬场升火了，闹得心猿意马，战战兢兢，神不守舍，惴惴不安。有的竟因而衰颓得像一堆烂泥，或者冷酷得像一堆岩石。有些老人一离开工作岗位，马上得了个"退休综合症"的怪病，"急急如律令"，在数月之间就衰老得不成样子。这个怕死病大概就是一大原因。北方某少数民族有这样一句格言"不怕死的人，一生只死一次；怕死的人，一生要死许多次。"它的意义是很深刻的。凡是规律性的事情，都必须尊重。否则，人虽然是灵长动物，也不过像苍蝇撞玻璃板一样的可笑可怜。有一位朋友说过这样的话："从自然科学看来，'死'不过是把我们从自然那里借来的财富还给自然罢了。"真是讲得豁达洒脱，可圈可点。我对此语极表赞赏。因此，我只愿在生活能够自理以前存在，在生活不能自理，医疗无望之际立刻死去。对那些在病床上过八十、九十大寿的"植物人"，不但丝毫不羡慕，并且一提起身上就仿佛要起鸡皮疙瘩。我认为那是一种残酷的无期徒刑，徒然活活受罪而已。因而，我是赞成"安乐死"这种先进的科学观念的。在对待死亡的问题上，自然界某些动物比某些人甚至要睿智得多；例如老象在临死的时候，就会悄然离群，安详走向山洞静卧，等待死神的降临，丝毫没有什么惊惶失措之状。在这一点上，老象倒很值得人类学习。

　　活着的时候，活得充实，生无所息。死亡的时候，死得安详，视死如归。我赞美这样的人生风度，也希望努力做到这样。

1991年

豁　达

人在生命的各个阶段，随着岁月的推移，爱好也会跟着发生变化。变化如何，自然因人而异。以我而言，除了爱石、爱花、爱茶、爱哲理性的言谈等等而外，还爱豁达的风格。碰到豁达的人，就感到亲切和尊重。豁达是"斤斤计较""患得患失"的反面。因此，也有人把它叫做"豁达大度"。

豁达的境界究竟是怎么一个样子，几句话是说不清楚的，还是举若干个事例来谈谈吧。

邹韬奋当年在上海滩办杂志的时候，有一次乘电车经过外滩，他头戴呢帽，坐在窗沿，一面乘车一面看报。忽然有阵大风吹来，他的呢帽给刮飞，飘出车窗外面了。邹韬奋却宛似无知无觉，继续安详看报，连头也不回顾一下。旁边的乘客提醒他道："你的帽子给刮掉了，你知道不知道呢？怎么你连探视都不探视一下呢？"邹韬奋这才解释道："外滩一带小瘪三多得很，帽子刮下去，就再也找不回来了，我回头去看还是根本不回头都是一个样。"这种风度，可以称之为"豁达"。

有不少人从高位退下来后，门庭冷落，常常因而扼腕长叹，感慨人情冷暖，世态炎凉。

但是诗人黄雨不是这样看，他生前写过一篇《门庭冷落赞》，很有深度。文章的主要内容是这样的："……门庭冷落并不是什么坏事，甚至还可以说是一大好事。门庭冷落了，你就可以随心所欲，为所欲为。例如，你要写《回忆录》，读《红楼梦》，听音乐，看电视，就不会经常受到干扰。门庭冷落了，你就不用勉强去会见你不想会见的人，不用去面对皮笑肉不笑的怪脸，或阴阳怪气的丑相。你也不用费神去分辨话语的真假，或揣摩其言外的真意。你也不用像往日那样苦思对付的辞令，斟酌用语的分寸，更不用担心会被捡去一言半语，用来攻击诽谤或拿去造是生非，挑拨离间；或肆意歪曲，作为他们将来向上爬的资本等等。""门庭冷落了，你就可以随时去说亲戚之情话。来往的人不多，但都怀着宝贵的真情实意，可以说是社交生活的净化……门庭冷落，如此美好，求之尚且不易，何必因之而兴叹，感慨呢！"

黄雨这些话鞭辟入里，可圈可点。从中也可以体会到，唯有理性清明，看通看透，然后可以达到豁达的境界。

有些人遭遇一点不幸，就捶胸顿足，呼天抢地。然而也有另一种人，对于面临的横逆，尽管也不免感到痛苦，但决不会因此而失态，或者一蹶不振。因为他们知道如果不能克制自己，势将招致更大的不幸。天津作家冯骥才，家里失窃，但是字画之类的贵重物品安然无恙，他笑认为那贼"并非行家"，当派出所问他有没有重大损失的时候，他说："在家里我是最重要的生产力，我没有事，就谈不上什么重大的损失了。"就是一例。

比失窃要大得多的不幸，当然也是有的。1957年乱划所谓"右派分子"的那段岁月，有不少人一被划为"右派分子"，就觉得"他生未卜此生休"。有人甚至驾只小艇，上置酒食开出海面，纵酒之后，让海潮把自己卷去。也有毕生沉默寡言的，从此抑郁以终的。但也有人观人度己,自问无他,深深了解这不过是一场扩大化的闹剧,必然是经不住历史考验的。一直嘻嘻哈哈,安详度日。例如著名女记者子冈就是这么一个样子。"谁笑在最后谁笑得最响"。真理毕竟不是被人捏来捏去随意改变形状的泥巴,历史终于证明像子冈这一类人物的远见。

凡是豁达的人,一般总是"物物而不物于物"的(做物质的主人,不做物质的奴隶)。有些人毕生搜集某种文物,热爱得不得了,但是到头来却可以悉数献赠给国家或什么博物馆、图书馆,眼睛也毋须眨一眨。例如阿英对自己藏书的态度就是这样。还有那位民初有"北京四大公子"之称的文物收藏家张伯驹,他早年变卖房产,又借黄金二十两,凑足了黄金二百四十两购下隋代展子虔山水画卷《游春图》,又变卖夫人潘素的首饰购下陆机的书法真迹《平复帖》。一九五六年,他将这两件国宝慷慨献给国家之后说:"了此宿愿,亦吾生之大事。"这又是另一个境界了。

甚至对于死亡,也有人保持极其豁达的心境,赵丹在患癌病垂危的日子里,病房里镇日放着音乐,一直微笑安详对待一切探病者,他私下里告诉人们说:"不愿把任何阴暗的情绪去感染任何人。"诗人黄药眠到了八十多岁的时候,常常莞尔而笑说:"阎罗王漏掉了我,没办法。"到真正病重的时候,还给我来过一封信表示"告别"。像这一类豁达者,真有"会当凌绝顶,一览众山小"的胸怀了。

豁达者并不是与世浮沉,随波逐流,不是宿命论者,不是无所作为。他们也都热爱生活，也都会和困难战斗，但在面临不可逆转的命运的时候泰然自若，或者掌握时机，仍然保持主动罢了。他们是具有哲人风格的。

1992 年

哀"八旗子弟"

有一次，周恩来同志向干部讲话，曾经告诫，干部子女应该好好学习，奋发有为，不要学"八旗子弟"，游手好闲，沉沦下去。周恩来同志关于"莫学八旗子弟"的名言，素为许许多多的人所熟知和折服。

"八旗子弟"是什么？上了年纪的人很多都知道，但是年轻人知道的可能不多了。清兵入关以前，十七世纪初，努尔哈赤(清太祖)把满洲军队分成了四旗，每"一旗"，起初是七千五百人。后来因为人数一天天增加(以满人为主，也包括少量蒙、汉、朝鲜、俄罗斯等族人)，又由四旗扩充为八旗。八旗旗色的分别，是除了原来的正黄，正红，正白，正蓝之外，再加上镶黄，镶红，镶白，镶蓝。这种旗的编制，是合军政、民政于一体的。满洲的贵、贱、军、民，都编了进去，受旗制的约束。后来，随着军事的发展，又增编了"蒙古旗"和"汉军旗"。三类军旗各有八旗，实际上共为二十四旗。原来的本部，由于区别上的需要就专称"满洲旗"了。

清兵入关的时候，这些"旗下人"或者说"八旗人"的男丁，大抵是能骑善射，勇于征战的。入关以后，他们大抵受到了世代的优待。和皇室血缘亲近，地位崇隆的，当了王公大臣，什么亲王、贝勒、贝子、镇国公、辅国公之类；地位小的，当什么参领、佐领；最小最小的，也当一名旗兵。由于他们参与"开国"有功，地位特殊，世世代代食禄或者受到照顾。特别是满洲旗的"旗下人"，更加享有特殊的身份，他们大抵是满洲人，但也有早年祖先就跟随清宗室到处征战的汉人,即归附已久的"旧人"置身其间。清代的制度,规定他们不准随便离开本旗,在京的也不准随便离京。凭祖宗的福荫,他们好些人世代有个官衔,领月钱过活。一般的旗人要做事就得去当兵,领一份钱粮。但是家族蕃衍,人越来越多。有的人名义上还是"参领"、"佐领",但实际上已经并不带兵。有的人名义还是"骁骑校",但是已经不会骑马。更甚的,由于子孙大量繁殖的结果,每家每户的"月钱"不可能累进,"粥少僧多",就分薄了收入。旗兵的名额有限,也不可能随便入营。加上上层人物的贪污腐化,大吃空额,能够入营的旗兵相对来说就更加有限了。这样,世代递嬗,不少"旗下人"就穷困下来。他们之中某些有识之士,也觉得长年累月,游手好闲,不事生产,坐吃山空不是办法,个别也有去学习手艺的。但是这样的人,反而受旗籍人的冷眼,认为他们没有出息。所以就其压倒的多数而论,"旗下人"大抵是游手好闲的。

先代的"光荣",祖辈的"福荫",特殊的身份,闲逸的生活(靠领月钱过日子),使得许多"旗下人"都非常会享乐,十分怕劳动。男的打茶围,蓄画眉,玩票,赌博,斗蟋蟀,放风筝,玩乐器,坐茶馆,一天到晚尽有大量吃喝玩乐的事情可以忙的。女的也各有各的闲混过日的法门。到了家道日渐中落,越来越发入不敷出的时候,恃着特殊的身份和机灵的口舌,就干上巧取豪夺,诓诓骗骗的事儿了。他们大抵爱赊买东西,明明口袋里有钱,偏要赊,已经寅吃卯粮了,还是要再赊。当时好些人对他们都采取敬而远之的态度。广州曾经是"旗下人"聚居的城市之一,至今市区还留下"八旗二马路"这么一个名称。这里流传着一个故事:早年有个"旗下人"到茶馆喝茶,当堂倌取来冲茶用的盖盅,还没有冲水的时候，他就把一只小鸟放在盅里，加上盖子。当堂倌揭开盖子的时候，小鸟呼的一声飞走了。于是这旗人就撕开颜面，缠着堂倌索取赔偿，狠狠敲了一笔之后，才扬长而去。直到今天，广州的茶馆里，服务员为茶客泡好茶，如果茶客饮后不自己揭开盖子的话，服务员是不会主动来冲水的。传说这种习惯就和这个故事有关。姑不论这是真是假，直到现在仍有这样的故事流传，也可见当年"八旗子弟"给人印象的一斑了。

周恩来同志曾经提到的"八旗子弟"，应该说是一个特定名称，它指的不是清兵入关前后，策马弯弓，英勇善战的旗籍青年；也不是辛亥革命之后，逐渐变成了劳动人民的曾经有过旗籍的青年。它指的是清末那些凭借祖宗福荫，领着"月钱"，游手好闲，爱逸恶劳，沾染恶习，腐化沉沦的人物。

这自然也不是指的具有旗籍的一切人物。"旗人"之中，也有出类拔萃，十分不同凡响的。清代的大作家曹雪芹，就是正白旗人。现代作家老舍，就是正红旗人。他们"旗下人"的身份丝毫不影响他们以后在文学上的卓越成就。"八旗子弟"，只是指的没落沉沦的那一部分。因此，在这里，这个词儿应该当做一个特定的名词来看待才好。

老舍先生因为是满族的旗人（不像曹雪芹那样是原属汉族而祖先进了满洲旗的旗人），因此，他对于满族旗人，对于那些"八旗子弟"的生活方式和所作所为是知之有素的。在他的《正红旗下》那篇自传体的文章中，曾对早年旗人生活作了绘声绘色、入木三分的揭露。这里我想引他两段话，以窥见不少旗人所以沦落以及他们当时生活方式的一斑：

……按照我们的佐领制度，旗人是没有什么自由的，不准随便离开本旗，随便出京；尽管可以去学手艺，可是难免受人家的轻视。他应该去当兵，骑马射箭，保卫大清皇朝。可是旗族人口越来越多，而骑兵的数目是有定额的。于是，老大老二也许补上缺，吃上粮钱，而老三老四就只好赋闲。这样，一家子若有几个白丁，生活就不能不越来越困难。这种制度曾经扫南荡北，打下天下；这种制度可也逐渐使旗人失去自由，失去自信，还有多少人终身失业。

二百多年积下的历史尘垢，使一般的旗人既忘了自谴，也忘了自励。我们创造了一种独具风格的生活方式：有钱的真讲究，没钱的穷讲究。生命就这么浮沉在有讲究的一汪死水里。是呀，以大姊的公公来说吧，他的官如何，和会不会冲锋陷阵，倒似乎都是次要的。他和他的亲友仿佛一致认为他应当食王禄，唱快书，和养四只靛颏儿①。同样地，大姐丈不仅满意他的"满天飞元宝"，而且情愿随时为一只鸽子而牺牲了自己。是，不管他去办多么要紧的公事或私事，他的眼睛，总看着天空，决不考虑可能撞倒一位老太太或自己的头上碰个大包。……是，他们老爷儿俩都有聪明、能力、细心，但都用在从微不足道的事物中得到享受与刺激。他们在蛐蛐罐子、鸽哨、干炸丸子……等等上提高了文化，可是对天下大事一无所知。他们的一生像做着个细巧的，明白而有点糊涂的梦。

---

① 一种小鸟。

这类的人物去当什么"参领"、"佐领"以至什么名义上更大的官儿,自然没有办法不把事情弄糟。当年帝国主义军舰开到中国沿海耀武扬威,初次见到那些艨艟时,扬言"此妖术也,当以乌鸡白狗血破之"的,不就是官阶虽然比他们大得多,但无知和胡混的程度,和此辈也在伯仲之间的八旗王爷将军一类的人物么!

清朝的覆亡自然有多方面的原因,而"八旗兵"的颟顸腐败,也不能不说是其中原因之一。后来的"八旗兵"已经变得腐朽透顶,在战场上常常一触即溃,和清军初入关时那种秣马厉兵,能征惯战的景象完全不可同日而语了。这就迫使清廷不得不搁起这支老队伍,另行去编练新军。而编练新军,又没法阻止具有进步思想的青年前来参加,起义新军终于构成了声势浩大的革命军的洪流之一。

重温这段历史,我们可以见到,一个人凭血统关系,而不是凭真才实学,凭艰苦奋斗,躺在祖先的"福荫"之下,享受特权,闲逸度生,是终究非衰颓腐败下去不可的。这样的事情,该是顺治、康熙始料所不及的吧!早期的八旗将领,过的可以说是相当艰苦的生活。今天我们如果到沈阳的故宫参观,还可以从那里的建筑,想见早年八旗主帅戎马倥偬生活的一斑。沈阳故宫的金銮殿下的广场上,两旁分列着八座小殿宇似的建筑,那是八旗主帅进见努尔哈赤,入朝议事时的驻宿之地。那些房屋并不大,大概只相当于每天十块钱的现代旅馆房间的大小,那就是早期"主帅"们的生活标准了,较之后期的王侯公卿的生活水平来,也是相去很远的。

凭血统关系,凭祖宗"福荫"过骄奢闲逸的生活,可以使人们日渐腐朽,终至于烂得不成样子。这种事情,实际上并不独"八旗子弟"为然;可以说历朝历代,都有无数这样的事例。这真是"前面乌龟爬泥路，后面乌龟照样爬"，"前车虽覆，后车不鉴"了。在清代之前，明代原本就已经有了类似的活剧。明初朱元璋分封各个王子为各地的王，这些王的儿子，嫡长的就继承王位，世袭不已。其他的王子王女，也各有封赠。由于人数越来越多，一代代传下去，封号和食禄就依级递减，例如"镇国将军"之下就是什么"辅国将军"，"辅国将军"之下就是什么"奉国将军"，"奉国将军"之下就是什么"奉恩将军"之类。这些"将军"大抵也是不会带兵，不会骑马射箭，锦衣玉食，优哉游哉的家伙。有人统计过，明代开国时的几十个帝王子弟，到了明末，繁衍出来的人数已经数以万计，这些人躺在祖先荣誉、血统关系的账本上，过着寄生虫式的生活，大抵都成了营营扰扰的庸碌之辈。明朝的覆亡，和这么一大群人都直接间接向农民进行各种各样的需索，使人民负担越来越重，不胜其苦，也是很有关系的。辛亥革命以后，明清式的世袭王公大臣没有了。但是许多地主人家，他们的儿女还不是换汤不换药地过着另一种"世袭"的老爷少爷、奶奶小姐式的生活，在血统关系的账本上度不劳而获的日子？而在这样的生活方式中，谁知道究竟曾经孳生了多少的浪荡子弟、花花公子、赌徒和鸦片烟鬼？

从这方面看起来，西方的资产阶级，不简单地把大量的财产很快付托给儿女，在给他们以相当的教育之后，就鼓励他们从事一定的工作来获取酬报。例如小孩补篱笆、种树之后才给予一定的奖励，成人参与某种工作之后才按月领薪，并不给予特殊照顾之类，这是有他们比较深远的用心的。最少在这些方面，资产阶级，比较历史上各个剥削阶级致力于让自己的儿孙一直过"饭来张口，衣来伸手"的闲适生活，显得稍有见地一些。虽然在希望骑到人民头上,"独邀天恩""百世其昌"等方面,他们骨子里是一模一样的。

在无产阶级当家做主的社会里,照理说,干部子弟不会也不应该变成"八旗子弟"式的人物。然而社会制度、马克思主义的教育是一回事,各家各户的具体环境,具体教育又是一回事。在我们社会里,尽管有大量干部子弟成长得很好,不自命特殊,不躺在父母亲的功劳簿上,也不依靠先辈遗传下来的"染色体"过非分生活,因而,真正成长为革命的接班人。但是溺爱的父母对自己的儿女千依百顺,处处让他们得到非分享受,教育他们自命高人一等,恨不得把天上的星星也摘下来给他们玩耍;他们干了坏事,就百般包庇,肆意纵容,走后门企图来个大事化小,小事化了,以致把儿女变成了新型的"高衙内""鲁斋郎"(按:这都是历史故事里著名的白鼻公子),这样的事情,有没有呢?有的!作为司令公子的"杭州二熊",后来一个被枪决,一个被判了无期徒刑,就是著名的事例。这样的事情绝不是"绝无仅有"的,而是有那么一小撮,因而也就时有所闻了。某市一位副市长的儿子,某县一个县委书记的儿子,因杀人伤人而被处以极刑的事情,已经不是什么新闻。等而次之,没有受到极刑,但已锒铛入狱,或者路人侧目的,那就数量更多,可以说有那么一小批了。周恩来同志的告诫:"莫学八旗子弟",在我们这个封建气习还严重存在的国家,看来是很有历史意义和现实意义的。

那些特权人物、特权分子是错估了我们的形势和现实了,因此不必等待"五世而斩",立刻受到"现眼报"了。

其实,不仅要教育孩子不可变成"八旗子弟",对于某些大人来说(按:请注意这个些字的准确性),毋宁说自己就必须警惕自己不要变成"八旗子弟",因为人是会变的。一个人从好变坏,从勤劳变懒惰,从高尚变卑劣,并不是稀奇的事。一个人从革命者变成了老爷和蛀虫,在历史上,在现实中,事例是常见的。自命特殊,高人一等,自以为置身于法律之上,吃喝玩乐,逍遥度日,以至于利欲熏心,巧取豪夺,肆意横行,违法乱纪,因而落得个众人摇头,身败名裂的事,难道就很罕见吗?不!这也是不时听到的。

这样看来,"莫学八旗子弟"的告诫,对象的范围,比"子女教育问题",是还要广大一些的吧。

写到这儿,《哀八旗子弟》这篇杂文,是可以结束了。最后,我想借用一千多年前,诗人杜牧的两句长期应验在某些人身上的话作为结语:"后人哀之而不鉴之,亦使后人而复哀后人也。"

1981 年底于广州

蒙地卡罗一老妇

有个朋友去过一趟法国，在巴黎看了巴士底狱广场、凯旋门、卢孚宫、铁塔等名胜古迹。他还顺便到法国东南海滨，参观了摩纳哥王国的"世界赌城"蒙地卡罗。

这个朋友对这座世界赌城描述了一番。那里正在轮盘赌场上下注的赌徒，是怎样的全神贯注，额门上青筋突起，状类疯狂；赌赢的人是怎样在销金窟里放浪形骸，醉生梦死；而赌输的人，又是怎样在摩纳哥湾畔的名叫"蓝色海岸"的地段上，丧魂落魄坐在靠椅里，抓着头发，或者几乎把头俯到膝盖，喃喃自语，准备跳海；而且，实际上每隔若干日子，也就总有些人跳下去了⋯⋯

但是这位朋友谈得最多的却是关于一个老妇的故事。赌城里面，作几万、几十万法郎豪赌的颇有人在。但是，"大小不拘"，除了大笔的赌注外，小笔的，十分零星的，赌城里也分别设有赌具招徕。有一种叫做"吃角子老虎"的机器，就专门吸引几角钱的赌注。把小银币放下去，在不知道多少千次中，它有一次会"吐"出大量金币银币来。自然，在其他的无数次中，银币投下去，它闹腾了一阵之后，就归于寂静，"角子"给"老虎"吃掉了。

那座赌具旁边有一个老妇在盘桓，她风雨无阻，天天都来拜会这座"吃角子老虎"，而且经常把她节衣缩食所得投下去。没有碰上"运气"，也不走开，仍然在周围踯躅、盘桓、凝视、发呆，几乎是多年如一日了。赌城的导游者都了解她的身世，能够详细把她的历史告诉游客。原来这个老妇青年时代曾经"中彩"一次，以后就成为赌迷,天天都来,有钱就赌,没有钱就守着赌具呆看。她退休了,养老金除了应付粗衣粝食外,都投进这部机器里面去。

何止自己成为赌迷而已呢,她还在那部机器旁边,一个劲儿劝人们:"夫人,你投一投吧,我看你有好运道呢!""先生,你试一试吧;中彩了,就是一大笔钱。"游人许多都为之掩嘴偷笑;但也有些人看她可怜,就给了她几个角子,一转手之间,她立刻又把钱投进"吃角子老虎"……

朋友叙述的这个老妇的事迹,使我想起了许多赌徒的共性,这些赌徒在世界文学上还给塑造了许多典型。这些赤裸裸企图不劳而获、损人利己的"游戏",不知道坑害了多少人。赌棍的那副"孤注一掷"、"死生由之"的神情是相当可怕的。在旧社会,我见过一些剁去一节手指的人,这些人在比较清醒的日子里立誓不再赌博,剁去手指表示决心。但是事过境迁,经不住"横财直入"念头的驱使,手指没有了,仍然垂涎三尺回到赌桌旁边。而当赌迷们在下注的时候,那就简直像是跳下悬崖也在所不惜了。我有一个朋友在旧时代看过一群国民党兵痞疯狂赌博的情景:一个输光了的赌棍把衣服当场剥下来,叫嚷道:"我赌这个!"又输光了,就眼露凶光,拔出匕首来,插在桌子上,大吼道:"我赌一条命!"……

这篇小文里泛谈这么一些赌博的事情,目的何在呢?自然,这也想借以揭示剥削阶级所喜爱所提倡的"游戏"是怎样的盖满剥削阶级的烙印;它又怎样腐蚀吞食了相当一部分人;资本主义世界赌场林立、社会帝国主义国家"彩票事业"发达怎样坑害了人们。但是,还有一层意思:想让某一部分人,把那个蒙地卡罗老妇的形象当做一面镜子,来照一照自己的模样。

看到"蒙地卡罗一老妇"的题目,可能有人以为这是影射叛徒江青了,其实不然。江青自然是个政治大赌棍,但她的恶劣的程度,却是蒙地卡罗那个老妇完全不能望其项背的。那个拔刀赌命的国民党兵痞,才是她的形象。我所以描绘那个赌城老妇的模样,是想引起某一部分人的警惕。由于林彪、"四人帮"一伙破坏无产阶级文化大革命,在某些日子里,我们有些角落曾经出现了政治生活很不正常的情况。有些搞打砸抢的,"横财直入"了;有些"歪理千条",叫嚣跳囔,从不愿老实劳动,一味捣乱的人爬上去了;在不正常的气氛里,闲荡度日,目无劳动纪律、组织纪律的人,照样拿工资。这些人中有的是"四人帮"的余党亲信,有的可并不是,就算是一个个小小的赌徒,拿过"吃角子老虎"曾经吐出的金币银币吧。因而,在一天天健全社会主义法制,重视组织纪律、劳动纪律,大家都必须认真严肃地劳动、工作的时候,某些曾经吃过"甜头",滋长了赌徒心理的人,会不会觉得"口里淡得出鸟",渴望到"吃角子老虎"机器旁边盘桓,就像那个蒙地卡罗老妇那样呢!

　　据说有些丑陋的人,讨厌镜子。但如果丑陋是客观事实,不照镜子,也并不能减轻其丑陋;倒不如照照镜子,整饬仪容的好。品德上的缺陷,比生理上的缺陷要严重得多,但有好些还是可以医治的。这里就有一面现成的镜子,可以说明一个把不正常的"幸得"当做正常命运的人,实际会有怎样的命运。这面镜子就是蒙地卡罗一老妇。

缺陷者的鲜花

有一件事情是许多人都知道的，被人称誉为乐圣的贝多芬，到了晚年耳朵完全聋了，他指挥着交响乐队在演奏，自己却没有听到什么。听众向他发着雷鸣般的掌声，他也不知道，到了同伴向他示意的时候，他才猛醒地向听众致谢。匈牙利著名的音乐家李斯特曾经在贝多芬面前演奏钢琴，李斯特接受了这位长者的命题，奏出了一串串美妙的乐音，但是贝多芬却一点也听不见，他只是从李斯特的面部表情和手指动作理解到他的造诣，并据此吻贺他罢了。

然而，就是这么一位生理上存在如此严重缺陷，几乎完全听不到任何音响的人，却陆续写下了那么大量美妙的乐章，他为的不是自己的耳朵，他为的是广大群众的耳朵！

像这样的历史逸事，今天我们追想起来仍是很感动的。在一个音乐大厅里面，美妙的乐音四溢，所有的人都沉浸在甜蜜的艺术欣赏中，然而那个以全部生命活力舞动着他的仙笛般的指挥棒的音乐家，自己却一点声音也没有听到。

但是这位不幸的音乐大师，我想，他所感受到的另一种幸福，恐怕又是当时那音乐大厅里许许多多的人所没法体验到的，这就是：不被缺陷和困难吓倒的那种劳动创造的快乐！

这样的事情，我们现在不是也时常可以见到吗？

年前，有一个外国的芭蕾舞团到中国来演出，那音乐指挥，是一位眼睛瞎了的七十岁的老者。有一次演出时我刚刚坐在第一排，看到这位老艺术家被人搀扶着走上指挥席，全神贯注地摆动着指挥棒的情景。想到他原可以在家颐养天年，却不愿意休息，行程万里到国外来参加演奏活动，而当舞台上那些美妙的舞蹈在演出时，他却一点也没有见到。虽然这样，他又是劳动得多么起劲呵！说老实话，有不少时间，我的视线不能专注于舞台上那群美丽如花的正在舞蹈着的姑娘们，而是集中于这位穿着庄严的礼服的老音乐家身上，特别是他强劲有力的双臂上。一时，我想起了盲诗人荷马，聋音乐家贝多芬这一类的人物，想起了中国的"生无所息"的崇高的格言，想起了"英勇无畏"这一类珍贵的词句。

就在我们身旁，不是也有好些这样的人物吗！这些年来，我们听到有多少残废者、缺陷者在学习和创造上攀登了怎样的高峰呵！有些人，半身瘫痪了却成为扫盲能手，有些人，身体残废了却发展成为艺术家、翻译家。在广州，就有一位盲艺人，在他的晚年更加闪耀着生命的光辉；不久以前他还经常登台演戏。还有一位从事"微细雕刻"的象牙工艺师，他能够在一粒"象牙米"（米那样大小的象牙粒）上刻十八罗汉，在一粒"象牙芝麻"上刻上岳飞的《满江红》，这位艺匠是瞎了一只眼睛的，你如果以为他是由于从事微细雕刻而瞎了一目，那就大错特错了；他是在青年时代右眼失明之后才从事这种微细雕刻的研究。他原来仅存的一只眼睛，竟比常人不知道高明多少倍地发挥起作用来了。

这些缺陷者、残废者捧出来的艺术花束往往是格外鲜艳的，他们的汗水，化成花朵上晶莹的露珠了。

这多么使人想起逆流洄游的勇敢的鲑鱼，以及那搏击长空的豪迈的山鹰！

把阻力化成动力，使坏事尽可能变成好事，这些缺陷者在艺术上的卓越成就不正是些雄辩的例证吗？

如果说一个个寻常的人振作起精神、激发起毅力来尚且可以创造如此的奇迹，那么为最先进的思想所完全武装起来的人，这样的人所组成的集体，这样的集体所领导的国家，将能够克服多少的困难，创造多少的奇迹呢！

让我们赞美能够征服缺陷的大勇者！

让我们从历史上某些缺陷者所栽培出来的瑰丽的艺术鲜花中，更好地领略"勇敢""劳动""创造"这些词儿的芬芳！

1961 年

鬣狗的风格

有一种动物，叫做鬣狗，不知道你见过没有？注意过它的模样、行藏和风格没有？

鲁迅第一次以"鲁迅"做笔名发表的小说《狂人日记》，就提到过这种动物。那个被假托为患了迫害狂的"狂人"，感觉到处都有人要吃他，鲁迅借他的口，悲忿地喊出："我翻开历史一查，这历史没有年代，歪歪斜斜的每页上都写着'仁义道德'几个字。我横竖睡不着，仔细看了半夜，才从字缝里看出字来，满本都写着两个字是'吃人'！"这篇小说中谈到许许多多吃人的事。其中，就提到鬣狗："他们是只会吃死肉的！——记得什么书上说，有一种东西，叫'海乙那'的，眼光和样子都很难看；时常吃死肉，连极大的骨头，都细细嚼烂，咽下肚子去，想起来也教人害怕。'海乙那'是狼的亲眷，狼是狗的本家……"这里面的"海乙那"，就是鬣狗，也有译作"土狼"的。

从前，我们只是在书本里知道有这种动物罢了。这些年动物园事业发达，因此，我们也就有机会亲睹鬣狗的尊范。

我第一次见到这种"久负盛名"的动物时大吃一惊，它也是食肉兽，但样子却很猥琐，走起路来一颠一颠，皮毛没有光泽，还隐隐有几块大暗斑。它那个模样儿，就好像刚给人打了一顿，或者刚从什么阴暗的角落里被揪了出来，光天化日之下，显得有点狼狈的模样。总之，它是豺狼一类走兽，但比起有点剽悍的豺狼来，样子要猥琐难看一些。

鬣狗的这副难看的模样儿,和它的行径,倒是互为表里,"相得益彰"的。它是这样一种动物:远远跟在最凶猛的食肉兽,例如狮子之类后头,猛兽搏击噬食了长颈鹿、斑马、羚羊以后,继续跑着,鬣狗们就一涌上前,嚼食那余下的尸体。它并不需费什么劲,却同样吃到了肉。岂止吃肉而已呢!连骨头也要细细嚼碎,咽下肚子里去。而在狮豹之类搏击未就的时候,它就远远窥视着,期待那一只只食草兽能够尽快溅血仆地,以便它也能够一膏馋吻。它的"土狼算盘"可打得到家啦,真是又省力,又安全,又可以大吃一顿。说它的长相和它的行径"相得益彰",你说对吗?

美国作家杰克·伦敦写过一个短篇小说,内容大致是:有一条船被狂风恶浪打坏了机器,在茫茫大洋中漫无目的地漂流。船上的人都饿坏了,船上的小生物都给捕食净尽了,凶恶的人就建议杀一个人来充饥,善良的人坚决反对,宁可饿死也不吃同伴的肉,但是凶恶的家伙却拿起刀子开始追逐刺杀某些身体最衰弱的人。于是,船上就出现了四种人:被迫害者,企图杀人者,坚决宁愿饿死不喝人血不吃人肉者;第四种呢,他们并不像那个想捅第一刀的凶狠家伙,然而却渴望他杀戮成功,好去"分一杯羹",也吃一点人肉和喝一点人血。故事最后的结局是:海平线上出现了另一艘轮船,这条漂流无定的船有救了,于是操刀的人,渴望分吃一点人肉人血的人,也突然收敛起那副凶相和馋相,装成个"文明人"的样子,"咸与维新"了。

这篇小说是颇好地反映了资本主义社会"人吃人"的状况的。那些凶狠的杀戮者,使人想起狮虎,而其中的"第四种人"呢?就使人想起了鬣狗。这一类人,究竟是鬣狗在人类中的投影呢?或者,反过来说,鬣狗,就是这一部分人类在动物界的投影呢?在万恶的"四人帮"横行中国的日子里,鬣狗式的人物,科学地说,实事求是、毫不夸张地说,是着实出现了一批的。"四人帮"荒谬地抛出"文艺黑线专政"论,就有人奋拳捋袖,执戟前驱,一定要骂臭全中国的老作家。"四人帮"要把某一个人拘禁起来,就有人唯唯诺诺,不但像个传说中的"无常"似的,手持索链前往,不问青红皂白,立刻把那人投入囹圄,而且"加二奉承",还要拳打脚踢,殴破那人的脑袋,或者打断那人的肋骨,借此"娱乐"一番。"四人帮"要过荒淫无耻的生活么,也一定有人遵命唯谨,"锦上添花"地奉承一场,想出了"主子"原本还没有想出的花样,广搜山珍海味,折磨服务人员……鬣狗式的亦步亦趋,讲穿了也很可怜,不过是为了"分一杯羹",舔一点人骨头的碎骨肉屑,就践踏一切原则,在所不惜罢了。

  无产阶级革命导师们,屡次喻旧社会跟希腊神话中三十年没有扫刷过的"奥吉亚斯牛圈"一样脏秽不堪,在它被推翻的时候,它的死尸的臭气自然弥漫于新社会的不少角落,资产阶级仍然存在,岂止存在而已,还有些贪婪卑鄙之徒,削尖脑袋拼命向这个没落的阶级的队伍里钻呢!本着阶级观点来看,虎豹式的人物,鬣狗式的人物,依然存在,也并不奇怪。鲁迅在《狂人日记》中,借"狂人"之口道:"要晓得将来容不得吃人的人,活在世上。"这是六十年前的话,到了社会主义社会,这个"将来",就得改为"现在"了。此所以揭批"四人帮"和清查他们余党的斗争,非步步深入、搞个水落石出不可。

  鬣狗式的人物,自然有相当一部分是"四人帮"的亲信和死党,但也未必个个到头来都被算做亲信和死党。因为他们中的一些人的确没有亲自操刀杀人,未能下命令胡乱捕人,只是远远地蹲着，看到气候差不多的时候就奔上前来咬点骨头。而当"远方的轮船冒出海平线"的时候，他们也会立刻装成个文明人，没事人的样儿。正因为这样，报纸上奉劝"震派""风派""溜派"人物改恶从善的文章就越发显得语重心长了。我们要向这类具有鬣狗性格的人物(不管他们中的相当一部分，查起来到头还算是人民内部矛盾也罢)大喝一声：这一套是卑鄙的！什么叫做资产阶级思想？你们这一套，就是不折不扣的丑恶的资产阶级思想淋漓尽致的体现！

1978年

附记：

这篇稿子发表后，看到一些关于鬣狗的新的记叙材料，据说经过生物学者的新的调查研究，鬣狗的性格和旧说并不完全一样。因为本文并不是自然科学小品，因此还是暂从旧说，不加改动了。反正是暂依旧说，以讽喻某一类人物，也无不可。

给一个喜欢骑马的女孩

我在这里写的是一封无法投递的信。

这个女孩叫什么名字,我并不知道。

她现在在什么地方,我也不知道。

甚至,说她是女孩,也是不贴切的。算起来,她现在应该有二十三四岁,是个大姑娘了。不过当我见她一面时,她还是个女孩。

我写这封信,是给她的(但愿她能够读到),也是给某个年纪的一代人的。因为无法投递,只好拿到杂志上来发表了。

我想写这封信,已经有十多年的时间了,构思一部小说,有时也未必需要花费这么悠长的光阴。但是,我很久没有下笔,因为回忆是痛苦的,追述这些令人怆神的往事,滋味并不好受。但是不写吗,这类事件又不断咬啮着自己的心灵。虽然欲说还休,结果还是想把鲠在喉咙的这根鱼刺吐掉。

我已经写了一页纸了,人们读来可能还不知道我究竟想说什么。为了让看到这封信的所有的人弄清楚,我得把事情从头说起。

一九六七年,也就是所谓"文化大革命"开始的第二年,我们这些住在"牛栏"(北方则叫做"牛棚")的被审查的人,正在过着苦难的日子。自从报上捏造了一大堆罪名,把我化装成一个魔鬼以后,连我自己也不知道真我究竟给塞到什么地方去,我的日子就很不好过了。几千人冲进我的住宅,把门捶烂了,把一些较好的用具抢走了。那个家庭我已无法容身了,我们,即所谓"审查对象",集中住到机关,受着无休无止的凌辱和斗争。我们上街,有人来剪我们的头发和衣裳。我们在院子里扫地,幼儿园的小娃娃要围着我们唱辱骂的歌,因为阿姨教育他们这就是"突出政治"。我们到街上劳动,有人呼喊"打倒"!人们围观着,像看非洲或者苏门答腊新到的猩猩一样。我们在旷地上用锤子砸砖,偶一离开休息,又有人把死老鼠丢在我们的凳子上,使我们无法再坐下去。总之,一切事情都变得光怪陆离、奇形怪状了。这使我想起第二次世界大战的时候,纳粹的飞机炸烂了英国一座疯人院的围墙,成群疯子拥了出来,对着汽车和行人伸舌头,摇脑袋,手舞足蹈,怪声高叫的情景。当时,中国的疯人院大概也已经崩了围墙,社会上才会出现那么多令人触目惊心、完全莫测高深的景象。自然,到了现在,我们生活里又有了阳光,因此我可以如实来描述这一切。如果是在那个不幸的岁月,仅仅是实事求是地写下客观事物的真相,就足够招惹一排子弹贯穿我的胸膛了。当时,我遭受了自从在小学伸出手掌来给老师打掌心以后四十年从未受过的侮辱,只觉得中国的一切都突然变得不可理解起来。我默默地把一首诗写在自己的心头,里面有两句是:"沉默十年观世变,看它大地走龙蛇。"而自己,也忽地变成一个非常沉默的人了。

自然,那时我们并不知道历史以后将怎样发展,也不知道在现实的幕布后面,有什么宏伟计划或阴谋诡计在进行。不知道一批老革命家,包括国家主席和若干元帅的遭遇,比我们这些区区之辈所遭受的还要悲惨千百倍。自然,更不知道,当时高高在上,指手画脚,操着无数人生杀予夺大权的人物中有人要声望一落千丈,以至变成蒙古草原的骨炭和历史上的狗屎堆。但是有一点我是清楚不过的,那就是:这种百般凌辱老干部的局面,不管有人怎样张开喉咙声嘶力竭大喊"就是好,就是好","大方向始终是正确的",历史必将给它一个公正的裁判和严厉的答案。同时，如果说还有什么领悟的话，我也还明白了：为什么有那么多人情愿自杀，因为死有时是比活着要幸福得多了。在那个不幸的年代，和我握过手、谈过话的人约莫自杀了二十人。连我也一只脚跨上了自杀的门槛，几乎第二只脚也跨过去了。至于我不认识的人自杀了多少，我可就无法统计。至于不是自杀，而是各种各样方式的"不正常死亡"的人究竟有多少，就更不是我所知道的了。我想，甚至国家统计部门也未必知道。

我这里只是轻描淡写一下当时的气氛，详细描写那段悲惨岁月的情景，得有几部大书才行。我所以得描述一下那种情景，因为，我要写信给她的那个女孩的行动，就是在这样的环境和气氛中产生的。

一天，我们被用卡车运到一个地方（我记得那个地方叫做区庄五号）去劳动。那里有二十幢屋子，我们一行，即所谓"被审查的人"被送到那里去，把家具、报纸，从一间屋子搬到另一间屋子。我们把一叠叠报纸，搬了又搬，从甲楼搬到乙楼，一阵子工夫，灰尘就把我们的衣服染污了，我们的喉咙也给呛住了。在我们精疲力竭，休息一阵子的当儿，你，一个样子长得很清秀的小姑娘走到我们身旁。

你端详了我们一阵子，明白这是一群可以任意笑骂的人。我不知道你为什么知道我的名字，你忽然高喊起来："秦牧，你做马让我骑一骑！"我不知道你为什么会想到这样的玩意，是看过什么人物的传记，说他们曾伏身当马，让孩子们骑着玩呢？还是看过表现西藏农奴生活的影片，里面有过奴隶主要农奴跪在地上，让他踏着骑到马背上的一幕？我当场作色拒绝了，于是你突然凶恶起来，抢上前来夺我的眼镜，把它抛到地上，然后悻悻地走了。

我们的相见和关系，就是这么一会儿，前后也不过二十分钟。但是，非常奇怪，你的微笑，你的凶恶，竟长期留在我的心头。

这对我自然是个侮辱，但是，在那个年头，这也不算太了不起的侮辱。而且，事实上，你也并没有真正骑到我的背上。那时候，我知道有大量希望把国家搞好、心地善良的好人，被人愚弄了。但我也见到一些凶恶狰狞、心术不正的人。对于后者，我并不怎样去回忆他们。我以为，如果他们一步步走下去，法律是会来管束他们的吧！历史的发展，生活的逻辑，终究也是会给他们一点教训的吧！但是，你这个小姑娘以后发展怎样，却常常使我思念。我自己问自己：为什么总爱想这件事，是不是很恨这个小姑娘？我自问自答，毕竟找到了答案。我总爱想起它，并非由于特别的恨，很奇怪，事后我只觉得可笑可悲，竟没有恨意了。我一步步地追问自己之后，终于想到：这件事始终使我萦回心头，实际并不是对你，而是对于一个世代的儿童，在那年头所受到的恶劣影响的感叹和忧虑。

当时，中国是怎么一个面貌呢？似乎已经不是无产阶级专政，而是一批青少年在专政。或者，说是有几个玩傀儡戏似的人物，藏身在一个权力系统里面，假手一批青少年出面专政也可以。我知道，在那些日子里，一些青少年用石子打瞎人家的眼睛，随便打烂人家的玻璃窗，以至于用剪刀剪坏人家的衣裳，更甚的，发明各种私刑，例如把人家的脑袋按进水里，直至把人呛死，都是竟然可以无罪的。

这种风气，对于整整一个世代的青少年的败坏，该有多么可怕！亲自动手做的，看人家做的，这样的青少年，该有一个很大很

1988年摄(右三为秦牧,右四为关山月)

八十年代摄于家中

大的数量吧？他们长大以后，会变成怎样的人呢？把虐人取乐，目无法纪，当做家常便饭的人，不愿改正的话，将会变成怎样的角色呢？

那时候，老早就有人预见到：青少年犯罪问题，将会成为中国的严重问题。他们不幸而言中了。一颗彗星拖着一条长长的尾巴，一个历史的大悲剧也拖着一条长长的尾巴，它是由许许多多的社会小悲剧构成的。

人们常常痛骂林彪、"四人帮"一伙，他们对许多中年人、老年人进行了残酷的迫害。但是，实际上，青少年人被败坏、受创伤的程度，甚至超过老年人。有一些青年人后来走上了无恶不作、杀人越货的道路，在他们被押上刑场处决的当儿，也还没有想到：是一只什么黑手挑起了他们的兽性，把他们推上这条死路的。这事情常常使我想到这么一幕情景：当大风刮起的时候，把树上的鸟巢掀了下来。巢里的小鸟跌死了，它们实际上羽毛尚未丰满，甚至还没有开眼。

比喻是蹩脚的。情节恶劣的犯罪分子当然罪有应得。但是某些人的情形，和这种未曾开眼的小鸟被大风掀下来，不也略有相似之处吗！

喜欢骑马的小姑娘！我不知道你现在长得怎样了？也许你已经觉悟过来，清除了那种种恶劣的影响，成为一个品行良好、工作积极的青年。也许你已经走上犯罪的道路，粗言秽语地讲话，成为一个放浪形骸，对什么都漠不关心，只对吃喝玩乐感到兴趣的角色。你也许对要求别人伏地当马给你乘骑的事已经完全忘却，星期天高高兴兴去逛公园，快快乐乐地在谈恋爱了。但也许你还记得那一回事，有时也偶尔有点内疚的心情。我对这一切已经无从获知了。因为即使在火车上、戏院里，我们有机会坐在一起，岁月如流，你我也都已互不认识了。

我希望你会成长为一个较好的人，人间高尚的思想能够照进你的心胸。那么我写这封信，也就有一丁点儿价值。高尚的，能够爱人民，爱真理，爱正义的思想并不是每个人都有的；即使这个人在经济地位上属于人民内部也罢。有一些人，崇高思想的光辉从来不曾在他的脑海里闪亮过，就像深深的黑暗岩洞，从来没有照进过阳光一样。有些人，为什么早上还是人民一分子，晚上就成了人民凶恶的敌人呢？原因就在这里。

剥削阶级社会是一个把剥削、掠夺、骑在别人脖子上、不管别人死活当做金科玉律的社会。长期的剥削阶级社会形成了严重的影响，使许多人把侵害他人正当生存权利视为家常便饭，把欣赏别人的痛苦当做文娱生活。历史上密密麻麻记载了吃人肉、剥人皮，用人家的头盖骨做碗子，用人皮、人头做美术品一类的事情。在这样的社会里，虐待狂表现于许许多多方面，以至于渗透到人们日常生活中去。我幼年时看到：当元宵舞龙的时候，有钱人把燃着了的爆竹，投向赤裸着上体舞龙的汉子身上取乐的情景，心里感到非常痛苦。长大以后，我才知道这类的娱乐遍及全世界。斗牛、拳击、不设网具的"空中飞人"游戏，把原本正常的人折磨成畸形人到处去展览之类就是。如果在斗牛场上有一个斗牛士被牛角戳得鲜血淋漓了，拳击场上有一个拳师给活活殴毙了，观众中就必有一批卑鄙的狂热分子感到格外兴高采烈。就正像古代罗马的奴隶主坐在斗兽场上欣赏狮子把人吃掉一样。流风余韵，它一直影响到现在。在一个封建影响严重的国家，野蛮习俗就更有势力。剥削阶级的代表者是用这种娱乐来陶冶自己的"性灵"的。就正像小猫玩弄绒线球有利于锻炼捕鼠本领一般。党领导人民推翻了旧社会，建立了新社会之后，这种历史遗留下来的恶习被清除了不少，但是仍然支配着相当数量的人。在中国当代史上不幸的血腥十年之间，无数的悲剧和这一点有密切的关连。许多人仗着当时奇特的政治环境，可以任意胡为，就无所不用其极地发展自己的虐待狂了。尽管我自己并没遭受很大的肉体上的痛楚，但是当时出现的惨剧，即使仅仅就我所听到的，我都无力描绘它。我只能够说：它和中世纪式的野蛮事物，比较起来，竟毫不逊色。

你也许会说，那时是在"审查"呀，"革命不是绣花"呀，什么什么的。革命固然不是绣花，但革命更不是兽性的发泄。如果可以任意用中世纪式的酷刑来对待被横加上莫须有罪名的革命干部，持有这样观念的人，他们本身究竟是什么人，倒是值得我们大加注意了。一声"审查"，就可以如狼似虎，穷凶极恶，草菅人命，行同匪特，这样的人究竟是什么货色呢？历史图穷匕现了，大肆推行这么一套丑恶东西的家伙，如林彪、"四人帮"之辈，后来纷纷露出了原形，他们本身原来正是人民真正的凶恶敌人。

我对我们正在向现代化进军的社会是有一个隐忧的。一些极其残酷的暴虐者，草菅人命者，在他们发挥了他们的兽性，以打手的姿态对待革命者，殴人致死，使人残废以后，像狼把尾巴塞进腿缝，又化装成"狼外婆"一样，到处去敲门了。他们化装成个没事人一般，继续在充当"革命者"。这样的"革命者"，是多么可怕呵！这些人是中国社会的肿瘤细胞。我深深为祖国的肌体上有这种肿瘤细胞而忧心忡忡。听说，欧洲一个马戏团有一次逃出了一只熊，这熊是会穿着妇女衣服，挎个篮子演戏的。它逃出去的时候，也是这么一个扮相，以至于人们在路上和它相遇，不禁大吃一惊。

这种刽子手式的,不是一般轻度粗暴的人物,我觉得和这么一只混入人丛的熊很相似。只是从它的数量和扮相来说,更加令人可怕罢了。

喜欢骑马的姑娘,我写这封信给你,是什么意思呢?无它,希望你,以及和你类似的一代,曾经呼吸过那血腥岁月的毒尘的人,能够认识那种毒尘的来源和性质,自觉清除它们,这才有利于成长为一个健康的人。我不相信一个丝毫没有革命人道主义精神的人会是一个共产主义者(他既不把别人的死活和正当的生存权利当做一回事,他何必去为广大人民的幸福奋斗呢)!即使把我打死我也不会相信。我也不相信共产主义可以不包括革命人道主义,不包括革命人道主义的共产主义是怎么一种东西,我半点也不了解。

"人道主义"在我们的国家里,是一个曾经横遭践踏,蒙受耻辱的字眼,有人把它都推给资产阶级了。这些论客真是资产阶级最好的捧场者!为什么可以有资产阶级的人道主义,就不可以有无产阶级的人道主义呢?可以有虚伪的人道主义,就不可以有真正的革命的人道主义呢?

十年的血腥教训,我越发认识到革命人道主义这六个大字的熠熠光辉。

和这个字眼相对立的,该是兽道主义吧!

我尽力保持平静来写这封信,但是,在你们看来,可能仍然感到我有点激动。这是一点也不奇怪的。因为,毕竟我是血肉之躯的人,有思想、有感情,不是一个木偶,也不是一块石头。

1980 年

鲜花百态和艺术风格

鲜花的多种多样的姿态、纷繁的颜色，除了让我们悦目赏心外，我想还可以对我们的艺术思想有所启发：第一，世间有各种各样的花，才谈得上尽态极妍，谈得上热闹。第二，美是可以有许多表现形式的，牡丹有牡丹的美，菊花有菊花的美；大丽花美得典雅华丽，茉莉花美得小巧玲珑；玫瑰美得妖冶，百合美得端庄……但是应该说，它们着实各有风度。第三，和化学的原理很相似，一些基本的东西配合分量上的差异，可以引起千千万万的变化。就拿鲜花来说吧，它们各有花冠上微小的纤毛，各有花青素，由于一些基本色素的复杂配合，加上折光作用，花的颜色就变化无穷了。

"百花齐放"一语，使人想起了鲜花的百态，想起了艺术的各种各样的风格。"百花齐放"的意义，我想不仅是指提倡各种艺术，同时，也指的丰富多彩的内容和同一种艺术形式中千变万化的表现方法。

试想一想吧，同一类菊花，有匙瓣的，有管瓣的，有针瓣的；神态更是变化万千。人们已经培育出数以千计的菊花品种了，但是还不餍足，正在继续培育新的。同样的，牡丹已经有许多种颜色了，但是人们还在致力培育绿牡丹、黑牡丹；杜鹃已经有红、白、紫等颜色了，但是人们又羡慕着云南的黄杜鹃……这是人的永不满足吗？可以这样说，但也许更好的说法是这表现了人们巨大的艺术趣味。如果人是太容易满足的话，花卉就没有这么多品种了；鸽子、金鱼就没有这么多仪态了；戏剧里就没有这么多行当了；文学艺术宝库也没有这么丰富了。

人们永难满足的要求,使得艺术领域永远存在着竞赛(当然千姿百态的生活本身又为这种竞赛提供了根本的条件)。这种竞赛越激烈越好。在这里面,思想性最强、最健康饱满、最新鲜活泼、"顶尖儿"的东西,也就最能够满足大家的要求。

同样一种生气勃勃的先进的思想,甚至同样一种题材,通过各个作者的笔尖,尽可以写成多种艺术风格的作品。马克思说过一句这样的话:"每一滴露水在太阳的照耀下都闪耀着无穷无尽的色彩。"政治方向一致性与艺术风格的多样化的统一,和这句话道理也有相通之处。

要艺术家的风格能够充分表现,只有在热烈的竞赛下才有可能。如果大家都慢吞吞地走路,你看起来各个人的步伐都差不多;只有当大家飞跑的时候,才容易看出各个人的姿态和速度究竟是怎样的。

风格这个词儿,看起来很抽象,所以抽象,是因为它概括了大量事物的缘故。一个作家的生活道路、思想、感情、个性、选择的题材、运用文学语言的习惯和特色、生活知识积累的广度和深度……这一切总汇起来构成他的风格。艺术家把他的思想、感情、气质、素养都溶进作品里了。因此,越成熟的艺术家越是应该有自己的风格。中国文学史上的那些词语:"韩潮苏海"、"诗仙、诗鬼"、"郊寒岛瘦"、"清新庾开府,俊逸鲍参军"等等,这里面的什么潮啦,海啦,仙啦,鬼啦,寒啦,瘦啦,清新啦,俊逸啦,就是对于艺术风格的总评。从历史上的这些例子,可见某个人的写作特点发扬到了一定的高度,就必然形成风格。

一大群小学生开始学作文的时候是无所谓风格的。写作者达到比较成熟的境界，自己的特点充分流露，风格就产生了。文学史上流传着许多轶话，例如说某某人的诗句，杂在其他人的诗句中，怎样给人一眼就看出来啦；某某人伪造古人的作品，怎样苦心经营多年，却给明眼人一下子就识穿啦……这些事情，我想完全是有根据的。

一些基本的东西，互相配合，衍变成为多种多样的东西。这种状况，我们可以从化学现象中看到；可以从万紫千红、尽态极妍的鲜花中看到；也可以从各种风格的艺术品中看到。

艺术品不同于一般的自然物的，最重要的是它的思想性。这是一个最重要的"根"，但是其他的因素，错综复杂地配合，因而衍变无穷的情形，和鲜花具有百态的原理却是很相似的。

鲜花好像正在嫣然含笑地告诉我们：必须在发扬基本要素并让它们互相配合的情形下，风格才能诞生和成长。

杜甫爬树和鲁迅驰马

有些读者看到本文的题目,也许以为这是一篇探异搜奇的文章;其实不然!我想谈的都是寻常的事,是想借这些事实探讨一点严肃的道理。

少年时代的杜甫是个爬树的能手,他有一首诗这样写道:"忆年十五心尚孩,健如黄犊去复来。庭前八月梨枣熟,一日上树能千回。"在这首诗里,杜甫描绘了他少年时代那种生龙活虎、"小黄牛"似的模样。这和他晚年时期,"少陵野老吞声哭",和白头乱发垂过耳,疲劳憔悴,满身疾病的杜甫,判若两人;其实却同是一人。

鲁迅也经历了近似的变化。读过《朝花夕拾》的都会知道,少年儿童时代的鲁迅是十分活泼好动的,他在故乡那个"百草园"中,爬树、摘果、捕虫、捉鸟,童心十足。青年时期,他仍然保持相当好动的习性,十八九岁的时候,曾自号"戛剑生","戎马书生",骑术相当熟练,敢于和擅长骑射的旗人子弟竞赛。这和后来清癯瘦削,鬓角斑白,饱经忧患,在学习、工作、斗争中不遗余力,目光炯炯,冷静深沉的鲁迅,判若两人;其实却同是一人。

从这些事情可以看到:岁月的流逝,生活的重负,忧患的折磨,艰辛的斗争,使一个人产生了多么巨大的变化。一项事物,一个人物,如果我们综观它的全程,就可以发现其中巨大的发展,某些人甚至可能发生天差地别的变迁。从这一端到另一端可能距离非常之大,复杂性和多样性贯串于一切事物之间。

今天观众熟知的演员，有些过去却是乞丐、小贩、跑堂、黄包车夫，有的又是大学理工科的学生，或者大学讲师等等。其他各行各业的人，变化也是多种多样：丫头出身的省委书记、奴隶出身的将军、卖唱女郎出身的艺术教授……近数十年间都涌现在中国的大地上。

这还是就形貌、性格、工作岗位等方面来说的，好些人还有阶级地位的变化哩！作为一个阶级来说，阶级属性是始终存在的。但作为各个个人来说，历史的激流，时代的影响，通过他自己内因的作用却可以使某个人的阶级地位发生变化，他可能从这个阶级转化到另一阶级里面去（如果没有这种转化的可能，人的改造也就变成一句空话了，"叛徒"也不会存在了）。所以，就若干个人来说，从这一阶级的成员，经过客观、主观因素的作用，成为另一阶级的成员，并不稀奇。我多么想重复说一句：复杂性和多样性，贯串于一切事物之间！

"兵来将挡，水来土掩。"什么事情都是要讲究"相应"的，要上一二层、三几层的楼房，需要楼梯；要上几十层的楼房，需要电梯；要上太空，就需要飞机了。既然现实生活是复杂多样的，表现它们的手段，也必须与之相应，是复杂多样的。题材、风格要多样化，体裁、手法也必须多样化，才能够淋漓尽致地表现多方面的生活，使文学艺术在革命思想统帅之下给人以多姿多彩的感受，高度发挥潜移默化的功能。

既然综观事物的全程，从这一端到另一端，必然有复杂性和多样性。那么，艺术手段也必然应该是复杂多样的，那道理我想是再明白不过的了。如果只知道有严肃庄重的笔墨，而不知道有轻松幽默的笔墨；只知道有在现实主义基础上概括虚构的文学，而不知道有写真人真事的文学；只知道有正剧，而不知道有可以为社会主义政治目标服务的悲剧、喜剧、笑剧、闹剧；只知道有以歌颂无产阶级英雄人物为主的文艺，而不知道有以鞭挞丑类为主的文艺（例如漫画、讽刺小品、笑剧之类），能够算是充分理解和掌握文学艺术的功能吗？我想还是不能。事物尽管有主有从，有主要的一面和次要的一面，然而主要的一面，并不是唯一的，次要的一面，也不是无足轻重的。

在万恶的"四人帮"推行文化专制主义多年，形而上学猖獗多年，"绝对化"思想泛滥多年，那一切流毒还有待肃清，"双百"方针必须进一步贯彻的今天，我想，提出这些事情来谈谈，我们都来思索一下，还是有它的需要的吧！

不仅事物的"纵断面"是复杂多样的，它的"横断面"也是复杂多样的，几种相同元素的化合物，由于原子量的不同，可以变化纷繁，花样百出。简简单单一束日光，在三棱镜下可以析成差别很大的七色。你能够说这不复杂多样吗？何况，矛盾统一规律贯串于一切事物之中，大千世界的万物又是互相作用，运动不已的。这丰富多彩的事物，必然要求我们以丰富多彩的手段（包括体裁、风格、笔墨……）来表现它。不然，文学手段和丰富生活，就是不相适应的了。

诗圣杜甫，在他生活的另一端，曾经是个爬树能手；革命文化巨人鲁迅，在他生活的另一端，曾经是个善于驰马的健儿。既然综观事物的全程，从此端到彼端，总是可以发现变化发展；发现复杂性、多样性；发现彼此矛盾的现象。那么，请问，在文学艺术表现手段的问题上，综观全程，从此端到彼端，它的复杂性和多样性，以及辩证规律在这个领域的具体运用，又应该表现在哪里呢?

  这里,我所以想来谈谈杜甫爬树和鲁迅驰马,目的就是要提出这样的问题了。

哲人·小孩

读一些卓越作家的直抒胸臆之作,我常常有一种奇特的感受。觉得:他们有时像是哲人,有时像是小孩,思想家的锐利和童稚的纯真互相交织着,形成一种能够紧紧攫住人心的艺术风格。

高尔基的《回忆托尔斯泰》一书,我在书上的空白处作了一些记号,闲来随手重新翻翻,注意到一件很有趣的事情:高尔基和托尔斯泰,他们互相观察对方时,都感到对方时常好像孩子,虽然那时他们(特别是托翁)已经是有一把胡子的人了。

高尔基有一段话这样描绘托尔斯泰:

在他讲话的时候,他的眼睛起了奇怪的变化,一时变得像孩子似的可怜,一时又发出一种冷酷无情的光,他的嘴唇在颤抖着,他的唇须竖立起来。他说完了,从他的粗布衣服的口袋里拿出一块手帕来,使劲地揩他的脸,虽然他的脸上并没有淌汗……

在托尔斯泰眼中的高尔基又是怎样的呢,高尔基记述了托翁的这么一段话:

他(托尔斯泰)猛然把全个身子抖了一下,用一种好意的声音向我要求说:"现在您给我讲个故事吧,您讲得很好。……讲点您做小孩的时候的故事。人很难相信您也做过小孩来的，您是个多么古怪的人。好像您生下来就是个成人似的。在您的思想里面，却有着很多小孩的成分，有着很多不成熟的东西，可是您对生活已经知道得够多了；不应当再多了。来，讲吧……"

请看，他们彼此之间，既互相钦佩对方的智慧，又觉得对方"好像孩子"。托尔斯泰说的："在您的思想里面，却有着很多小孩的成分，有着很多不成熟的东西……"这话我以为并不是贬词，因为紧接着的话竟是："可是您对生活已经知道得够多了；不应当再多了。"这里所谓"不成熟的东西"，大抵是指和世俗某些成人的思想状态不尽相同的那些地方罢了。

很奇怪，我所接触的那些作品有巨大感人力量的优秀作家，也往往使我想起"哲人和小孩的混合体"这样一句形容短语。他们锐利的思想使我想起了哲人，而他们那种纯真、直率、敏感、幻想、好奇、专注，却往往使我想起了小孩。有时，在和这样的人谈话的时候，面对白头发下的一张苍老的脸孔，听着他的童稚似的笑声，看着他的闪闪发亮的眼睛和全神贯注的风采，竟使我不期然幻想起这类人物儿童时代苹果似的脸庞。

为什么人们会有这样的联想呢？关于前一点，这是很容易索解的。任何优秀的作家都必然具有一定高度的思想水平。离开了这一点，作家就很难当得下去。因为思想水平低下，作品也就难免黯然无光。今天我们时代最优秀的作家具有高度的政治思想水平，自然不待说了，就是在比较遥远的历史年代，当时优秀作家们的思想水平，虽然在今天看来历史局限性很大，甚至有的还存在不小的缺陷，但是和他所处的那个时代、那个环境比较，他必然是较多地接纳了人民观点的人，在思想上有他的相当先进的一面的人。他们具有思想家的风度，是自然不过的。

另一方面，这些人常常给人以"像是孩子"的印象，也是合情合理的事。文学是通过个性来表现共性的，文学贵于有"我"，"我"的独特感受，"我"的新鲜语言；不敢酣畅淋漓地流露这个"我"，即使其他的条件具备了，也很难有新鲜的艺术风格。杜甫描述他少年时代的生活道："忆年十五心尚孩，健如黄犊去复来。庭前八月梨枣熟，一日上树能千回。"瞧，多么生动地描写了一个像小牛犊似的少年的风貌！其后，这个少年长成了，"朝扣富儿门，暮随肥马尘"。"少陵野老吞声哭"，"白头乱发垂过耳"那一类的句子又出现在他的诗篇中了。如果他不是通过自己的独特感受刻画他所处的时代，纯真直率地倾诉他的遭遇和胸臆，他的诗，就不可能给人以这样深刻的印象和强烈的感染了。

有一些优秀的作品，你在阅读的时候，觉得那个作家仿佛就在跟前，他的思想感情，他的动静语默，他的声音笑貌，仿佛可以触摸似的。但是也有这么一些作品，你读了，总觉得那个作者是站在遥远缥缈的地方，这些作品的内容虽然没有错误，但是你总觉得那个作者的态度是不亲切的，他像是在背诵一些什么，或者平淡地在代人叙述一些什么，你不会听到他的出自肺腑深处的真挚的声音。这样的作品，一般总是缺乏艺术力量的。

我想，这种状况的存在，正好说明：为什么许多伟大艺术家，常常在某一方面给人以"像个孩子"的印象。因为例如上面所提到的，在纯真、直率、敏感、幻想、好奇、专注等等方面，他们和童稚的确是"心有灵犀一点通"了。

这样说，自然不是鼓励人去学习儿童。儿童的天真，常常是和幼稚无知混合在一起的,优秀艺术家们的纯真直率,却不是这么一回事。但是,像透过三棱镜去分析日光的颜色似的,从许多卓越的艺术家常常给人以"像个孩子"的印象,正好说明了:真挚热烈、倾诉胸臆、流露性情、独特感受这些东西,在思想先进和生活内容饱满的前提下,对于文学创作具有多么重要的意义。

画蛋·练功

中外美术史上有些事情,可以说常常相映成趣。

中国唐代的吴道子有"画圣"之称。他十二岁开始学画,五十多年没有间断过艺术生活。他画的人物,前人形容它有"八面玲珑的妙处"。传说他初学画时画过许多鸡蛋,因此以后画起圆圈来,信笔一挥,就像用圆规画成一样,"令人看见惊栗"。

欧洲文艺复兴时代的著名画家达·芬奇,画过《蒙娜丽莎》、《最后的晚餐》和许许多多其他著名的画。据说他小时候学画也是从画鸡蛋、画苹果开始的。他的老师起初总是要他画这类东西。达·芬奇不耐烦的时候,老师就这样告诉他道:"别以为画蛋很简单,很容易,要是这样想就错了,在一千只蛋当中从来没有两只形状是完全相同的。即使同是一只蛋,只要变换一个角度看它,形状便立即不同了。例如把头抬高一点,或者把眼睛看低一点,这个蛋的椭圆形轮廓也大有差异。所以,如果要在画纸上准确地把它表现出来,非要下一番苦功不可。多画蛋,那就是训练眼睛去观察形象,训练手随心所欲地表现事物,等到手眼一致,那么对任何形象就都能应付自如,这个基础工作必须首先做好。"

达·芬奇听从老师的话,一步步努力,终于成为卓越的画家。

中西画史上都有这么一桩轶事。这说明"千里之行,始于足下"这道理,原是放之四海而皆准的。

基础的功夫很重要,好像积木游戏,底下不端正,搭起来的东西就容易倾倒,就是不倾倒,也容易歪歪斜斜。有些不是科班出身的演员，成为著名演员之后，仍然必须大练基本功，道理也正在这儿。

必须打好基础，才能够建造房子，这道理是很浅显的。但是好高骛远、贪抄捷径的心理，却常常妨碍人们去认识这最普通的道理。

不但在开始学习的时候，应该从最基本的事情入手，就是到了获得卓越技能之后，也仍然必须不断"练功"，这道理比上面的道理，也许就要稍深一层了。

某些有经验的作家谈到他们锻炼文笔的情况时常常说："我们每天都得写些东西，这样笔才不至于荒疏。每天一定要写两小时，没有材料写的时候，就写读书笔记，写书信，甚至描写窗外风景，这些东西不一定要拿去发表。经常这么动笔，真正写作起来才可以挥洒自如。"我想这些话是很有道理的。虽然不一定要天天写，但是经常"练功"是有必要的。比较成熟的艺术家如果不是经常"练功"，欣赏的水平一天天高了，而表现的技术却没有相应提高，时长日久，就很容易形成"眼高手低"。程度不严重的"眼高手低"还不怎样碍事(也许眼力比手力高些是在人们中间普遍存在的状态)，程度一严重了，就只好搁笔了。"眼高手低"常常是使许多原来的名手渐渐无声无息的重要原因之一。

为了避免这种状况，"练功"就很重要。齐白石、徐悲鸿都留下了许多类似速写素描的小画，数量之多颇为惊人。这就是他们经常"练功"的物证。梅兰芳、盖叫天等卓越的表演艺术家，到了五六十、六七十之年还是经常吊嗓子、练身段，温习腰腿功夫。他们所以成为"永葆其美妙青春"的优秀艺术家，这应该说是原因之一。

不但戏剧家、画家要"练功",作家也应该"练功"。"曲不离口,拳不离手",这俗谚正好说明了练功的重要。

看来是普普通通的练功,它已经超过"画鸡蛋"的初级阶段,具有维持和发展练功者的艺术高水平的意义了。即使是世界的举重冠军、乒乓球冠军,也是非经常练习举重和打乒乓球不可的。

画蛋、练功这样的事情,应该包含在艺术工作者整整的一生中。

潇洒自然之美

在艺术表现上,潇洒自然,可以增添美感。这个道理,贯串于许多领域。甚至,在人们日常的衣服穿着上,我们也可以体会到这个艺术诀窍。

《红楼梦》"惑奸谗抄检大观园"那一回,写王夫人听了流言蜚语之后,进行抄检,要把"勾引"贾宝玉的丫头搜寻出来。她注意到晴雯,就把她叫来查问了。书中这样描写道:

> 素日晴雯不敢出头,因连日不自在,并没十分妆饰,自为无碍。及到了凤姐房中,王夫人一见他钗䩭鬓松,衫垂带褪,大有春睡捧心之态;而且形容面貌恰是上月的那人,不觉勾起方才的火来。王夫人便冷笑道:"好个美人儿!真像个'病西施'了!你天天作这轻狂样儿给谁看……"

不只这样,责问一通之后,晴雯辩白了几句,临走的时候,这个王夫人还喝了一声:"出去!站在这里,我看不上这浪样儿!谁许你这么花红柳绿的妆扮!"直骂得晴雯"便拿绢子握着脸,一头走,一头哭,直哭到园内去。"

这个时候,晴雯明明是"身上不好,睡中觉才起来",而且是"并没有十分妆饰","钗䩭鬓松,衫垂带褪",那种随随便便,并没有怎样修饰的样子,在王夫人眼里,竟变成"花红柳绿的妆扮","好个美人儿,真像个'病西施'了"。自然,主要是贾政的婆娘一时怒气发作，就恶毒地辱骂一场。但是，由于潇洒自然赋予的一种美感，也使得那个"王夫人"更加感到碍眼和怒火中烧了。

　　这种潇洒自然带来的美，在穿着服饰上所起的作用，很早就为人们所注意并加以运用。汉代的贵妇人曾盛行"坠马髻"，这就是发髻不是梳得平平整整，而是略为歪斜，好像骑马时刚从马背摔了下来，把发髻碰歪了的样子。也许有人会说，这只是剥削阶级玩弄的花样罢了，和"美"有什么相干。但是，事情恐怕不是这样的简单。潇洒自然给人带来的美感可以为某个阶级所运用，也可以为另一个阶级所运用，问题是看它附丽于什么思想基础之上罢了。现在，我们还时常看到有些人从理发馆出来，头发被梳理得十分整齐，出了门之后，刚理发的人却故意把头发抓松了，然后又略加整理，使头发显得自然和随便些。而这个样子，的确要比梳得整齐已极，头油粘住头发，使它一条也飘不起来，好看得多。我们看人家穿衣服，也有类似的感觉：全身上下，穿得花花绿绿，像只锦鸡一样的，并没有色彩朴素和谐相间的那样好看。把衣服穿得整整齐齐，正襟危坐，生怕碰皱一条褶纹的人，那个样子看了真叫人难受。剥用苏轼的一句诗："非人磨墨墨磨人"，那种把身体包在浆硬的衣服里，举止像是木偶的人，简直可以说是"非人穿衣衣穿人"了。

　　我并不是服装店的设计师，更不是什么裁缝师傅，这里谈了一些关于衣着服饰上的事情，并不想给什么时装公司做广告，而是企图引来说明一个道理：潇洒自然是可取的，装腔作势，刻意雕琢，浓妆艳抹，僵硬死板，却常常使人倒胃口。在艺术创造上，这个道理，我们是时常用得上的。

　　我们欣赏中外精彩的绘画，可以举出它们很多的优点，潇洒自然常常是它们共通的因素。画师选择某种素材入画,可能经过十分严格的选择,但是体现于画幅上,却往往十分自然,仿佛信手拈来一样。卓越的画师,不但敢于画壮丽雄奇的山川,气象万千的巨景,也敢于画平常的静物,画嬉戏的小孩,画断脚的螃蟹,画蛀孔的蔬菜……而且一经他们挑选入画,也就涉笔成趣,给人以一番美感。虽经严格选择而又不露痕迹,寓严肃认真于潇洒自然之中。我看过一些名画,就常常有这种感受。

雕塑也是这样。精彩的雕塑,常常摄取生活中动人一瞬的事象,加以表现。大理石、花岗岩的雕刻也好,泥塑也好,那些优秀之作,不但生动地表现了人物的喜怒哀乐,也还表现了他们被和风吹拂得飘动起来的衣襟和头发,使他们显示了生动活泼的神采。动物的雕塑,不管是表现奔腾的骏马,举鼻的大象,跃水的鱼,或扑蝶的猫,也总是给人一种潇洒自然的印象。天津泥人张几代人的泥塑,闻名全国,他们高出于一般的捏面人、捏泥人的,除了善于取材,塑出来的人物惟妙惟肖等等因素之外,所塑人物非常生动,极尽潇洒自然之能事,也是一个重要的因素。

园艺也是这样。大至一座园林也好,小至一个盆景也好,那些布置、设计得好的,也总是给人以潇洒自然的感觉。巧匠们虽然作了修饰,但总是尽量减少人工斧凿的痕迹,使它宛似出于天然。正因为这样,名园之中,配以树皮搭成的凉亭,石头代替的座椅;盆景里面,地面铺上的青苔,小树无叶的枝桠,也就都有它们的可取之处了。

像这一类例子,是可以举出很多很多的。

把"潇洒自然可以增添美感"的道理,运用到文学创作中来,我想,对我们是颇有好处的。

这样的运用，我想，首先在于应该强调现实主义。只有以现实主义为基础，才能够使所写的事物生动活泼，真实自然，引起人们的实感。在这个基础上，讲求概括、凝炼，探讨浪漫主义手法，那一切努力的效果才不会是建立在浮沙之上的楼阁。有什么比真实生动的事物更能引起人们亲切的感受和丰富的联想呢！

其次，是必须掌握以丰富生动的口语为基础的文字。尽管书面语不可能完全等同于口语（因为要栩栩传神、酣畅淋漓地表现事物，要合乎逻辑、简洁生动地描绘生活，总不能不运用各种语言手段，包括采用平时人们嘴上不说的若干书籍中的词语，绝对避免这一切是不可能的。因此，书面语就不可能完全等同于口语），但却必须以十分生动丰富、多姿多彩的口语作为书面语的基础。我们看看历代卓越的作家，都是擅于采集群众语言，巧妙地运用到他们的诗歌、散文里面去的。而群众语言一经他们运用，往往就焕发异彩。他们的诗文，也像打开了窗户，让新鲜的空气流注进来一样。李白、杜甫、白居易、刘禹锡、欧阳修、苏轼、陆游、辛弃疾等许许多多作家，情形无不如此。更不必说宋代话本、元代戏曲和明清小说了。自然，思想和题材是异常重要的，但如果语言这一关没有突破，那许多优秀作家的卓越之处就难免要打个折扣。在文言流行的时代，尚且如此，何况今天！在文艺领域充斥着封建士大夫的时代尚且如此，何况是人民群众开始当家作主的时代！从群众语言中提炼出来的语言最有生命力，它潇洒自然，活泼生动，博得群众无限的喜爱。试想一想，古代诗歌后来发展成为群众口谚的是哪一类句子呢？它绝不是出于大事雕琢、绮丽纤巧的诗词和骈文，而总是来自从群众口语中提炼出来的明白易懂的诗词或偶句。像"采得百花成蜜后，为谁辛苦为谁忙。""山穷水尽疑无路，柳暗花明又一村。"（原来的"山重水复"由于深了一些，在流传的过程中就给改成"山穷水尽"了。）"春色满园关不住，一枝红杏出墙来。""月黑杀人夜，风高放火天。""春蚕到死丝方尽，蜡炬成灰泪始干。""只准州官放火，不许百姓点灯。"等等，可不就是这样的吗！而这一类句子，生动自然而又流畅明白，可以说都是它们的特色。这种状况，不是也在文学语言的运用上给了我们很大的启示吗？

在文学作品中敢于直抒胸臆，倾诉感情，使它具有作者的个性特色，读起来使人就像和作者面对面促膝谈心，听到他的呼吸，看到他的眼光一样；而不是烟雾迷蒙，相隔遥远，或者觉得其人穿着礼服，正襟危坐，神情严峻，高高在上，作者和读者相处很近的作品，也是使人感到比较潇洒自然、生动亲切的。因此，一个作者敢于倾注感情和发扬个性，也是使文学作品增强艺术力量的又一重要的因素。

最后我想到的，是作品应该寓严肃认真于洒脱自然之中。作品自然应该有修饰、有文采。但又不是过分的修饰和繁缛的文采。任何事情，过犹不及，过度了，就产生反作用。因此，必须把粗犷和细腻结合起来，把放纵和控制结合起来。邓拓同志论贾岛的诗说："贾岛的每句诗和每个字都经过反复的锤炼，用心推敲修改。但是到了他写成之后，却又使读者一点也看不出修改的痕迹，就好像完全出于自然，一气呵成的样子。"（见《贾岛的创作态度》一文）这段话是深得"个中三昧"的。掌握分寸，使作品做到并无斧凿痕迹，潇洒自然之美也就显现出来了。

不论是穿衣服也好，园林布置也好，绘画雕塑也好，诗文创作也好，我想这些"美"的道理都有它们相通的地方。我们除了必须注意作品的思想、素材的选择外，从多方面来掌握美的手段，千方百计来提高艺术感染力，也是十分重要的。在众多的艺术手段之中，有一项，就是理解和掌握潇洒自然之美。

1979 年 10 月 15 日于北京

妙语如珠

智慧洋溢的语言，固然是警语。除此之外，广义来讲，描绘生动，形容尽致，工整美妙，幽默风趣，格外能够激动人心的语言，也是警语。精彩的格言，出色的诗句，可以说都是警语。

文学作品里面，如果没有一些警语，即使故事不错，主题正确，文字流畅也罢，就未免显得平常了。精彩的文学作品，往往妙语如珠，佳句迭出。一些出色的作家，甚至能够把很平常的事物，也写得美妙别致，光彩照人。精彩的语言，在这里就起了加强浓度、推波助澜的作用。

各国、各地都有一些格言，运用譬喻、对比等手法，一两句精练的话，就揭示了事物的真理，宣扬了崇高的精神。这些俗谚格言，也都是警语。它们大抵是在历史长期发展过程中，各国、各地人民智慧的结晶。拉丁美洲的谚语说："宁可直立而死，不能跪地而生。"东欧的谚语说："与其做一辈子乌鸦，不如做一次鹰。"非洲的谚语说："青蛙的鼓噪，不能阻止牛到河边饮水。"英国的谚语说："美丽，不借助于粉黛；伟大，不借助于吹嘘。"印度的谚语说："月亮升自海中，莲花出于污泥；名誉不取决于出身而取决于努力。"尼泊尔的谚语说："无论怎样大的烙饼，也大不过烙饼的锅。"等等，不都是警语吗！我国的这一类谚语多得不可胜数，精警的非常之多，例如"打蛇打七寸，挖树先挖根。""人闲生病，石闲生苔。""宁做泥里藕，不做水上萍。""众人里面有圣贤，土石里面有金银。""三个臭皮匠，一个诸葛亮。"等等，可不都是警语吗！

不是从一个方面，而是从多方面来锤炼语言，就可以做到妙语如珠，佳句迭出了。许多精彩的诗篇，就是做到这一步的。散文、小说，虽然在这方面的要求不像诗歌那么高，但也是有一定要求的。从多方面来锤炼，妙语佳句就可以比较丰富一些。本着这样的观点来看，某一方面有突出水平的语言都可以说是妙语佳句，"业精于勤荒于嬉，行成于思毁于随。""先天下之忧而忧，后天下之乐而乐。"……固然是警语，"欲穷千里目，更上一层楼。""野火烧不尽，春风吹又生。"也同样是警语，"星垂平野阔，月涌大江流。""城头战鼓声犹震，匣里金刀血未干。""小荷才露尖尖角，早有蜻蜓立上头。"这一类句子，又何尝不是警语！一篇精彩的诗文，里面总少不了美妙的句子。如果这一点没法做到，它的精彩之处，究竟从何而来呢！令人振奋的音乐，总是有它的昂扬的地方的，平平板板的音乐，只能够是催眠曲，令人昏昏欲睡罢了。

古代作家也好，现代作家也好，那些特别受人欢迎的，他们作品中妙语佳句的含量总是比较丰富。(虽然这不是唯一的因素，但却是一个必然具有的因素。)听说，英国有一个乡下佬在伦敦看过了莎士比亚的戏剧之后，告诉人家说："我真佩服他记得这么多的俗语和谚语。"这自然是个笑话。但是这个笑话中却包含了两点真理：一、有一些俗语、谚语的确很精彩，莎士比亚显然深知这个道理，在他的作品中经常挑选采用；二、莎士比亚自己创造的许多警语，被乡下佬当做格言和谚语一样地来欣赏了。因此，英国有一个作家说过一句俏皮话："莎士比亚是个有名气的剧作家，他是靠写让人家引用的话来过日子的。"

在中国文学史上，作家们为了在作品中写出警语妙句，呕尽心血,再三锤炼的故事异常之多。我在另外的篇章中已经谈过,这里就不再谈了。

妙语佳句在作品中所以这样重要,因为它们的确常常显示了一个作家的思想水平和艺术功力。警语是存在于整个作品之中的,它们宛似受到绿叶映衬的鲜花。但是,当它们一旦为群众所赏识,又往往可以"脱颖而出",独立地广布流传。中国历代著名的散文和诗篇中,有些警语妙句甚至还像长了翅膀一般,飞离作品,成为人民群众世代引用的新谚语和新格言呢!

出色的园林花圃,它们所以吸引游人,就是因为它们的"美的浓缩度"非常之高。在苏州园林里,你每走几步路,就可以看到一番景致,真个是"步移景变"。在出色的花圃里,你一路都可以看到鲜花,而且,它们绝不是划一和平庸的,而是斗丽争艳,尽态极妍。好的作品所以引人入胜,和这个道理也有相似之处。除了作品的故事、结构、主题等等之外,在语言上不断有令人震动、赞美之处,或宛似浮一大白,感到痛快淋漓,或犹如碰到趣事,发出会心微笑。不正是由于这样,才吸引我们把作品一直阅读下去吗!

妙语佳句,正像鲜花的型式一样,纷繁万状。日本有人编了一本英语的《成语使用词典》,搜集各国著名的学者、作家作品中的妙语佳句,作为供人学习、参考的典范。这书在香港翻译出版的时候,名字被改为《妙的英语》。这本书我翻了一下,觉得它虽然也有一些地方流露了西方的没落情调,但是精彩之处着实不少。下面试摘录若干条,以见这种"西方式妙语"的一斑。我想,这也是我们可以参考的吧。

1. 动物优于人类的几点有:没有神学家为它们说教,殡殓不费分文，更无一个对它的遗嘱提出诉讼者。

——伏尔泰

2. 假使上帝跟我商量的话，我就会劝他还是继续用黏土生产人类的好。

——马丁·路德

3. 对自尊自大与装模作样的最佳应急疗法是晕船：要呕吐的人是绝不摆架子的。

——比林斯

4. 我们总是喜欢赞赏我们的人，但未必喜欢我们所赞赏的人。

——拉罗斯福哥

5. 小人大言不惭，简直把自己的祖宗也说成是他们生的。

——艾加

6. 有些电影明星连在教堂里也戴上太阳眼镜，惟恐上帝可能认出来而要请他们签名。

——艾伦

7. 每当一个人宣称所有人类都是坏蛋之时，你尽可放心好了，在这当儿他是把自己作为例外演出的。

——杰罗尔德

8. 历史记载了不少私生龙子龙孙的大名,却不能告诉我们小麦的起源。

——法布尔

9. 有些人整天在诉说头痛,到夜里又在喝那引起头痛的酒。

——歌德

10. 从尿布到尊严、又从尊严到解体,只不过是短短的一段岁月而已。

——赫罗尔德

11. 有些老太婆与老头子,随着年岁而变得脾气暴戾——牙齿掉得越多,越发咬得入骨。

——普伦蒂斯

12. 嗓子大证明不了什么事情:只生下一只蛋的母鸡也常会咯咯叫,像是生下了小行星似的。

——马克·吐温

…………

在那本《妙的英语》中,例子数以千计,我在这里就选用它"一打"好了。从这些例子中,我们多少可以体会到:妙语佳句的产生,和思想的深刻,观察的敏锐,譬喻的美妙,艺术的夸张等等是结下不解之缘的。文学作品必须有警语——各式各样的妙语佳句。智慧，观察力，语言艺术，达到一定水平的作者，就能够在必要的当儿写出这样的语句。这正像成长到一定程度的草木就会开花，一定温度下某种蒸馏物必然要出现结晶一样。

金光灿烂的云霞总是要比简简单单一团乌云或者一团白云好看的吧！警句隽语之于文学，道理也是一样。

独创一格

有一些关于书法家的故事,很能够说明艺术上发挥独创性的重要,和应该通过怎样的道路来发挥独创性。

第一个是关于"扬州八怪"之一的郑板桥的。郑板桥诗、书、画当时被人称为"三绝"。他以画兰竹的方法渗入书法中,独创一格,被人称为"板桥体"。郑板桥学习任何东西,都在继承优秀传统的基础上融会贯通,发扬创造性。例如他学画,广泛地吸取诸家之长,对前辈卓越画家崇拜得不得了,以至于刻图章自称为"青藤门下走狗"(明代画家徐渭,号青藤),但绘画却绝不一味仿摹前人。"板桥体"的创造,据说有这样一个故事:他立下"熔铸古今"的大愿,临写各家书法,甚至晚上登床时,也用手画被练字,有一次画到他妻子身上,他妻子骂道:"人有人一体,你体还你体,你这是干什么的?"板桥听了,猛然醒悟,觉得应该有所创造,于是发展了他的崭新书法(这故事另一说出自王羲之)。

第二个故事,是关于乾隆嘉庆时代北京的书法家翁方纲和刘石庵的。翁方纲一生研究书法,海内碑帖很多都经过他的题跋。他讲究"笔笔有来历",最佩服唐朝虞世南、欧阳询的书法,因此写起楷书来,处处以虞、欧做典范。刘石庵的作风却不同,他广泛地师承各家,然后发展个性,创造了一种丰腴厚重的书体。翁方纲有一个女婿是刘石庵的学生。有一次这个女婿问起岳父对自己老师书法的评价。翁方纲说:"问你师傅哪一笔是古人?"这个女婿不很明白这话揶揄的意味,真的去问老师。刘石庵终于这样回答道:"我自己发扬我自己的书法罢了,问你岳翁哪一笔是自己?"

"哪一笔是古人?""哪一笔是自己?"这针锋相对的问答,说明了两个人的艺术见解。一个是只谈继承不谈创造的,一个是要在继承的基础上有所创造的。

后人对于刘石庵书法的评价在翁方纲之上。可见,真正有所创造的艺术家才能够出类拔萃。

郑板桥、刘石庵写字的故事,很好地揭示了在艺术工作上发扬独创性的重要。而要做到这一步,就必须广泛地学习,在批判地继承的基础上,融会贯通,大胆独创。

一切对亦步亦趋、处处模仿那种行为的批评并不是用来批评小孩子和初学者的。任何人起初都必须经过这么一个阶段。那一类说法是用来批评把模仿当做永远的方向的成年人的,是用来批评那些已经学习了很多却"不敢越雷池一步"、在艺术手法上陈陈相因的人们的。

这一类批评在中外艺术史上多极了。李白说:"张颠老死不足数,我师此义不师古。"顾亭林说:"效《楚辞》者必不如《楚辞》,效《七发》者必不如《七发》。"以至于巴尔扎克说的:"第一个形容女人像花的人是聪明人,第二个再这样形容的是傻子。"……我想,都是这一类意思。

读一切伟大艺术家的传记,有一点共同印象是很强烈的。这就是:他们几乎都是在广泛学习的基础上进行独特的创造。唯其有独创性,他们的具有一定思想性的艺术作品总是给人一种新鲜感。而清新潇洒、不落窠臼,正是优秀的艺术作品所必具的特征之一。

我常常这样想:为什么艺术独创性是无穷无尽的呢?为什么优秀的艺术创作,不管表现的是多么寻常的题材,却总是令人有那么

秦牧部分著作

1992年9月20日，与国画家黎雄才交谈。这是秦牧留下的最后一张照片，二十四天后逝世

强烈的新鲜感呢？最后想到了这么一点道理——中外古今可以学习的艺术方法，是十分广泛的；每一种事物，除了一般性之外都有特殊性；每一个艺术家，又都有各自的素养和个性；历史的发展，又是变动不停的：把这一切因素高度配合起来，创造性怎么能够是有止境的呢！

  一个棋盘上的几十粒棋子，摆来摆去尚且可以出现变幻无穷的棋局，何况这么丰富的世界事物，这么丰富的艺术宝藏，这么丰富的人的个性！这一切互相配合起来，出现的花样不是应该使任何数学家都穷于计算的吗！

私刑·人市·血的赏玩

一

一九四三年同一期间良丰有埋婢案,桂林有医院职员踢死工友案,青年会职员吊打童犯案,广西省偏僻县份有活埋女教师案,福建南平有虐杀童养媳案,宝鸡有鸨母戮毙稚妓案,恩施有锥刺棒打妻子,撒尿迫饮的虐待案,成都有经理踢死女工案……这些私刑案件,如果大家并非健忘的话,一连串想起来,真要以为我们今日是生活在《西游记》的境域中了。

沦陷区的吃人肉案,各地发生的盗窃案,研究起来是要关联到经济的原因,今日若是被贫穷逼得无路可走铤而走险的人,一般社会心理对他们还多多少少有点原谅,因为真正的吃人魔鬼屹立不动,对"窃钩"的小鬼又何必苛责。但对这些滥施私刑的家伙,却真令人觉得憎恨难忍,不活埋人,不踢死人,不锥死人,不戮毙人,自己还是可以好好地活下去呀!本来略略涉猎过几本社会科学书的人,就会知道世界上好人与坏人之分,并非轻易的事,而且也绝不像"脸谱主义"的舞台所表现的那么简单,这世界有满肚人脂人血的善士,也有满肚良知良心的叛徒,非有智慧的显微镜,甚难鉴别。但对这些滥施私刑者,我们却可以毫无疑义地断定这是一群历史的渣滓人物,一群坏到无以复加的败类!我们如果得到活埋或戮毙一类惨案暴露时,才奔走骇汗,相惊接耳,而对于一般非法的逮捕,如韶关一个小小的区长捕捉记者等,对于一般具体而微的私刑，如警察踢小贩，乘客打车夫，丈夫殴妻子，主人鞭婢仆等视若情理之常，我们客观上已经是私刑的啦啦队了。

我所知道的中国民间的私刑真多，有些地方捉到深夜走菜园盗菜蔬的人，是把他的脚筋割断，使这小偷终生成为残废；有的地方，捉到通奸的男女是把这两个人捆在一起，装入猪笼连同石头一起沉到河心去；北方的妓馆，有所谓"雨打梨花"之刑，把猫放进稚妓的裤裆里，束住裤管，然后鞭打一场，让猫儿抓破稚妓的周身皮肉。在一些比较偏僻的区域，有吃仇敌心肝的风俗，湘西特种民族间据说就有这种情形，沈从文还有声有色地把它写过小说。幼年时，我也曾亲眼看见过杀了强盗把他的心肝炒熟过酒的惨事。奇怪的是这些惨事，连善良的乡下人眼里也视为当然。譬如沉"野鸳鸯"，割小贼的脚筋等事，几乎很少村落有人挺身反对，这种各自为政的封建传统，这种毫无法治精神的野蛮作风，我相信在中国还是根深蒂固，试看在篇首所列举的私刑案件，不是还发生在算做文明的都市里吗？

对于那些将人滥施私刑的恶人，对于那些以为"适当的私刑"仍算合理的庸人，（今天还有不少人认为亲手踢打小偷仆役一顿是天公地道的事，我们的法律对这些"适当的私刑"也似无干涉。）要彻底淘汰，恐怕还得归结到那一句老话，只有彻底把中国社会推前一步，才有办法吧。当鸡和虫在一起，怎能希望鸡不吃虫，当主人和婢仆，鸨母和妓女在一起，怎能希望前者不压迫后者呢？

二

偶翻旧籍，发现了唐代长安设有人市，女人是和牛马同栏贩卖的。宋代人市似乎也不衰，名士如苏东坡，也用爱妾和人家换骏马，以致爱妾触柱自杀，这事迹到今天还昭昭可考，其余也就概可想见。数千年来，中原人市鼎盛，到了今天，流风余韵，还是袅袅不绝，前几天我就看到一位先生拍电报到沦陷区去买婢女，据说因为饿殍载道的缘故，婢女的价格大跌云云。

我们的婢女买卖，似乎不及日本的妓女交易，依照范士白的记载，哈尔滨那家人口贩卖公司，布置堂皇，办事人员整整齐齐地坐在案前，如果谁来"定货"，付出定银若干，几十个几百个女人一周内就准时运到，这是现代商业组织在人市的具体运用，日本人用最文明的工具去做最野蛮的事，在世界是闻名的，这不过是一个小例子。

我们的婢女买卖，似乎也远不及摩洛哥的人市之盛，有友自欧洲来，说他参观过摩洛哥的人市，盛况并不逊于描写十五六世纪欧洲社会的电影中的情景。大批原始买卖在非洲原是盛行的，这也不过是一个例子。

但尽管东也不及，西也不及，我们的人市，却自有一番中国风味，这就是小规模的原始的交易。

不知道别处怎样，我们乡下交易的情形是如此的，先由媒婆（媒婆大都兼营这种人口生意）把那个可怜的小姑娘带上门来，这些准丫头年龄大概都在八岁至十二岁左右，太小的不能操作，太大的容易跟人私奔，所以选择那种八岁至十二岁的，也是一种人类生活实践的经验云云。

如果小姑娘的母亲跟着来，那就给她一条"红桌裙"（是垂在桌前，拜神时用壮观瞻的，上面绣着八仙过海等图样），让她围着身子才给进来，因为无儿无女的人家，身上大抵带着一股煞气，贱气,如果不用那条"红桌裙"冲它一下,是难免玷污了高门大户的福的。这类交易谈判,照例不在大厅,只在入门处准备给客人停轿的"轿厅"进行,而且总是由女主人负责,男主人,就是那班老爷少爷一类人物,只在交易快成功的时候,出来看看丫头的面孔是否端正,决定一个适当的价钱而已。凡是丫头肖虎的,头发黄的,鼻梁碰伤的,眼睛太小的,牙齿歪斜的,价钱总得杀它一下。谈判妥当了,就在大厅交银,这丫头立刻得另改一个名字,春梅、夏莲、秋菊、冬桂,用一个季令的名字加一种花的名字,一以表识其入门的节令,二以表识她是一个丫头,三以表识她是一朵香气未泯仍可卖钱的花,一举数得,大家都奉为惯例。

以后当然就开始那长夜漫漫的奴婢的工作了!零用钱是没有的,要靠自己在深夜替网店织网(那时每一千个网孔获酬铜元一枚)或刺绣才能弄到几个。长大了就高价嫁给农民,或者更高价卖给老爷们做侍妾。照乡中惯例,她们生的儿子得称呼大娘做母亲,却仍旧叫自己出身微贱的亲娘的名字,以前我还听见一位学究摇头摆脑说这是周礼定下的相传数千年的习俗,可考与否,恕我没有工夫去翻检了。

这类从人市上买来的女子,自然是平凡而且卑贱的,所以也就没有什么轶闻可以记载。不过我还记得两件在幼时听来颇饶趣味,而今回味起来却不胜悲哀的事:一是我们家从前养过一个丫头,买进来以后,她常常偷生米和捕壁上的"盐蛇"吃,"盐蛇"据说有消痰之功,但是人们总得等得它被药材店制成"盐蛇散"之后,才敢领取,但这位可怜的小丫头却生吞活吃,据说这习惯是从贫穷的老家带来的。另一是有一次龙王庙前戏台上演出了一出悲剧,那夜就有几家大户家里的丫头把彼此的衣襟缝在一起,跳河死掉,这些事当时在乡间都传闻一时。但一来那个吃盐蛇的丫头后来终于被大户家的贵气所染，不再吃盐蛇了；二来联袂死掉的也不过是一群丫头，不久也就风平浪静，总算不得什么轶闻，并不像禁屠求雨，捉"野鸳鸯"的那一类事件更能耸动视听。

家乡现在在饥馑与灾乱中，听说能用丫头的人已经很少了。但总有人用得起的，上面说过的那位大人先生不就拍电去定货了吗？买人口是否犯法，我没有翻过《六法全书》，不得而知，但我知道"丫头"，一名"养女"，凡是叫做"养女"的，主人就是摇摇摆摆，把她带着跑过三关六码头，也不会出什么毛病的。

这也许是最不悲惨的一种人市，因为妓女市场和血肉的人肉（一称"米肉"）市场，正惨淡地普遍存在着，"登泰山而小天下"，也许有人觉得我写出来的事象太平凡吧，但我还是忍不住把它写出来了，因为自己觉得那种"登泰山而小天下"的逻辑十分可怕，依照那种逻辑来推理，只要世界上还有非洲蛮族，中国就是一个天字第一号的文明国家了。

三

在桂林七星岩我见过一个乞丐，面孔黧黑憔悴，鹑衣百结，在额顶笔直地插三炷伽楠香，烟雾在他头上缭绕，血水在他面部缓慢地下滴，他就靠着这种可怜相跪在路边乞食，小市民们咧开两排牙齿，好奇而又富于兴趣地围观如堵。

这情景使我痛苦极了！人类以他人的痛苦作乐，和戕贼自己的身体求怜的悲剧，正不知要演至何时何日！

心理学上提出的淫虐心理，实在是人类灵魂中的余毒，生理学家举出狗抓地毯的事实,说这是动物蛮性的遗留。淫虐狂心理云云,恐怕也和我们屁股上的尻骨相去无几,是人类原始野性的遗留吧!不幸这些野蛮性却很得到后天的滋养,骎骎乎蔚为风习。所谓淫虐狂本来是专指对待异性而言,使异性遭受流血以上死亡以下的痛苦,自己便乐得牙痒痒的,像王尔德所描写的一个王娘求爱不遂,便要求国王把自己爱人的脑袋斩来,捧着狂吻;如印度传说中的一个王子,被热爱他的王妃挖去眼珠,悬于胸前之类,便是淫虐狂发展到极度的例子。这种心理,无限制的发展,自然会把虐待天下万物,都引为奇乐。"裂皮至尻"的剥皮;金圣叹称为天下第一惨事的腰斩;"临其穴,惴惴而栗"的活埋,以至于杀头盛典,从史籍和现实中,我们都可以见到那令人战抖痉挛的情景。"围观如堵"的这群最现实也最虚无的观众,大概以旷达的鉴赏家和麻木的凑趣者居多;登峰造极的,甚至筑台观斩;这类"盛典"的景况使往古来今一些良善的人为之痛彻肺腑。能为之痛苦的,恐怕也才能瞰视到历史隙缝里漆黑的悲凉,和感到肩上的一份重担吧!

这种广义的淫虐狂心理,较诸李渔方绚辈的讲究"香莲",喜它"瘦如无形",爱它"柔如无骨",较诸梁启超所说的"溃人血肉,以人为刑僇,以快其一己耳目玩好"的异性淫虐狂心理,自然是跨进一步了,跨进这么一步,更赤裸裸地显出残酷的兽性。我相信北京人时代的原人,淫虐狂心理或者还瞠乎今日之后。

正像有罗马斗兽场的建筑者,慢慢地就会在鼓励下产生了斗士一样,有淫虐狂,在威迫利诱下,也就有被淫虐狂。在我们乡下,每当神祇出游的春秋佳日,照例有几十条大汉高举燃烧着的一串猩红爆竹矫如游龙地回旋滚舞,这时候就有人从旁把炸裂着的爆竹挪向他们赤裸裸的身上,他们为表示英勇或者乞求赏钱,不但不避,有时反而侧身相向，皮肉炸成了青紫色，还拍着胸脯向人夸示："瞧，一连就是几处。"还有那些玩蛇的，背着一个蛇箩，里面藏着赤练蛇，眼镜蛇，大蝮蛇，百步蛇，向一家家门口表演，蛇在他们手上屈曲盘旋，伸着如针之舌，要是围着的人多了，他还格外表演以小蛇穿鼻的绝技，蛇的首尾分别穿出他的鼻孔，蛇身却藏在鼻腔中，看他滴着泪水，瞪着眼睛痛苦的表情，我就想起上海常有的用一根铁针，扣住红肿的鼻梁，拖着一条二三十斤重的铁索，银铛过市的行脚僧了；我就想起北平常有的吃了硫磺裸着身体在白皑皑的街道上乱滚的乞丐了！也就想到一切奴才煞费心机的献媚的模样了。

人们在这种空气中生活得久时，对于马戏班里的小姑娘拗腰骨，大丈夫气概的男人当街打老婆，痛哭匍匐的孝子们的行列，残废畸形的人体，慢慢地都学会了一种鉴赏的态度了。岂但如此，前几年有一班教授老爷还在提倡这种静观的鉴赏，惟恐大家浮躁凌厉，不够大国民的风度呢。

有的小孩子踩死一只蚂蚁时，也觉怜悯，但长大了也走进那群麻木鉴赏家的圈内。从这种情形看来，今日滔滔者天下皆是的意识或下意识的淫虐狂心理，又岂是先天所遗传的？今日我们如果把一切委诸人性，什么话也不必说了，科学的方法可以使一株麦长出两支穗，难道对于人性反竟束手无策？

因为我们所处的是这样一个国度，真正的人道主义者，同时总是民主主义者，唯有战斗的人道主义，才不是一现而谢的昙花。

野　兽

一九四四年严冬,我到了贵州北部一个大城,在城郊山腰一座古屋里住下来了。

那时正是"兵荒马乱"的时候,湘桂溃败,难民大批向云贵高原移动,这个大城市里闹嚷嚷地挤着成群衣衫褴褛的人,贵州是出名穷困的省份,即使在这个黔北大城,一眼望去,也尽是些灰黯简陋的房子,贵州人穿着破烂的长衫赶着山羊从街道上走过,马队叮叮当当从城郊的公路上穿过,给人一种岁暮荒凉之感,再加以被抓的壮丁被押解着成群过境,这些壮丁在寒风中瑟缩呻吟,有的破衣飘舞,有的拿着一块棉絮按在半裸的胸膛上取暖,越到后方越看到政治的腐败,这种悲惨的现象使每个人都感到一种沉重的压迫。

那时我也是难民之一,一个机会使我住到那座山腰的古屋,这屋是什么僧侣的产业,有一个怪风雅的名字,叫做"焙茗山庄",屋子的四周围也的确有一些茶树,可以让人在春暖花开的时候,摘摘茶芽,除了这些矮矮的茶树,还有些铁角海棠,梨树,桃树之类,要是在春天,这儿该有一片好风景,但在当时,却只使人感到像是栖身在废园似的,寂寞哀愁。从山腰望下去,山脚的左角有一所大的住宅,成群尼姑整天在里面敲着木鱼,山脚的右角有几间简陋的茅屋,大概是最穷苦的人家居住的,再向下走去,才是城区,那些日子,一些衣衫褴褛的兵时常走到半山来,有时丁丁地砍着木,有时是抬着一些死掉的壮丁的尸体上山埋葬,那些赤条条到地球来又赤条条睡到泥土里面去的不幸的庄稼人,死了就像一条臭咸鱼似的被抛掉，他们连一具薄板棺材也没有，经常被一张芦席包着，挖个浅浅的坑，放下去盖上泥土就算，有时一经雨水冲刷，薄薄的泥层被冲掉了！甚至露出一只手或几只脚趾来，山下的居民就赶快担泥挖土重葬一次，我们有一次也做了这铺土的行业。唉，贵州的天气也像人间一样的阴沉，几天就下一次雨，从濛濛细雨中，看着山上各处新增的土馒头，夜里甚至远远地听到狼嚎，清早起来，看到的是檐下挂着的冰柱，是成群寒鸦飞舞喧噪的情景，不用说，我们的心情是难得有几天爽朗的。

住在"焙茗山庄"的一共有六个人，一对画家夫妇，他们雇用的一个东北籍的厨子，我和我的妻子，另外是一个念工科的大学生，老画家正忙着画山水虫鱼的国画，准备去贵阳开画展，我们夫妇，正在找车上重庆。

古屋里，窗上的棉纸很多破裂了！寒风呼呼地吹进来，墙上有蛛网，屋角里面有老鼠洞，古宅素来是老鼠乐园，一入夜，老鼠就作怪了！那种作恶多端目中无人的气概，惟有当时盘踞高位的人可以比拟。

在这样的屋子里，白天，画家绘画，他的夫人给他拉着宣纸，我们读小说，看报纸，大学生读他的工程学，厨子拿着一根小面棍做着各种北方小食，各忙各的，日子还容易过，一到夜里，睡觉呢，太早，做事呢，桐油灯光使人昏昏欲睡，聊天就成了我们经常的功课。当天晴风小的时候，我们大家都穿着棉衣，围在屋外的一块小方场上，如果是阴雨霏霏的夜里，我们就坐在屋檐下，生起火炉，一边围起来烘脚，一边闲谈，谈得很广泛，画家谈起齐白石、陈师曾，厨子眉飞色舞地谈着东北的"胡子"，大家当然也谈政治，谈军事，但最使人心脏像缩起来似的是谈鬼。

那是一个自自然然使人想起谈鬼说狐的地方,每个人都把《聊斋》和《阅微草堂笔记》一类的鬼故事搬出来再讲一遍,再加上一些自己听到的荒诞不经之谈,在聊天的时候,画家养的一只大黑狗不时莫明其妙吠了起来,山背后偶尔传来一两声不知名的禽鸟的啼声,更使人在听鬼故事时不禁把脚缩上来,在这种聊遣寂寞的闲谈中,发言最少的是那个念工科的学生,他是一个沉默的人,有时画家问他:"你为什么不也谈谈一些什么给大家听啊?"他就羞涩地笑起来。

一个夜里,又下着贵州那特有的冬天的黄梅雨,我们正坐在屋檐下闲谈,因为山下当天新葬了两个不幸者的尸体,我们又谈到死尸了!忽然,画家夫人指着山下一个地方惊异地说:

"你们瞧,那是什么?"

大家都有一种悚然的感觉,透过这阴黯的雨帘,借着尼姑院子里透出来的微弱的光,我们看到有一只动物似的东西,正慢慢地走,向右方那排茅屋走去,厨子喝了一声,但似乎那动物一点也不受惊似的,它慢慢地移动,终于被茅屋旁边的一棵大树遮住了!

"恐怕是一只野兽,小狗之类。"画家说。

"是了!一定是来挖吃死人的了。"

"不,"厨子以他的浓重的东北口音插嘴道:"小狗哪有那么大呢?"

我们都觉得很奇怪,最后大家共同的结论是:那不过是一只什么不凶猛的野兽,可能是出来挖吃那些不幸的壮丁的尸体的,因为我们的呼喝,它掉转方向走掉了。在贵州的山城里,野兽一向是很多的,除了狼,还有獾、黄鼠狼之类,虽然虎豹一类的猛兽,在公路线上的城市不大听人谈起。

过了两三天的又一个夜里，仍是下雨，说也奇怪，我们又看见那动物在山下慢慢地爬行了，仍是循着上面谈到的方向，但夜气浓重，又下着雨，仍没有看得清楚，这回我们大家简直"鼓噪"起来，连工科学生也热烈地参加讨论事情的究竟，那令人疑惑的动物似乎在下雨的夜里才出现，当厨子喊着要拿屋角一根铁铲跑下去看个究竟时，画家以他旷达的老人特有的声音大笑起来："你不怕那是僵尸吗？"这搭讪的话使人打了个寒噤，厨子口说不怕，但却没有真的下山去。

又过了两天的一个夜里，同样的情景，我们在檐下聊天，大门洞开，里面八仙桌子上正燃着一盏红灯笼，当作台灯。在微雨寒风中，那个工科学生大叫起来：

"看！看！又来了。"

果然，在夜幕下，山下又有一团黑黝黝的东西在爬行，这回我们再也忍不住了！工科学生拉了我一下衣角，我们敏捷地走进屋里，我拿了灯笼和一根木棍，工科学生拿了那把铁铲，我们飞奔下山去，后面喊叫我们的声音我们不理了！山下有新坟累累的那回恐怖的事我们也不理了！我们的心跳得很厉害，但是，强烈的一穷究竟的愿望使我们飞奔下去了。

大黑狗汪汪地叫，木叶萧萧，微雨正向我们斜打着，红灯笼摇晃不定，把山腰一小片细雨濛濛的空间都染红了。

越走越近，我们看见那爬行着的动物仍然爬得很慢，好像一无所惧，我们都握紧手里的武器，我举高了灯笼，歪歪斜斜地再沿着山坡小路跑下去。

很快地我们接近了，工科学生已经举高了手里的铁铲，唉，在灯笼的微光照到那动物时，我们都吃了一惊，天啊，原来是一个妇人,她像野兽似的伏地爬行!

我们更走近去,妇人抬起头来,是一张憔悴贫困的脸,道地的贵州人,她绽开了惭愧的笑容,用土音和我们招呼道:

"天下雨,路滑得很呀!我怕跌伤了娃儿!"说着,又指指她自己胸前,原来她把一个婴儿绑在胸前,使那小生命不致被雨点打到,她又学野兽似的爬行,使自己不致滑倒,在红灯笼照耀下,我们看见她手脚甚至裤管都满是泥巴,头发零乱,她又辛苦地爬向屋那边去了。

我们举着武器的手都瘫软地放下,山上的画家高声喝问道:——

"是什么东西呀?"

"是一个女人呀!一个母亲呀!"其时四野沉沉,工科学生的答语引起了回声,似乎四面的山都以一种沉浊庄严的声音呼喊:——

"是一个女人呀!一个母亲呀!"

我们像被人打了一棍,受了重伤似的,踉踉跄跄走回山腰,在山坡上又发现了几个新土堆,不用说,又是"壮丁队"新葬了死尸!我的胸膛好像被天气夹扁,一句话也说不出,沉默的工科学生忽然喃喃地感慨起来:"一个人多么辛苦才养得大,那些狗东西却把人不当人!"听着那样激动的话,我举起了红灯笼,照见这个青年朋友脸部的肌肉痉挛着,感伤和愤怒使他的眼神异常可怖,这时候,似乎野兽和僵尸,再也不是使人害怕的东西了。

1948 年

叭儿狗与仙人球

最近我参观了一个富丽典雅的客厅。

这客厅，墙壁上挂着几幅主人祖宗的油画像，身穿天蓝色箭衣，外罩紫酱色马褂，帽上有顶珠，足着粉底朝靴，正襟危坐的是主人的祖父；凤冠霞帔，耳环玉佩一应俱全，因为表情太紧张弄得嘴巴有点窝斜的是主人的祖母；穿民国初年的所谓燕尾礼服，一只手拿书，一只手拿礼帽的是主人的令尊……主人听说很崇拜孔子，但在他的私人客厅之间，那个道貌岸然的山东老头儿可别想窜进来……这之外，墙壁上的字画，有隶篆草书，有国画正宗的水墨画，有工笔的"美人修竹图"，总之古雅古雅。此外，波斯地毯铺在大厅中心，楠木桌子上陈有雨过天青大瓷瓶，不是乾隆的就是雍正的。不用说了，这客厅，看来与几十年前巨宅大户中的并无分别，但时代毕竟不同，在厅角里，也有牛奶色的冰箱在闪光了！主人，虽说动不动就搬出"曾文正公"，而且据说经常在养其浩然正气；但行为却不很古雅，例如他对于做美钞生意便真是兴致奇高，他又爱赌，更擅于批评人家的思想欠纯正，他虽然还带着死去祖宗的气味，但已经扮相漂亮，不失为民国三十四年的人物了。

这客厅，就像一个穿着弓鞋的女人忽然登台表演草裙舞似的，她自己不尴尬，却使你一看了就肉麻，这客厅，真所谓纤尘不染，阴沉，死寂；小孩子在这儿"哇"一声，立刻就有大手掌把他提走。除了搓麻将声，念佛吐痰声，弹指甲声，打呵欠声，讲大道理声，是很少有其他声音了。

起初，我以为在这儿生来成长的，除了主人一系的人物外，没有其他生物，但仔细视察，大谬不然，原来还有一头叭儿狗，还有两盆仙人球，在无生气的客厅里点缀风光，这叭儿狗和仙人球太需要介绍了，我所以噜噜唆唆写了一大堆那客厅的物事，无非想让大家知道这叭儿狗和仙人球是生活在怎样的境地里罢了。

　　主人的叭儿狗生得十分娇小玲珑，比一只野猫还要小，它毛片柔长鬈曲，躺在波斯地毯上就像一个毛球，眼球圆圆的凸在眼眶以外，腿短短的，格外便于跳跳蹦蹦，它的桐叶似的耳朵垂下来，鲜红的舌头经常伸出半截，它的扁鼻子和迷惘的眼睛很足以引逗老爷太太的爱怜；它是那样的小，小得使人想起传说中的"墨猴"。北京，那帝王和奴才总管辈出的地方，贵显们豢养的"北京狗"是那样小，民间生长的"北京鸭"又是那样大，前者小到有的被称为"袖子狗"，"龟壳狗"，小到非洲的美国大兵拿来放在衬衣里头；后者却大到可与白鹅媲美，确是一件趣味深长的事。我细细研究主人那头叭儿狗，慢慢地明白它被爱宠的原因了，它听话呀！叫它直立就直立，叫它打滚就打滚，你截掉它的尾巴，它就长出一根向上弯曲的令你满意的尾巴，正像你剪掉百灵鸟的舌头，那百灵鸟慢慢地就会讲出令你悦耳的语言，凭这点狗的"德性"，还不惹人欢喜吗？慈禧太后曾用充满情爱的语气，在女官面前评论过哈叭狗，说："这种狗的身量都是很小的，所以它们决不能守夜或做别种工作，它们只能供人们搂在怀里，或捧在手内，当一件可玩意儿玩玩。"在我所看见的大客厅里的叭儿，它的最大的本领就是娇声娇气的向客厅以外的生人们吠，在主人面前团团打滚，表示它的"人生"异常愉快，它对这个客厅视如天府，它的样子又是那样的温和、兴奋、忠实、不偏不倚……它除了每天闻闻主人的脚臭以外，每天半斤牛肉是十拿九稳的了。

和这柔若无骨的叭儿成为显明对照的，是这客厅的另一角，短几上的两盆仙人球，不是那巨大的雄峙的仙人掌，而是拳头大小，永不长大的仙人球，两个小小的瓷质花盆上，各自培植着一个，它苍翠碧绿，"球"身上生满了刺，从它的样子看，它英雄独立似的，像煞有介事似的，严正不阿似的，有胆量敢刺人似的……其实，它不过是主人客厅里的小盆景，用它的剑拔弩张的姿态来点缀这寂寞的客厅罢了！只要主人吐一点点口水就足以维持它几天那英雄兼丑角的生命，我看见主人常常托起那小瓷盆，鉴赏他的培植物"威武不屈"似的姿态，偶尔也伸出长指甲，捻掉了他认为生得不顺眼的刺，"英雄独立"的仙人球这时当然毫无反抗，已不像玫瑰的刺似的，为了保护明丽的花，也不像黄槐的为了保护雄壮的枝干，"刺"对于仙人球，不过是使它能成为主人的小盆景的一件装饰品罢了。

正当有人指摘主人的客厅不免太寂寞无声缺乏生气时，主人就指指他的叭儿狗和仙人球说："瞧！这不是生意盎然么？这是北京的名种，这是上苑的珍品……"

因为名种和珍品给我以太多的幽默感，所以不管重庆的气候如何热得使人发昏，我挥着汗，喘着气，也得给你介绍了。

伯乐与马

一

却说虞坂这天恰值墟期,各地的农奴负贩纷纷前来赶集,临汾的枣,永济的柿,太谷的西瓜,榆次的葡萄,口外的骆驼羊皮,省内的牛羊驴马以及丝葛绫罗,统统聚在一处,好不热闹。自有那封主富户等豪贵,台皂舆隶等家臣前来买些穿的吃的回去享受;也自有那小农百工,赶来买一头小牛一把铧犁回去耕作。人们熙来攘往,哗哗啦啦,不在话下。单说在马市上,这时候马粪臭味熏天,这儿的马,大多是些劣种,有跛的,有盲的,有皮生癫癣的,也有瘦骨支离的,大抵让人们买去耕田或宰食,马尽管嘶,人尽管讲价,倒也有一片升平气象。不料这时路边来了一辆车,车上坐着一位庄严仁爱的士人,姓孙名伯乐,远远看见一匹青黑色的瘦马伏在盐车下,不觉睁眼凝望,到了那马身边,索性停下车来,看个究竟。只见这马毛色光润,却生了许多癫癣,身躯高大,却饿得瘦骨棱棱,马尾马鬃像蚕丝那样光洁,却沾上一团团泥污,伯乐霍地跳下车,声情激越向那马主问道:

"这是一匹骐骥,真真实实的千里马,可以和骕骦骅骝媲美,你怎么把它养成这个模样!"

那马主露出两排黄牙,挤出一丝傻笑道:"现在正值天凉,你老不如买它下酒?"在他心里,千里马是个什么名称,骕骦骅骝是副什么模样,简直莫名其土地堂,他只知道这马桀骜不驯,耕田时把犁弄翻，禁在厩里又把槽枥碰倒，而它食量宏大，嘶叫声直嘈得一家老小不能安眠，巴不得来个官人，送几两银子把它牵去。

伯乐来不及翻那马主一个白眼，只觉得有一股热辣辣的愤激和一股冰冻般的悲凉一齐涌上心头，忽然哇的一声，号啕痛哭，眼泪像断串的珍珠般簌簌坠下来，沾着他的美髯，也润湿了地下秋日的衰草。

那马转动着鸡蛋大的眼珠，仿佛也有些泪光，直响着鼻子，喷出白沫。

四周的人纷纷围观如堵，有的说：

"敢情是个疯子！"

有的说："畜生值得同情么，乖戾已极！"

世界上尽多随波逐流却又爱发议论的人，不必多表。只道伯乐把腰兜里白雪雪的银子统统倒下，满心高兴一腔抑郁地牵着马走了，那马主也乐得软洋洋地买斤猪肉回家谢神去了！只剩下一片喧扰的声音，大家都说是开天辟地以来，虞坂市第一件咄咄奇闻。

二

伯乐在阴山下训练着他的千里马。

虽说是训练，其实可十分简单，不过把粮秣给它吃饱，有钱时就给它吃点豆类谷类，无钱时就任它随地吃草。为它洗濯鬣毛尾巴，使那条马尾可以赶走蝇虻蚊蚋；为它洗干净颈部胸部，使淡褐色的马蝇无法在那儿产卵。至于风清月白之夜，马要引颈长嘶时，就让它嘶个快活。伯乐骑着它不用鞭策，轻轻地拍一下马颈，就彼此心会。那匹马现在长得亭亭玉立，皮毛像青缎一样闪亮，鬣毛和尾巴像凤羽一样的美丽了。

但谣言也就随之而起。

古典派说:"当今之世,去哪里找马呢?舜的时候,负河图出水的龙马,穆天子时候,驾御车的八骏才是好马,而今伯乐的马,既不曾负河图,又没有配偶伴侣,一定不是好马,练也是白练的了!"

西洋派说:"好马一定要到西域匈奴去物色,虞坂市买来的一匹癞马也可以训练成千里马么?伯乐小子,可谓标新立异,危言耸听了!"

至于在王公卿相之间,那又是另一种传说。他们知道伯乐善相马,也知道伯乐善练马,听见那匹骐骥常常在阴山山脉一驰千里,不禁羡煞怪煞。谣言像是细菌一样,繁殖在他们中间,有的说:

"伯乐一定是用蜜糖和葡萄酒给那马喝,用上等的燕麦和枣子给那马吃,用绸缎做马衣,用檀木做马厩,不然马怎能长得如此健壮呢?"接着而来的谣言是:

"伯乐不过是一个普通的士人罢了!哪里来这么多的黄金白银,说不定是匈奴津贴他练马,使中原人民看了伯乐的马而震慑于漠北马队的声威。孙伯乐呀!你真是一个数典忘祖的家伙呀!"

但这一切于伯乐与马毫无关系。那骐骥现在像雷电一样驰过广袤的原野,朝饮黄河,暮登阴山;朝渡汾水,暮抵太行。阴山山脉的南北居民望着它远远而来,忽忽而逝,比一支箭还迅速,人人叹赏。也自有骚人墨客,拿它作为题目,吟咏讴歌一番,这是常情,按下不表。

三

麻烦事来了！天下的王公卿相知道伯乐有匹千里马，个个想看。亏得那时没有电报，但函件仍旧像雪片飞来，伯乐苦恼得两条眉毛挤成一条。要求一看的豪贵，有的住在深谷山坳，甚至渤海之滨，伯乐因为路程险阻，不忍使千里马劳碌奔波，便婉辞谢却。他们就骂道：

"不能跳深谷山坳，不能到达渤海之滨，也算千里马么？呸！呸呸！呸！"

有一个自号为收藏家的雅士跑来问伯乐，要他割下一束马尾巴，让他藏诸名山，传诸后世，好使千秋万世的人们知道这朝代有过这么一匹名马。伯乐苦笑地婉谢道："怎么能够戕贼马的身体呢？"那收藏家便悻悻然走了。

有一个王公，养了一群肥马，说是刚刚只有七匹，要请伯乐把千里马让给他，好让他凑成"八骏"。伯乐跑去他的马厩一看，所谓好马，不过是一些肚皮像黄牛一样肿胀的肥畜生罢了！甚至还有一两匹割去马势的骟马，像哈叭狗一样温柔地在槽枥间点缀风光，伯乐惨笑地拒绝那无理的要求，于是王公用白眼和鼻音送他出门。

有一个侯爵，请了画师用玛瑙砚子，貂毛画笔，雪白绢纸要来画千里马，请伯乐把马牵来他的画室站三天三夜，让他叫人画下马的各种姿态。伯乐冷笑地拒绝说："马不能离开大自然。"那个侯爵连年所修养的浩然之气突然泄掉，朝着他的千里马吐了一口浓痰。

有一个男爵，持着他新制的金柄的马鞭要来试马，他说："你不鞭打它只能跑一千里，让我用力连连鞭策它，包你跑个新纪录。"伯乐愤怒地拒绝说："你这算什么话！"那男爵直气得一佛出世，二佛升天，险些儿就要动武。

于是各样的中伤诽谤像暴风雨般降临，雅士们骂伯乐只是一个马奴，不懂文化；王公骂伯乐只是一个粗鄙之夫，不懂礼貌；侯爵骂他河汉艺术；男爵骂他忽视人情。跟着他的千里马似乎也不大名誉了！从前有人说它像"凤凰麒麟，白鸠丹乌"一样，是国家祥瑞，现在却有人说它跑得太快将踏坏田禾，甚至将引起地震，骂它是不祥的妖孽，甚至有些奉令行事的流氓开始用弹丸石子来弹射千里马的屁股了。

终于在某一天，伯乐骑着他的爱马放缰驰去，不知所终。人们又开始叹惜天下无马，皇帝和御史们把天上一颗无名的星定名"伯乐"，作为纪念，这星专管天马，照他们的意思是说像伯乐这么一个英才，死后当做玉皇大帝的马奴，方才不愧聪明一世。不过这是后话。不提也罢。

1942 年

壁　画

十五世纪末，在意大利的米兰，有一座当地最宏伟的尖顶教堂。

草坪上，白鸽纷飞，教堂里不时传出了悠扬的钟声。

教堂里经常是静悄悄的，但是在教堂的饭厅里，画家达·芬奇正在绘制一幅巨大的壁画，那是《最后晚餐图》。

壁画已经基本完成了。他画的是基督教《圣经》里著名的故事：耶稣被捕之前和十二个门徒聚餐的情景。画面是一座宽敞的大厅，摆着长长的餐桌，桌面上铺着白布，陈着饼食。耶稣坐在中间，十二个门徒，每边六个，分列两侧。这时，耶稣正困乏而又哀伤地摊开了两手，画家表示他刚刚讲了一句话："你们当中有一个出卖了我！"这话登时引起了众门徒强烈的反应，好几个人震惊得站了起来。有的人诧异，有的人忧伤，有的人愤怒，有的人疑惑。而那个赚取了三十枚银币，已经出卖了耶稣的犹大，正坐在耶稣左侧一方的阴影里，他也被这话震动得发愣了，不期然用手按住钱袋里的三十枚银币。不过，画家达·芬奇这时还没有把犹大的头画好，那上面，还盖着一块白布。

达·芬奇是应米兰大公的邀请，从翡冷翠到米兰来的。他是个知识兴趣十分广泛的青年人，既爱生物学、数学、物理和天文，爱医学和解剖学，还爱文学和绘画。他从十五岁起就学绘画，到这时已经画过十多年了。他到米兰来，除了帮忙研究军事工程设计，就是绘制这幅巨大的壁画。在这段时间里，他几乎把全部的时间都放在画事上，全神贯注使画家几乎变成了疯子。他仔细地研读《圣经》，深刻地思索着耶稣和他的十二个门徒的面貌和性格。他也还搜寻和浏览了关于这个题材的各种绘画。他太讨厌那些除了犹大、耶稣和所有其他十一个门徒的头上都画上个光圈的画幅了。"难道不画上个光圈就不行么！""难道不能把他们画成活生生的人么！"他并不很相信神话传说，在壁画里，他只是想把这个叫做"耶稣"的人当做"善"的象征，这个叫做"犹大"的家伙当做恶的代表来加以表现罢了。自从接受了绘画的任务，除了辛勤的学习、严肃的思索外，他总是忙着到市区去跟作坊工人、小贩、渔夫和乞丐们打交道。渐渐地，十一个门徒的容貌在他的想像里冉冉上升，由缥缈迷离而清晰具体了。于是他站在教堂的高脚凳子上，一点一滴地画。把各种绚丽的色彩：橘红、鹤顶红、赭红、墨绿、莺哥绿、苹果绿、天蓝、紫蓝、宝蓝、银灰、鹅黄……一涂上去，不管教堂绿窗外的风光是如何美好，蜜蜂嗡嗡嗡地绕着葡萄棚，粉蝶轻盈地拍着贞女树，他都懒得去瞧它们。画着画着，达·芬奇，这个广额高鼻，浓眉压目，眼光深沉，常常紧闭着嘴唇的画家，双颊的肌肉凹了进去，青色的须根露了出来。他瘦啦，人的肌肉变成了壁上的画啦！

各个门徒的画像都已完成，惟独耶稣和犹大，这一善一恶的代表是最难画的。达·芬奇接着还是勉强画了耶稣，这个善的代表的头像他只是作了笼统的交代，把他置于画面的正中央处，让从他背后透进来的光源代替了他头上的光圈。这个枯瘦贫穷的犹太人，宽敞的袍尾搭到肩膀上，一撮棕色的胡子微微翘起，那个把旷野、窄门、羔羊、麻雀、稗子、荆棘、葡萄、无花果、野百合等词儿都说得充满哲理意味的嘴巴，显然正在说出一句沉痛的话，他的庄严悲悯的眼睛望着桌面，似乎可以看穿任何人心灵的深处。耶稣的头像画上去后，全画更活了，一个一个门徒，各有各的神情和性格，栩栩如生。仿佛这些死了一千多年的人，尸体已经化成空气、水滴、泥沙、草木的人忽然又一个个复活，从泥土里钻出来，列队走到米兰，然后附身到这墙壁上似的。画家是竭尽全力来画这些人物的。他曾经学过解剖学，深夜在一盏小油灯的照耀下，在密室里悄悄解剖过一具具尸体，辨清人体的骨骼、肌肉、内脏的状况，作画的时候，他就不仅要画人物的衣着，也还要表现衣服之下突起的肌腱和骨骼，不仅要画人物的外形，还要表现他们的内心。惟其这样，这幅画生动极了。

壁画好是够好了，但是犹大的头还没有画上去，就因为这样，画面还没有和谐。画家在教堂里跑进跑出，在搭架上跳上跳下，显得很忙碌，但最后一个头像始终没有画上去。

教堂的主教，那个总是阴森和伪善地笑着的，被黑袍包裹起来的人物又走进饭厅来，他看了一眼壁画，又看了正拍着身上的颜料，准备要走的画家，忍不住问道："你要走了么？为什么犹大还没有脑袋呢？"

"我能够画的都已画完了。犹大的脸，我还没有想好。"达·芬奇说，"这个邪恶残忍的人，我一定要找一个狰狞的面貌来表现他。我正在到处物色，看有没有什么人可以做我的模特儿。"

"你再画几笔就行了，我想你只要愿意，一天就能够完成，你不能随便一点吗？"

"我是不能随便的。"画家耸了耸肩膀。

"什么时候可以物色到呢？"主教的眼神里流露着责备之意了。

"那就说不定了！"画家豁达爽朗地笑道，"说不定是几个星期,或是几个月,我尽力地观察和构思,有把握时就下笔。"

"我们的教堂要做弥撒呢,你们这些人真是——"主教又用威严的责备的眼光盯着他。但画家丝毫不以为意,他收拾了一下画具走了。主教觉得威严受了损害,悻然望着他的背影,用一种低微到上帝未必听得到的声音骂了他一句,然后在胸前画着十字。

日子像流水似的一天天奔逝了。

画家已经有好几个月没有到教堂来了!那幅巨大的壁画上,犹大依然没有脑袋,不要说教士、信徒们看了摇头,就是那偶然从窗户飞进来的鸽子,也站在窗洞旁边侧着头奇怪地望着。一些小生物渐渐地在高处壁角活动起来。夜里,蟑螂伸着长须也偷偷爬到壁画上去咬那麦饼了。

画家达·芬奇满面长须,他的浓眉仿佛把棕色的眼睛压得更深沉了。他憔悴而又兴奋地每天在人丛里跑,他要去找一个最丑恶、最奸诈、最卑劣的脸型,作为犹大面谱的蓝本。犹大,这个为了三十个银币,就把耶稣出卖给法利赛人,害得一个无辜的善良者受到百般的戏弄和侮辱,一下子给戴上荆棘冠,一下子又给披上紫袍,被刽子手们肆意鞭打之后,最终还给钉上十字架,害得耶稣痛彻骨髓地呼喊:"以罗伊,以罗伊,拉马撒巴各大尼!"(我的上帝,你为什么离弃我!)碎骨的痛楚直透四肢百脉。终于,在鲜血染红的十字架上,这个善良人流尽了最后一滴鲜血,变成一具惨白的尸体了。干了这种万恶事情的犹大,应该给他画上怎样一个脸孔呢?达·芬奇想着想着,他的牙齿把下唇深深咬出一个齿印了。

米兰城国谁不认识这个疯子似的画家呢?他逢人就端详脸孔,那目光就像是锄头、斧头、钻子、锥子似的,想穿过人们的脸孔,发掘出人们心灵深处的秘密。人们给他看了，有的愤怒，有的腼腆，有的局促，有的恬淡，他也不去管它。他看了多少的脸孔呵！杏仁脸、瓜子脸、鹅蛋脸、冬瓜脸、山羊脸、驴子脸、柿饼脸、三角脸，以及各个脸孔上各式各样的眼睛和鼻子，各种各样的气派和神情。他细细端详，希望能够看到一个他模糊想象中的犹大，他跑到世俗认为最下流的地方，去看小偷、盗贼、流氓、娼妇等的脸孔，但是他一直没有物色到完全合意的。平时他觉得坏人很多，但是仔细端详起来，又觉得要找一个最典型的犹大的脸孔也还不是很容易的。在那各式各样犯罪的人物的眉宇神色之间，不少人仍流露出屈辱、羞惭、忏悔和哀伤的痕迹，而达·芬奇所要画的犹大，脸孔上绝不应该留有这种痕迹。

教堂的主教等待得不耐烦了，他去找米兰的大公，向城国的统治者申诉，说画家如何闲逸偷懒，只差一个人头的壁画他丢下不管，却整日在四处闲逛。

于是米兰大公，那肥胖的统治者请了达·芬奇来。

"听说你好几个月不到教堂去了，壁画不是还缺一个头像么？"米兰大公问画家。他看到这个半神经的家伙比从前瘦得多，脸孔也越发显得瘦长了。

"是的。"画家说，"我很久不去了，我还没有找到一个适当的面孔，但是我每天都花两三个小时在找。"

"你为什么不到下流社会，娼窟、监狱去，那儿不是有许多'犹大'么？"

"都到过了，总没有碰到很适合的人。他们有的长得狰狞，然而并不奸诈。有的看来很奸诈，但还显出一点自卑。还有不少的人，他们的眼光里仍然流露着羞耻、屈辱、忏悔和受压迫的哀伤，他们不合我的要求。"

"但是,那主教说,你,你——"米兰大公搔了搔头。

"假如要快,也可以的。"达·芬奇眨眨他深沉的眼睛,微笑着说。同时,想起了那身穿庄严的袈裟,手指上戴着个大大的钻石戒指的伪善的主教。他倾一点香油到人家的头上,要钱;卖"赎罪券",要钱;强迫抽税,要钱;言谈之间还常常以为自己最有资格进天堂。画家感到一阵恶心,就说:"若是再找不到,主教的脸孔,在我看来倒是近似的。可惜把他的面貌画在教堂里,不大好看罢了。"

"……"米兰大公被他的言语所震惊,咬筋松弛,嘴巴张得大大的。

"我想总可以找到的吧!"画家又微笑说,"我继续到流氓、盗贼群中去找脸谱,我就在 A 的脸上找两条奸诈的眉毛,在 B 的脸上找一双虚伪残忍的眼睛,在 C 的脸上找一些显示阴谋诡计的皱纹,再找一个令人讨厌的专门撒谎的嘴巴,组织起来,形成一个整体就是了。"

画家说完就走了。米兰大公,那肥胖的统治者,觉得这个对主教全不尊敬,甚至对教皇也无好感的人,为教堂绘制壁画时,却那么认真,这是很不可理解的。凡是碰到不解、迷惑的时候,他就用睡觉来摆脱,当画家的脚步越去越远的时候,米兰大公的鼾声已经响起来了。

日子一天天的过去,冬天来了。天寒地冻,鹅毛雪从云层里飘下来,鸽子耸起了脖子上的羽毛,咕咕地叫,声音异常低沉了。

主教和教士们以为那时而废寝忘餐工作,时而随随便便度日的画家不会再来了。壁画上犹大头上遮着的那块布仍然没有揭下来。仿佛耶稣其他的十一个门徒都是活人，犹大在这幅画里却已经死掉了。

但这天，画家急急奔来了。他已经找到了模特儿，找到了罪恶的脸谱，印象异常鲜明强烈，他必须立刻捕捉住它，把它表现在画幅上。

他碰到一个大盗了么？碰到一个巨骗了么？不不，他在街道上碰到一个骑在高头大马上鞭打无辜贫妇的官吏，那个可怜的妇人偶一阻住官吏骑马驰骤的道路，官吏就勃然大怒，加以抽打了。在鞭打无辜者的时候，他从鞭子的响声和贫妇的哀号中感到了兽性的快乐，以至于一种像是在欣赏歌剧的愉快的笑容浮上了他的嘴角。在匪区、监狱、流氓窟、娼妓窝里所看不到的最卑劣残忍的人的脸孔，就长在这个人物的头上了。啊，他是那么威风十足，肆无忌惮地抽打无辜者，从这种暴行中感到愉快，获得满足，享受着兽性的欢娱。画家达·芬奇亲眼看到了。他几乎把嘴唇咬出血来。他痛恨自己的愚昧：为什么要到监狱、匪区、流氓窟、妓院去找犹大的脸谱呢？如果在官署外面等待，不是很快就可以见到了么！那恶吏高踞在马背上，傲然地冷笑，高举着鞭子抽打那无法还手的无辜的妇人！一个骗子，骗人的时候还必须陪着小心；一个大盗，杀人时还有害怕被捕之念；一个流氓，横行不法有时还会感到一点自卑。然而这样的官吏，在他抽打、凌辱无辜的时候，不需赔小心，没有恐惧，没有自卑，而是觉得勇和自豪，看到鞭子下倒在地上的血迹斑斑的贫妇，听到了她的惨号，他还感到一种兽性的欢乐，以至于一抹笑容浮上了他的骄横的嘴角。为什么这不是大盗以上的大盗，骗子以上的骗子，流氓以上的流氓！画家想着想着，他看清那个官吏的脸孔了：横眉之下是一对愚蠢而又野蛮的眼睛，眼睛之下是一个骄横固执的鼻子，鼻子下面是一张善于狞笑奸笑和咀嚼享受的嘴巴，额上颊上是一些纵欲过度刻下的皱纹，呵，他记得清清楚楚了。他无力救助那个无辜的受害者，但是他从心坎深处痛恨这样的暴虐者。他走进了教堂，搬动了高脚凳子，打开颜料盒，撕去盖在犹大头部的遮布，拂去灰尘，怀着深沉的愤怒和强烈的憎恨，画起来了。教堂里的教士们听说"达·芬奇又来了"，纷纷跑到饭厅里来，几十对眼睛都一齐注视着那画幅。

看呵，画家一点一滴画起来了。他神经紧张，全神贯注地画着。但那神情又像是在谱一阕恐怖的音乐，那手腕又像是在雕塑一块巨石，也像在写一首长诗的最末一段。呵呵，毋宁说更像是在进行搏斗和战争。

犹大的头发、眉目、口鼻逐渐出现了，那个瘦了十磅的画家像是在和墙壁搏斗，慢慢地墙壁消灭，人像出现了。顷刻之间，这幅巨大壁画的庄严肃穆、忧郁悲伤的情调完全和谐了。看呵，叛徒犹大的颜面整个出现在壁上啦！这是一副多么丑恶的嘴脸呵！每个人只要看上他一眼，就知道像一条狼般磨牙吮血，像一条猪般吃饱了呼呼酣睡，整日里凭着自私、奸诈、卑鄙、残忍，出卖自己作为生活手段的就是这种人了。看呵，他的手正紧紧地按在那三十枚染着血腥的银币上呢！

教堂的钟声响了起来，也像在庆祝壁画的完成似的。达·芬奇绘完了最后一笔，跳下了高脚凳子，他就像患了一场大病般疲乏，他摸出手帕来拭汗。这时候，天宇沉沉，正飘着鹅毛大雪。

1979年2月底改写于北京